Maren Rebmann

Bewegungs-karussell

Kinder lernen bewegt!

NEUER SPORTVERLAG

Inhaltsverzeichnis

Alltag

KLEIN-
GERÄTE

Kita-Raum 160

Draußen 198

Wichtiger Hinweis: Alle Bewegungsideen sind praxiserprobt und die Vorschläge von den Autorinnen sorgfältig erwogen und geprüft. Die Durchführung erfolgt jedoch auf eigene Gefahr. Die sichere Gestaltung der Bewegungsideen muss durch die Pädagogische Fachkraft bzw. die Übungsleiter/innen gewährleistet sein. Eine Haftung der Autorinnen bzw. des Herausgebers für Personen-, Sach- und Vermögensschäden wird ausgeschlossen.

Vorwort

Gemeinsam in Bewegung für unsere Kinder in einer immer schnelleren und unbewegten Welt!

Die Welt der Kinder verändert sich. Sie wird durch den stetigen technischen Fortschritt und sozialen Wandel unbewegter, virtueller und einseitiger. Bewegung kann dem entgegenwirken und trägt maßgeblich zu einer gesunden und ganzheitlichen Entwicklung bei.

Mit dem vorliegenden Buch geben wir unsere erprobten Bewegungseinheiten im frühen Kindes- und Kleinkindalter an Pädagogische Fachkräfte und Übungsleiter/innen weiter.

Jede Bewegungseinheit wird durch aussagekräftiges Bildmaterial ergänzt. Wir bedanken uns bei allen Pädagogischen Fachkräften, Eltern und Kindern aus der SVB Bewegungskindertagesstätte für ihr Engagement und ihr entgegengebrachtes Vertrauen.

Wir wünschen Ihnen viel Spaß und Freude bei der Umsetzung und Gestaltung der Bewegungseinheiten und hoffen, Sie sehen unsere vielfältigen Erfahrungen als Bereicherung Ihres persönlichen Wissens an.

Maren Rebmann:
Ausbildung zur staatlich anerkannten Erzieherin; arbeitet seit 1992 im frühkindlichen Bereich; Übungsleiterin im Kindersport seit 2007; Referentin im Bereich Kindersport seit 2013; seit 2014 bei der Sportvereinigung Böblingen e. V. in der Bewegungskita angestellt; seit 2016 in Kooperationen mit Kitas tätig.

Christine Häberle:
Diplom-Studium der Sportwissenschaften an der Deutschen Sporthochschule Köln; arbeitet seit 2001 mit Kindern im Sportbereich; seit 2007 bei der Sportvereinigung Böblingen e. V. angestellt.

Kathrin Mallog:
Ausbildung zur Sport- und Gymnastiklehrerin; arbeitet seit 2009 mit Kindern im Sportbereich; seit 2014 bei der Sportvereinigung Böblingen e. V. angestellt, seit 2014 in Kooperationen mit Kitas tätig.

Julia Metzger:
Diplom-Studium der Sportwissenschaften an der Deutschen Sporthochschule Köln; arbeitet seit 2009 mit Kindern im Sportbereich; seit 2011 bei der Sportvereinigung Böblingen e. V. angestellt; seit 2014 in Kooperationen mit Kitas tätig.

Aufbau des Buches

Das Buch besteht aus verschiedenen Modulen, ergänzt durch Hintergrundwissen. Sehen Sie das Buch als Anregung, Erleichterung und Unterstützung zu Ihrer alltäglichen Arbeit. In jeder Bewegungseinheit gibt es genügend Möglichkeiten, um Ihre eigenen Ideen und Erfahrungen mit einzubringen oder aktuelle Themen aufzugreifen. Wichtig ist uns, dass auch den Kindern genügend Freiraum gelassen wird, eigene Ideen zu entwickeln und diese in der Gruppe vorstellen zu können.

Wissen – Hintergrundwissen
Im Bereich Wissen finden Sie Hintergrundwissen zum Thema Bewegung, Motorik und frühkindliche Bildung. Das Hintergrundwissen wird ergänzt durch inhaltliche Beispiele aus den Bewegungsideen.

Spiele – Kleine Spiele zum Aufwärmen, für zwischendurch und zum Abschluss
Zusätzlich zu den verschiedenen Spielformen finden Sie unter der Rubrik Spiele einige Rituale. Jede Bewegungseinheit kann mit einem Ritual beginnen und enden. Rituale geben der Bewegungseinheit einen Rahmen und den Kindern ein Gefühl von Sicherheit. Als Anregung für evtl. neue Rituale haben wir Ihnen einige Rituale aufgeführt, die sich bei unseren Bewegungseinheiten bewährt haben.

Alltag – Bewegungsideen mit Alltagsmaterialien (Watte, Papprollen, Kastanien, Krawatten u. v. m.)

Kleingeräte – Bewegungsideen mit Kleingeräten (Sandsäckchen, Bälle, Stäbe, u. v. m.)

Kita-Raum – Bewegungsideen im Kita-Gruppenraum
Das Mobiliar des Kita-Gruppenraumes verwandelt sich hier in einen begehbaren Riesen, in ein großes Piratenschiff u. v. m. Zusätzlich gibt es Bewegungsideen zum Thema Entspannung/Atmung und Beweglichkeit, die in den Kita-Alltag integriert werden können.

Draußen – Bewegungsideen für draußen

Feste – Bewegungserlebnisse im Jahreslauf
Für besondere Aktionen im Jahreslauf finden Sie in diesem Modul Anregungen und Ideen.

Anhang
Im Anhang finden Sie Materiallisten, Bastelanleitungen sowie sämtliche Druckvorlagen. Zusätzlich befinden sich im Anhang Übersichtstabellen – Was wird gefördert? In diesen Tabellen werden alle Spiel- und Bewegungsideen mit dem Hintergrundwissen verknüpft, um Ihnen die Auswahl einer Bewegungseinheit zu erleichtern. Wenn die Kinder beispielsweise ihre Reaktionsfähigkeit verbessern sollen, ist in der Tabelle auf einen Blick erkenntlich, welche Bewegungsidee diesen Schwerpunkt enthält.

Den Anhang können Sie unter folgendem Link herunterladen:
www.neuersportverlag.de/ebook/bewegungskarussell.pdf

Aufbau einer Bewegungseinheit

Zeitrahmen

Alle Bewegungseinheiten sind für einen Zeitrahmen von ca. 45 Minuten ausgelegt. Durch Kürzung der Bewegungseinheit oder Variation von Bewegungsaufgaben kann der Zeitrahmen jedoch flexibel gestaltet und an die eigenen Gegebenheiten angepasst werden. Aus diesem Grund wurde für die einzelnen Bewegungsideen innerhalb einer Einheit bewusst keine Zeiteinteilung vorgenommen.

Material

Um einen reibungslosen Ablauf zu gewährleisten, empfiehlt es sich, das benötigte Material vorab bereitzulegen. Das innerhalb einer Bewegungseinheit benötigte Material befindet sich im farbig markierten Balken direkt am Beginn einer Bewegungseinheit / eines Spiels. Hier sind auch Alternativen für Materialien aufgeführt, die innerhalb der Bewegungseinheit zum Einsatz kommen aber ggf. nicht in allen Einrichtungen vorhanden sind.

Gliederung einer Bewegungseinheit

Vorüberlegungen – Wenn Bewegungseinheiten oder einzelne Bewegungsideen Vorüberlegungen benötigen, stehen diese gleich am Anfang des Ablaufs einer Idee. Dabei kann es darum gehen, für wie viele Kinder die gesamten Stationen gedacht sind oder welche Altersstufe für die Bewegungsideen angedacht ist.

Vorbereitungen – Unter diesem Punkt sind alle Dinge aufgeführt, die vor der Einleitung vorbereitet werden sollten. Dabei kann es sich um den Aufbau von Großgeräten, das Verteilen von Matten im Raum oder das Kopieren von Druckvorlagen o. Ä. handeln.

Einleitung – Eine kleine Geschichte oder Fragestellungen an die Kinder zu Beginn jeder Bewegungseinheit dienen als Einstieg, danach wird die Erwärmungsphase eingeleitet. Diese kann je nach Bewegungsziel unterschiedlich gestaltet werden: spielerisch, angeleitet oder die Kreativität der Kinder mit einbeziehend. Um den Motivationsfaktor zu erhöhen und die Kinder nochmals in das Bewegungsthema einzuführen, kann in diesem Teil viel mit Musik und ausgewählten Liedern gearbeitet werden.

Hauptteil – In diesem Abschnitt erfolgen gezielte Übungen oder Bewegungsaufgaben mit dem jeweiligen Material oder an Geräteaufbauten. Das Bewegungsthema soll hierbei durch Bewegung erlebt werden – eine Geschichte wird weitererzählt.

Abschluss – Kleine Geräteaufbauten oder Materialien können mit den Kindern zusammen abgebaut werden. Geschichten neigen sich dem Ende zu. Je nach Empfinden der Pädagogischen Fachkraft oder des Übungsleiters kann der Stundenabschluss ruhig oder noch einmal mit Aktion ausgefüllt werden. An dieser Stelle empfiehlt es sich, auf die Bedürfnisse der Kinder einzugehen. Bevor der Raum wieder verlassen wird bzw. ein neuer Tagesabschnitt beginnt, empfehlen wir die Durchführung eines Abschlussrituals.

Fotos

Innerhalb der Bewegungseinheiten dienen Fotos der besseren Vorstellung des Ablaufes und der einzelnen Bewegungsaufgaben.

Gesprochenes

Wörter, Spiel- oder Stationsnamen und Sätze, die innerhalb der Bewegungseinheit zu den Kindern gesprochen werden, sind im Text fett markiert. Liedtexte, Verse sowie Sprüche, die gemeinsam mit den Kindern gesprochen werden, sind kursiv abgebildet.

Kennzeichen, Symbole und Abkürzungen

Innerhalb einer Bewegungseinheit haben wir zur besseren Übersicht mit Kennzeichnungen und Symbolen gearbeitet, um Ihnen einen schnelleren Überblick, auch innerhalb der Bewegungseinheit, über Hinweise, Vorsichtsmaßnahmen oder Tipps und Tricks zu geben. Wenn das Zeichen zur Sprachförderung oder für den U3-Bereich oben rechts erscheint, ist die ganze Bewegungseinheit besonders für diesen Bereich gut geeignet.

Die aufgeführten Materialien werden bei dieser Kennzeichnung das erste Mal benötigt.

Musik wird eingesetzt.

Hilfestellung von einer Pädagogischen Fachkraft ist notwendig.

Tipps zu den aufgeführten Bewegungsideen.

Bewegungsideen, die mit diesem Zeichen gekennzeichnet sind, unterstützen die Sprachförderung.

Bewegungsideen, die mit diesem Zeichen gekennzeichnet sind, eignen sich besonders gut für Kinder im U3-Bereich.

Dieses Zeichen steht für Varianten zum Training der exekutiven Funktionen.

Bei diesem Zeichen handelt es sich um Sicherheitshinweise.

Die Abkürzung „PF" wird im Folgenden für „Pädagogische Fachkraft bzw. Fachkräfte" verwendet.

Wissen – *Hintergrundwissen*

Im Bereich Wissen finden Sie Hintergrundwissen zum Thema Bewegung, Motorik und frühkindliche Bildung. Das Hintergrundwissen wird ergänzt durch inhaltliche Beispiele aus den Bewegungsideen.

Hintergrundwissen – Kompetenzen

Frühkindliche Bildung

Unter frühkindlicher Bildung versteht man die Bildung und Förderung von Kindern von der Geburt bis zum Schuleintritt. Sie legt den Grundstein für die folgende Bildung und bietet Kindern optimale Entwicklungsbedingungen. Die Förderung von geistigen, moralischen, kulturellen und körperlichen Elementen steht dabei im Mittelpunkt.

Die Bildungsforschung belegt, dass die Vermittlung von Wissen, Sprache, Bewegung sowie eine qualitativ hochwertige Betreuung individuelle Fähigkeiten verbessern können. Die Kindertageseinrichtungen spielen deshalb eine zentrale Rolle für die frühkindliche Bildung. Besonderer Förderbedarf wird dort frühzeitig erkannt und entsprechende Fördermaßnahmen können eingeleitet werden.

In der frühkindlichen Bildung spielt die Entwicklung von Kompetenzen eine große Rolle. Kompetenzen bezeichnen Fähigkeiten, die durch einzelne Tätigkeiten erworben wurden und auf andere Bereiche oder Situationen übertragen werden können. Kompetenzen können in allen Bildungsbereichen erworben werden.

Ein Beispiel aus dem Alltag eines Kita-Kindes:

In der Bewegungseinheit spielen die Kinder „Figuren bilden". Wenn die Musik stoppt, sollen sie sich auf Ansage der PF zu zweit, zu dritt oder zu viert zusammenfinden und eine Figur bilden – z. B. einen Kreis. Sie haben beim Malen im Kreativraum gelernt, wie ein Kreis, ein Dreieck, ein Herz etc. aussieht. Jetzt übertragen sie dieses Wissen auf die jeweilige Aufgabe.

Im weiteren Verlauf werden drei Kompetenzen, die für die Bewegungseinheiten elementar sind, herausgegriffen und näher erläutert.

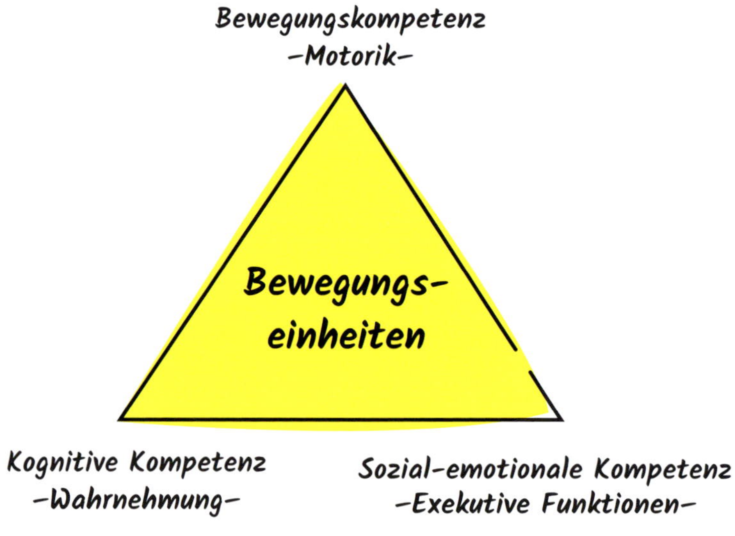

Hintergrundwissen – Motorik

Bewegungskompetenz

Kinder im Kindergartenalter erwerben durch spielerische, vielfältige Bewegungserfahrungen eine breit gefächerte Bewegungskompetenz. Die Motorik beinhaltet alle Steuerungs- und Funktionsprozesse, die sichtbaren Bewegungsabläufen zu Grunde liegen. Die Bewegungskompetenz lässt sich in allen Phasen der menschlichen Entwicklung gezielt fördern und gliedert sich in die motorischen Fähigkeiten und in Bewegungsfertigkeiten.

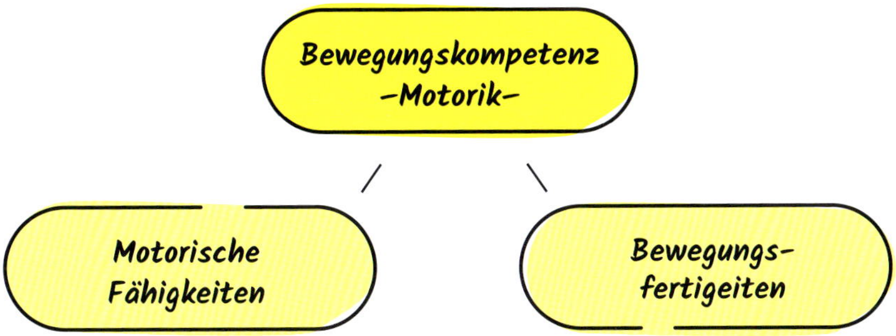

Motorische Fähigkeiten

Motorische Fähigkeiten sind genetisch angelegte Leistungsvoraussetzungen und können durch gezielte Bewegungsaufgaben gefördert werden. Die motorischen Fähigkeiten gliedern sich in konditionelle und koordinative Fähigkeiten.

Zur Verdeutlichung der Fähigkeiten werden nachfolgend Beispiele aus dem Buch genannt.

Konditionelle Fähigkeiten

Ausdauer – Unter Ausdauer versteht man die physische und psychische Widerstandsfähigkeit bei relativ lang andauernden Belastungen und die schnelle Wiederherstellungsfähigkeit nach der Belastung.

<u>Beispiel-Spiel</u>: Autofahrt – Achtung Gegenverkehr! (S. 31)

Die Kinder fahren kreuz und quer durch die ganze Halle und dürfen nicht mit anderen Fahrzeugen zusammenstoßen. Wenn auf dem Hallenboden Linien aufgezeichnet sind, dürfen die Kinder als Nächstes nur auf den Straßen (Linien) fahren.

Kraft – Die Kraft bezeichnet die Fähigkeit des Nerv-Muskel-Systems, durch Muskelkontraktion Widerstände zu überwinden, ihnen entgegenzuwirken oder sie entgegengesetzt der Schwerkraft zu halten.

<u>Beispiel-Spiel</u>: Winke, winke (S. 31)

Ein Begrüßungsritual für den Anfang einer Bewegungseinheit. Die Kinder gehen alle in die Liegestützposition. Dann drehen sie sich im Wechsel nach rechts und links auf und winken sich zu.

Schnelligkeit – Die Schnelligkeit beschreibt bei sportlichen Bewegungen die Fähigkeit, auf einen Reiz bzw. auf ein Signal schnellstmöglich zu reagieren und Bewegungen, auch gegen Widerstand, mit höchster Geschwindigkeit durchzuführen.

Beispiel-Spiel: alle Fangspiele (S. 35–37)

Beweglichkeit – Die Beweglichkeit ist das Vermögen, körperliche Bewegungen mit einer gewissen Schwingungsweite ausführen zu können.

Beispiel-Bewegungseinheit: Probier's mal mit Beweglichkeit (S. 179)

Wir kommen an einem Bauernhof vorbei. Dort laufen uns viele Tiere über den Weg. Die Katze wacht gerade auf und macht einen Katzenbuckel. Das Hängebauchschwein grunzt uns munter zu. Die Kinder bleiben in der Bankposition und werden von der PF wie folgt angeleitet: Wie die Katze drückt ihr euren Rücken so weit nach oben zur Decke, wie ihr könnt. Dann lasst ihr euren Bauch wie beim Hängebauchschwein etwas nach unten hängen.

Koordinative Fähigkeiten

Differenzierungsfähigkeit – Bei der Differenzierungsfähigkeit geht es um die Genauigkeit und Feinabstimmung einer Bewegung.

Beispiel-Bewegungseinheit: Im Obstgarten (S. 117)

Alle Kinder sammeln die Sandsäckchen ein und werfen sie in die gleiche Reifenfarbe.

Gleichgewichtsfähigkeit – Als Gleichgewichtsfähigkeit wird die Fähigkeit bezeichnet, den gesamten Körper im Gleichgewichtszustand zu halten oder während und nach umfangreichen Körperverlagerungen diesen Zustand beizubehalten bzw. wiederherzustellen.

Beispiel-Bewegungseinheit: Ausflug in den Zirkus (S. 52)

Die Krawatten werden auf den Boden gelegt und die Kinder balancieren vor-/rück-/seitwärts darüber.

Reaktionsfähigkeit – Reaktionsfähigkeit ist die Fähigkeit zur schnellen Einleitung und Ausführung zweckmäßiger motorischer Aktionen auf Signale.

Beispiel-Spiel: Welches Tier läuft denn da? (S. 34)

Die PF gibt verschiedene Tierarten vor: Tiere, die auf der Erde leben, unter der Erde, im Wasser und in der Luft. Bei nur drei Kindern pro Matte wird eine Tierart weniger angegeben. Jedes Kind auf der Matte ordnet sich einer Tierart zu. Die PF nennt ein Tier, z. B. Elefant. Alle Kinder, die der Tierart „auf der Erde" zugeordnet sind, laufen nun einmal um die vier Matten, bis sie wieder an ihrem Platz sind. Wenn ein Tier auf der Erde lebt und in der Luft und im Wasser unterwegs ist (Ente), dürfen alle drei Kinder laufen.

Rhythmisierungsfähigkeit – Hierbei handelt es sich um die Fähigkeit, einen von außen vorgegebenen Rhythmus zu erfassen und motorisch umzusetzen.

Beispiel-Bewegungseinheit: Auf einer Waldlichtung (S. 108)

Alle Reifen werden in eine Linie gelegt. Die Kinder stellen sich hintereinander auf und dürfen auf verschiedene Weise durch die Reifen springen. Mit beiden Beinen springen / nur ein Fuß darf im Reifen sein / mit dem rechten oder linken Bein springen etc.

Kopplungsfähigkeit – Darunter versteht man die Fähigkeit, Teilkörperbewegungen innerhalb eines bestimmten Handlungsziels räumlich, zeitlich und dynamisch aufeinander abzustimmen.

Beispiel-Bewegungseinheit: Ein Tag als Igel (S. 112)

Alle Kinder lassen die Tücher durch die Luft fliegen. Die Wurf- und Fangarten können variiert werden. Mit der linken Hand hochwerfen und mit dem rechten Knie „auffangen" / mit beiden Händen hochwerfen und mit einer Schulter „auffangen" etc.

Orientierungsfähigkeit – Das ist die Fähigkeit zur Bestimmung und zielangepassten Veränderung der Lage und Bewegung des Körpers im Raum.

Beispiel-Spiel: Farbenwechsel (S. 35)

Die Kinder stehen auf einer Matte und wissen, welche Farbe sie sind. Nun dürfen die Kinder loslaufen und die PF ruft eine der vier Farben. Die gerufene Farbe wird zum Fänger. Alle Kinder, die gefangen werden, sollen sich in die Hocke begeben. Nach kurzer Zeit ruft die PF „Stopp!" und alle gefangenen Kinder müssen auf die Matte der Fängerfarbe. Die Kinder, die nicht gefangen wurden, gehen auf ihre ursprüngliche Matte. Die Kinder sollen nun wieder bewusst wahrnehmen, welcher Farbe sie zugehören. Dann geht das Spiel von vorne los.

Bewegungsfertigkeiten – Bewegungsfertigkeiten beziehen sich auf beobachtbare Bewegungsabläufe, die mit Übungsaufgaben stabilisiert werden. Hier unterscheiden sich elementare und sportliche Fertigkeiten. Zu den elementaren Fertigkeiten eines Kindes finden Sie hier eine Übersicht.

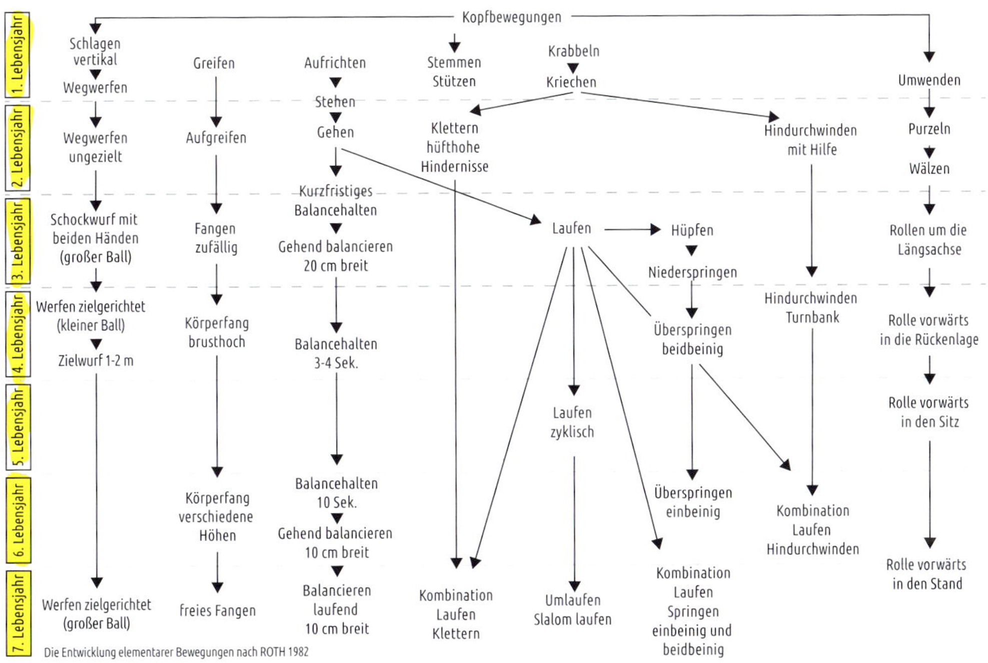

Die Entwicklung elementarer Bewegungen nach ROTH 1982

Abbildung: Die Entwicklung elementarer Bewegungen (Zimmer, 2004, S. 77)

Die dargestellte Grafik zeigt Ihnen, welche Fähigkeiten in welchen Lebensjahren erlernt und gefördert werden können. Jedes Kind entwickelt sich dabei in seinem eigenen Rhythmus, daher ist die Altersangabe nur als Richtwert zu betrachten.

Zu den sportlichen Fertigkeiten zählen gezielte Bewegungsaufgaben, wie z. B. Weitsprung, Sprintlauf.

Hintergrundwissen – Wahrnehmung

Kognitive Kompetenz

Kognitive Kompetenz bedeutet, dass man in der Lage ist, sein Umfeld gedanklich zu erfassen und zu verstehen.

Ein Beispiel aus dem Alltag eines Kita-Kindes:

Die Kinder bekommen verschiedene Bälle zum Experimentieren. Schon bald stellen sie fest, es gibt Unterschiede bei den Bällen. Das Kind merkt: „Ein Tischtennisball ist sehr leicht und ich kann ihn durch Pusten vorwärtsbewegen. Mit einem weichen Softball geht das nicht. Dieser ist aber schön weich und tut nicht weh, wenn ich ihn ins Gesicht bekomme. Ein Igelball ist pieksig und kitzelt mich ein bisschen."

Durch Wahrnehmung gewinnen wir Informationen, die aus Umwelt oder körpereigenen Reizen stammen. Die Wahrnehmung kann bewusst oder unbewusst ablaufen.

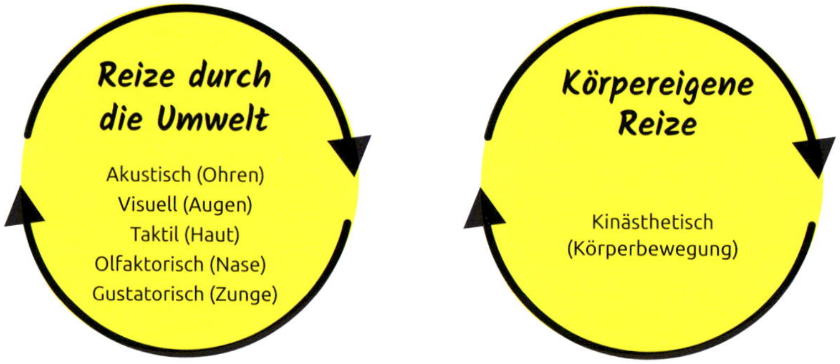

Für die Bewegungseinheiten relevante Reize sind: Der akustische Reiz, der visuelle Reiz, der taktile Reiz und der kinästhetische Reiz.

Zur Verdeutlichung der Reize werden Beispiele aus dem Buch genannt.

Akustischer Reiz – Der Hörsinn. Akustische Reize werden über die Ohren aufgenommen.

Beispiel-Spiel: Die Katze schleicht sich an (S .42)

Die Kinder sitzen im Kreis und halten ihre Augen geschlossen. Ein Kind ist die Katze und schleicht um die Kinder herum. Es entscheidet sich irgendwann, hinter einem Kind stehen zu bleiben. Die PF sagt: „Die Katze ist herangeschlichen." Das Kind, welches denkt, die Katze steht bei ihm, darf die Hand hochhalten. Die PF sagt dann, welches Kind richtig gehört hat. Dann wird eine neue Katze bestimmt.

Visueller Reiz – Der Sehsinn. Visuelle Reize werden über die Augen aufgenommen.

Beispiel-Bewegungseinheit: Turnen mit Kuscheltieren (S. 69)

Es werden zwei Mannschaften gebildet. Diese stellen sich jeweils um eine Matte herum auf. Auf der Matte befindet sich jeweils die gleiche Anzahl an Tier-Puzzle-/Tier-Lotto-Platten. In einigen Metern Abstand werden gegenüber zwei weitere Matten auf den Boden gelegt, auf denen sich die jeweils passenden Tier-Puzzleteile/Tierkarten befinden. Die Kinder laufen zur gegenüberliegenden Matte und nehmen sich ein Tier-Puzzleteil oder eine Tierkarte von ihrer Matte. Damit laufen sie wieder zurück und legen das Tier-Puzzleteil/die Tier-Lottokarte an die richtige Stelle. Dann holen sie sich das nächste Teil etc.

Taktiler Reiz – Der Tastsinn. Taktile Reize werden über die Haut aufgenommen.

Beispiel-Spiel: Antippen (S. 30)

Die Kinder liegen auf dem Bauch und schließen die Augen. Wenn die PF ein Kind antippt, darf es leise aufstehen und den Kreis verlassen und zum Umziehen gehen.

Kinästhetischer Reiz – Kinästhetische Reize werden durch den eigenen Körper, durch Muskeln und Gelenke, wahrgenommen. Es ist die Fähigkeit der unbewussten Steuerung von Körperbewegungen (anspannen – entspannen; beugen – strecken). Ebenso dazu gehören die räumliche Auffassung und die Tiefenwahrnehmung.

Beispiel-Spiel: Figuren bilden (S. 33)

Die Kinder laufen zur Musik durch den Raum. Wenn die Musik stoppt, ruft die PF ein Kommando, z. B. „Stern", „Schlange", „Treppe", „Kreis" etc. – auch Zahlen sind möglich. Die Kinder finden sich in Kleingruppen zusammen und bilden mit ihren Körpern die gewünschte Form/Zahl auf dem Boden.

Hintergrundwissen – Exekutive Funktionen

Sozial-emotionale Kompetenz

Die exekutiven Funktionen bilden die Grundlage für die Selbstregulation und die Selbstkontrolle. Dies sind Fähigkeiten, die in der sozial-emotionalen Entwicklung von Kindern die Grundlagen bilden.

Die Voraussetzung für die sozial-emotionale Kompetenz bilden vier Fähigkeiten: Die Kinder können ihre eigenen Gefühle wahrnehmen, können ihre Gefühle ausdrücken und mitteilen, können ihr Verhalten selbst regulieren (Selbstregulation) und sich in andere hineinversetzen (Einfühlungsvermögen).

Exekutives System

Arbeitsgedächtnis

- Kurzzeitige Speicherung und Weiterverarbeitung von Informationen
- Arbeitsschritte können gedanklich durchgegangen oder gespeichert werden
- Problemlösungen
- Notizzettel im Kopf

Inhibition

- Selbstregulierung
- Nicht jedem Impuls folgen
- Aufmerksamkeit steuern
- Störreize werden ausgeblendet
- Zielgerichtetes Handeln ist möglich
- Situationsangemessenes Verhalten
- Inneres Stopp-Schild

Kognitive Flexibilität

- Baut auf Arbeitsgedächtnis und Inhibition auf
- Gute Einstellung auf neue Anforderungen
- Perspektivwechsel ist möglich
- Offen sein für Veränderung
- Verhalten anpassen
- Empathie
- Innerer Weichensteller

Die Entwicklung der sozial-emotionalen Kompetenz lässt sich bei Kindern durch den Einsatz von Spiel- und Bewegungsideen zum Thema exekutive Funktionen unterstützen. Der Begriff „exekutive Funktionen" beschreibt dabei die Fähigkeiten, seine Aufmerksamkeit zu steuern, Informationen zu speichern und mit den gespeicherten Informationen zu arbeiten. Eine Anzahl von geistigen Fähigkeiten lässt uns Menschen planvoll, zielorientiert und überlegt handeln. Sie befähigen uns, in neuen und herausfordernden Situationen überlegt und strukturiert zu handeln.

Ein Beispiel aus dem Alltag eines Kindes:

Ein Kind läuft auf einer Straßenseite mit einem Elternteil. Auf der anderen Straßenseite sieht das Kind seinen besten Freund und will sofort die Straße überqueren und zu ihm auf die andere Seite laufen. Ein Kind mit gut geschulten exekutiven Funktionen überlegt zunächst, ob eventuell ein Auto kommen könnte und wo es am besten die Straße überqueren könnte. Kann das Kind sich nicht selbst regulieren, läuft es eventuell einfach auf die Straße.

Das exekutive System lässt sich in drei Bereiche aufteilen, die in der oben angeführten Abbildung näher beschrieben werden. Alle drei Bereiche bauen aufeinander auf und sind eng miteinander verbunden.

Zur Verdeutlichung der drei Bereiche Arbeitsgedächtnis, Inhibition und kognitive Flexibilität werden Beispiele aus dem Buch genannt.

Das Arbeitsgedächtnis

Beispiel-Spiel: Im Legoland (S. 39)

Auf einer Seite des Raumes werden Fotos mit den Lego®-Steinen gelegt. In einem gewissen Abstand, gerne auch mit Hindernissen dazwischen, liegen alle Lego®-Steine in einer Kiste oder am Boden. Nun nimmt sich jedes Kind eine Karte, merkt sich was darauf zu sehen ist, überwindet die Strecke bis zu den Lego®-Steinen und sucht dort die genau passenden Steine und baut mit diesen die Figur auf dem Foto nach.

Die Inhibition

Beispiel-Spiel: Feuer – Regen – Sturm (S. 32)

Jedes Kind bewegt sich nach Anweisung zur Musik. Bewegungsanweisungen können sein: gehen, laufen, springen, große Schritte etc. Bei Musik-Stopp führen die Kinder verschiedene Aufgaben zu unterschiedlichen Begriffen aus.

„Regen“: Kinder trommeln auf den Boden.

„Hochwasser“: Kinder stellen sich auf Zehenspitzen oder auf einen Gegenstand.

„Feuer“: Kinder sammeln sich am Notausgang oder einer Tür.

„Sturm“: Alle Kinder legen sich ganz flach auf den Boden.

Variante: Die Kinder setzen die Kommandos nur auf ein bestimmtes Zeichen der PF um. Das Zeichen könnte ein Glöckchen sein. Alternativ gelten die Kommandos nur, wenn die PF die Hand nach oben hält. Wenn das Zeichen nicht erscheint, sollen die Kinder einfach weiterlaufen.

Kognitive Flexibilität

Beispiel-Spiel: Schwimmnudel-Attacke (S. 37)

Die Kinder laufen mit Schwimmnudeln durcheinander. Die PF ruft eine Farbe, diese wird zum Fänger. Die Fänger tippen die Kinder mit der Schwimmnudel an. Wer gefangen ist, geht in die Hocke und kann von den anderen Mitspielern durch Tippen auf die Schulter befreit werden. Plötzlich ruft die PF wieder eine andere Farbe. Diese wird zum Fänger. Alle, die zuvor gefangen wurden und noch nicht befreit waren, dürfen wieder mitmachen.

Wann entwickeln sich die exekutiven Funktionen bei Kindern?

Das exekutive System beginnt sich bei Kindern ab dem Alter von zweieinhalb bis drei Jahren zu entwickeln. Zwischen drei und sieben Jahren kommt es zu einer deutlichen Verbesserung der Inhibition und der kognitiven Flexibilität. Das Arbeitsgedächtnis entwickelt und steigert sich mit dem Alter. Diese Steuerungszentrale ist erst bei jungen Erwachsenen, bis Mitte/Ende 20 voll ausgebildet. Dies bedeutet jedoch keinen Stopp in allen Entwicklungsprozessen, denn exekutive Funktionen sind stetig bis ins hohe Alter trainierbar.

In verschiedenen Studien konnte sowohl bei jungen Erwachsenen als auch bei Jugendlichen und Kindern nachgewiesen werden, dass körperliche Fitness in einem positiven Zusammenhang mit exekutiven Funktionen steht. So zeigen beispielsweise körperlich trainierte Jugendliche im Vergleich zu weniger fitten Gleichaltrigen höhere Aufmerksamkeitsprozesse und eine effektivere Selbstregulation. Kinder mit Aufmerksamkeitsstörungen profitieren von einem Training der exekutiven Funktionen.

Die exekutiven Funktionen sind somit elementar für die Lernleistung und die sozial-emotionale Entwicklung der Kinder und Jugendlichen!

Die in aller Kürze dargestellten theoretischen Grundlagen für die Themenfelder Sprache und U3 basieren wesentlich auf dem „Handbuch Sprache und Bewegung" und „Psychomotorik für Kinder unter 3 Jahren" von Renate Zimmer. Dabei wird die Struktur dieser Grundlagenwerke aufgenommen und damit ein wissenschaftlicher Hintergrund für die folgenden praktischen Anwendungsansätze aufgestellt.

Hintergrundwissen – Sprache

Kinder erfahren und erleben ihre Welt körperlich. Der Körper ist der Ausgangspunkt für die Aneignung der Welt und eben auch für den Spracherwerb. Wenn ein Kind die Möglichkeit hat, sich viel zu bewegen, fördert dies seine Entwicklung und es kann Erfahrungen machen, die ein zunehmendes Wissen über sich und seine Umwelt erzeugen. Wenn unser Bildungsverständnis über die Selbstbestimmung und die Selbstwirksamkeit des Kindes geht und definiert wird, wenn wir davon ausgehen, das Kind erschließt sich die Welt und eben auch die Sprache über den Körper und über seine Handlungen, dann sollten wir den Kindern viel Raum für Bewegung schaffen.

Kinder lernen sprechen

Menschen müssen Sprache erlernen. Kühe muhen, Gänse schnattern, Katzen miauen. Das menschliche Gehirn muss nicht nur das gesprochene Wort abspeichern, sondern auch die Zusammenhänge erfassen. Der menschliche Spracherwerb ist ein sehr komplexer Prozess.

Kommunikationsfähigkeit entwickelt sich vom Einfachen zum Komplexen. Zuerst teilt sich das Kleinkind über Körperhaltung bspw. eine komplette Körperanspannung oder auch -entspannung mit. Dann kommuniziert es zunehmend über Gesten, Mimik und Gebärden. Dieser Entwicklungsprozess beinhaltet den Einstieg in die Sprache. Grundlegend ist, dass in allen Phasen Beziehungen zu anderen entstehen und hergestellt werden. Dies dient der Befriedigung von wichtigen Bedarfen des Kindes: dem Wunsch nach Nähe, Sicherheit, dem Stillen von Durst und Hunger, dem Lernen von Neuem.

Der Spracherwerb ist ein Lernprozess. Bewegte Auseinandersetzung mit der Umwelt bedeutet Wahrnehmen, Handeln, Fühlen, Denken und Verstehen von Abläufen und Gegebenheiten. Kinder begreifen ihre Umwelt im wahrsten Sinne des Wortes durch direktes Erleben und betiteln es erst mit der Zeit mit Wörtern. Sprache setzt demnach Handlungen und Beziehungen voraus. Wenn ein Kind einen Ball aus dem Bällebad wirft, sagt es vielleicht danach: „Ball weg worfen!" Aber erst nachdem es den Ball hinausgeworfen hat und nicht vor seiner Handlung. Je älter das Kind ist und seine Sprachentwicklung vorangeschritten ist, kann es verbal seine Handlung in zeitlichem Abstand zum Geschehen ausdrücken: „Ich werfe den Ball aus dem Bällebad zu dir raus!"

Die Handlung und die sensorischen Erfahrungen fördern die Begriffsbildung, und Kinder können mehr und mehr gedanklich erfassen und sprachlich ausdrücken. Sprachentwicklung unterstützt die kognitive Entwicklung. Bevor ein Kind verbal etwas beschreiben kann, verfügt es schon über Begrifflichkeiten wie z. B. kalt, warm, nass, langsam, schnell, hoch und tief. Wenn mehr und mehr Begrifflichkeiten vorhanden sind, ermöglicht dies dem Kind Denken und Vorstellungen unabhängig von der Handlung.

Der Ursprung liegt aber in der Bewegung, in Handlungen und in sensorischen Erfahrungen. Sprachbildung folgt daher dem Grundsatz, dass Bewegung der Zugang zur (Um)Welt des Kindes ist.

Bereiche der Sprachentwicklung

Prosodie/Sprachrhythmus

Je nach Muttersprache entwickeln Kinder einen unterschiedlichen Sprachrhythmus und vermitteln über Sprachmelodien verschiedene Bedeutungen. Das Kind lernt durch Erfahrung, welche Ausprägung der Sprachmelodie mit welcher Botschaft verbunden ist. Ob ein Satz zur Frage oder zur Bitte oder sogar zum Befehl im Ohr des Zuhörers wird, hängt in hohem Maß am Tonfall und nicht an den beinhalteten Wörtern. Kinder müssen daher lernen, diese Merkmale zu erkennen, um sie später selbst anwenden zu können. Der Säugling reagiert auf Tonhöhen und erkennt, welche emotionale Botschaft „zwischen den Zeilen" versteckt ist – Ärger, Ruhe, Interesse ...

Gleiche Wörter mit anderer Betonung drücken auf einmal etwas völlig anderes aus.

Beispiel:

Hühner, Stall und Futter

Hühnerstall und Futter

Kompetenzen im Bereich Prosodie werden durch Spiele mit Fragen/Antwort-Wechsel, rhythmisierte Bewegungen, Begleitung von Bewegung, z. B. mit einem Tamburin, Bewegungslieder und Reime, Stimmeinsatz bei unterschiedlichen Bewegungsabläufen, wie z. B. hoch und tief oder schnell und langsam, gefördert.

Beispiel-Bewegungseinheit: Reifen, Reifen, Reifen (S. 122)

Reifenpendelstaffel Die Reifen werden in zwei lange Reihen aneinandergelegt. Die Kinder werden in zwei Gruppen aufgeteilt und je an den Anfang / das Ende der Reifenreihe gestellt. Nun beginnt das erste Kind, durch die Reifen zum gegenüberstehenden Kind zu laufen / zu springen (beidbeinig, auf einem Bein, rückwärts), es wird an den Händen abgeklatscht und das nächste Kind läuft los. Nach dem Abklatschen stellt sich das Kind jeweils wieder nach hinten in die Reihe.

Phonetik und Phonologie / Artikulation und Lautbildung, Lautanwendung

Zuerst lernen Kinder die akustische Lautbildung, die Phonetik, wie z. B. „mamamamama" oder „dadada". Säuglinge können zunächst alle Laute hören und bilden. Während sie dann ihre Muttersprache kennenlernen, verlernen sie die Laute, die in dieser Sprache nicht genutzt werden, und „behalten" die in der jeweiligen Muttersprache verwendeten bis zu 70 Sprachlaute. Um einen Sprachlaut korrekt zu bilden, gibt es verschiedene Anforderungen. Beispielsweise wird ein „T" gebildet, indem man die Zunge vorne an den Gaumen hinter die Schneidezähne nimmt und die Luft von hinten gegen diesen Verschluss drückt. Wenn man dann die Zunge schnell nach unten zieht, entsteht das „T".

Während man bei Bildung des Sprachlautes „M" einfach nur die Lippen aufeinanderlegt, die Luft über die Nase entweicht und der Laut durch schwingende Stimmbänder entsteht.

Die phonologische Kompetenz ermöglicht den Kindern, die erlernten Laute richtig einzusetzen. Dazu müssen sie lernen, die sprachfunktionelle Bedeutung wahrzunehmen. Für die korrekte

Bedeutung ist es wichtig, diese richtig anzuwenden. Wenn ich von einer Kanne spreche, muss das „K" als solches wahrgenommen werden. Wenn es als „T" wahrgenommen wird und wir bei dem Wort Tanne sind, kann das zu Missverständnissen führen. Verlange ich nach einer Nadel und bekomme einen Nagel, wird mir das wenig nutzen. Das „D" muss vom „G" unterschieden werden können.

Kompetenzen im Bereich Phonetik und Phonologie werden durch Training der Mundmotorik, der auditiven Wahrnehmung und durch Bilden von Lauten und Silben z. B. durch Nachahmen, Klatschen oder Stampfen gefördert.

<u>Beispiel-Bewegungseinheit</u>: Herbstlaub (S. 144)

Die Kinder spielen Laubbläser und sollen das Herbstlaub zusammenpusten. Dabei wird die Mundmotorik trainiert.

Semantik und Lexikon / Wortbedeutung und Wortschatz, Begriffsbildung
Die Semantik beschreibt die Bedeutung von Wörtern und das Lexikon den passiven und aktiven Wortschatz. Durch wiederkehrende Erfahrungen bekommen Wörter eine Bedeutung. Je öfter das Kind z. B. mit einem Spielzeugauto/Rutschauto in Berührung kommt, umso eher versteht es die Bedeutung des Wortes „Auto". Um den Wortschatz zu erweitern und die Begriffsbildung zu fördern, braucht das Kind viele Anregungen durch das soziale Umfeld. Begrifflichkeiten wie z. B. vorwärts und rückwärts fahren, bremsen, Türen aufmachen und einsteigen, anschnallen usw. entstehen durch den häufigen Umgang mit einem Spielzeugauto/Rutschauto.

Kompetenzen im Bereich Semantik und Lexikon werden gefördert, indem Begriffskategorien erfahrbar gemacht werden (z. B. Fortbewegungen wie gehen, laufen, springen, krabbeln etc.), Handlungen sprachlich begleitet werden und die Kinder vielfältige Sinneserfahrungen machen können.

<u>Beispiel-Bewegungseinheit</u>: Im Urwald (S. 146)

Die Zauberschnur stellt eine Schlange dar. Diese kriecht mal nach oben oder unten, hebt nur den Kopf oder schläft auf dem Boden. Je nachdem, was die Schlange tut, können die Kinder obendrüber springen, untendurch kriechen, obendrüber krabbeln oder sich untendurch rollen. Dabei erfassen die Kinder verschiedene Möglichkeiten, sich über oder unter der Schlange hindurchzubewegen, und sie erleben, was es bedeutet, sich klein zu machen, obendrüber oder untendurch zu gehen etc.

Morphologie und Syntax / Wort- und Satzbildung
Während das Kind mehr und mehr Laute zu artikulieren lernt und seinen Wortschatz kontinuierlich erweitert, muss es auch erlernen, die Worte und die Sätze richtig zu bilden.

Die Morphologie bezeichnet die Wortbildung. Wie wird der Plural gebildet *(Hund – Hunde / Foto – Fotos / Seife – Seifen / Haus – Häuser / Messer – Messer)*, wie entstehen die richtigen Verbformen *(ich werfe – du wirfst / er schreit – du schreist)* und wie entstehen die richtigen Vergangenheitsformen *(spielen – gespielt / gewinnen – gewonnen)*?

Die Syntax bezeichnet den Satzbau. Gleiche Wörter, anders aneinandergereiht, können einen völlig anderen Sinn ergeben. *„Der Förster fängt das Wildschwein"* ergibt einen anderen Sinn wie *„das Wildschwein fängt den Förster"*. Kinder beginnen mit Einwort-Äußerungen. *„Ball"*, *„Mam"*, *„da"* etc. Mit ca. 1,5 Jahren beginnen sie, zwei Wörter nacheinander zu setzen. *„Ball weg"*, *„Mam haben"*, *„da Nane"* etc. Kontinuierlich werden die Sätze länger. Das Kind lernt, mehrere Wörter aneinanderzureihen. Dabei erfasst es nun im Hören und Üben, wo Nomen, Artikel, Verben und Adjektive im Satz stehen müssen.

Viele Wörter und Sätze werden erst noch falsch gebildet. Die Kinder übertragen eine Regel erst einmal auf alle Wörter und Sätze. „Ich gelauft zu den Bechers." Dabei ist nun ein positiv-korrektives Feedback wichtig, damit das Kind die unterschiedlichen komplexen Formen kennenlernt. **Ja, stimmt! Du bist zu den Bechern gelaufen.**

Kompetenzen im Bereich Morphologie und Syntax können in Bewegungssituationen gut geübt werden. **Hier ist dein Ball, da hinten liegen die anderen Bälle. Ich schiebe das Rollbrett. Ich werde auf dem Rollbrett geschoben. Ich bin gerannt. Wir rennen. Letzte Woche haben wir mit Kastanien gespielt. Heute spielen wir mit Watte.**

<u>Beispiel-Bewegungseinheit</u>: Bei den Bauarbeitern (S. 75)

Die Kinder transportieren die Bausteine und überreichen sich diese mit folgendem Vers:

Ich heiße … (Name des Kindes, welches gelaufen ist)

und bin zu … (Name des Kindes, welches den Stein übergeben bekommt) *gelaufen,*

nun gebe ich dir den … (z. B. großen, kleinen, roten, blauen etc.) *Baustein,*

lege du ihn auf deinen Haufen!

Pragmatische Kompetenz / Sprachhandeln

Jeder Mensch möchte kommunizieren. Sprache wird erlernt, um an der sozialen Umwelt teilzunehmen. Es gibt ein gemeinsames Kommunikationssystem, auf das man sich einlässt. Dieses System beinhaltet die pragmatische Kompetenz, die jeder Mensch wahrnehmen und selbst einsetzen sollte. Dazu gehören in der sprachlichen Interaktion: Perspektiven wechseln, Blickkontakt aufnehmen und halten, eigene Absichten angemessen vermitteln, Rollenwechsel im Gespräch, Eröffnung und Abschluss eines Gespräches, sich aufeinander beziehen, Sprechhandlungen wie Auffordern, Bitten oder Fragen beherrschen (vgl. Zimmer, 2016, S. 51f.).

Diese Kompetenzen werden beim Üben trainiert. Die Entwicklung des Kindes hängt hierbei stark davon ab, wie viel mit dem Kind diskutiert wird, ob es sein Empfinden ausdrücken darf, wie oft es Fragen beantwortet etc. In Bewegungssituationen gibt es viele Möglichkeiten, diese Kompetenzen zu üben. Es werden Spiele erklärt und Kooperationen erarbeitet, Rollen ausgehandelt und Entscheidungen gefordert.

<u>Beispiel-Bewegungseinheit</u>: Im Supermarkt (S. 82)

Während dieser Bewegungseinheit dürfen die Kinder in einer Kleingruppe „einkaufen" gehen. Dabei entscheiden sie gemeinsam, was sie in ihren „Einkaufswagen" legen. In solchen Situationen trainieren sie ihre pragmatische Kompetenz.

Zweitsprachenerwerb

Wenn Kinder zusätzlich zu ihrer Muttersprache eine weitere Sprache erlernen, wird dies als Zweitspracherwerb bezeichnet. Kinder, die unter drei Jahren zwei Sprachen erlernen, haben die Möglichkeit, einen doppelten Erstspracherwerb zu erhalten.
Kinder, die ab drei Jahren eine weitere Sprache zu ihrer Muttersprache erlernen, erfahren dies als Zweitsprachenerwerb. Während des Erlernens der Zweitsprache bilden die Kinder vielfältige Zwischensprachen.

Prosodie/Sprachrhythmus

Wenn man eine weitere Sprache erlernt, stellt man schnell fest, dass Wörter unterschiedlich betont werden. Im Deutschen werden Wörter vorwiegend betont – unbetont ausgesprochen. In anderen Sprachen gilt die Betonungsfolge unbetont – betont. Die unterschiedliche Aussprache müssen Kinder erst wahrnehmen, um sie dann umsetzen zu können. Beispiel: Urlaub – holidays – vacaciónes.

Phonetik und Phonologie / Artikulation und Lautbildung, Lautanwendung

Kinder lernen für sie unbekannte Laute der Zweitsprache nur durch regelmäßigen Kontakt zur Zweitsprache kennen. Sie werden zuerst Laute ihrer Muttersprache mit der Zweitsprache vermischen. Wichtig ist ein regelmäßiger Gebrauch im Hören und Sprechen der Zweitsprache.

Semantik und Lexikon / Wortbedeutung und Wortschatz, Begriffsbildung

Da Kinder in ihrer Erstsprache schon die Bedeutung von vielen Wörtern kennen, geht der Erwerb des Wortschatzes in der Zweitsprache deutlich schneller voran als beim Erwerb der Erstsprache. Sie haben schon die Kenntnis von der Existenz der Objekte und müssen diese nicht erst neu erforschen.

Morphologie und Syntax / Wort- und Satzbildung

Die größte Herausforderung ist das Erlernen der korrekten Wortbildung und des Satzbaus. Die Regeln der Grammatik können nur durch ein großes Sprachangebot und die Möglichkeit des Ausprobierens der Bildung von Wörtern und Sätzen gefördert werden. Dabei hat das positv-korrektive Feedback eine sehr hohe Bedeutung. **Linus hat der Ball / Ja stimmt, Linus hat den Ball.**

Pragmatische Kompetenz / Sprachhandeln

Kinder erwerben die sprachlichen Interaktionen mit ihrer Muttersprache. Um sie in der Zweitsprache umsetzen zu können, müssen Kinder aber erst die anderen sprachlichen Kompetenzen der Zweitsprache erlernen. Es gibt kaum Unterschiede in der sprachlichen Interaktion. Sich ausreden lassen, Blickkontakt halten, Rollenwechsel im Gespräch etc. sind in allen Sprachen gleichermaßen wichtig.

Hintergrundwissen – U3

In den ersten Lebensjahren ist das Entwicklungspotenzial des Menschen in allen Kompetenzbereichen am größten.

Damit ein Kind sich ganzheitlich entwickeln kann, muss es sich bewegen und damit seinem natürlichen Bewegungsdrang nachkommen dürfen. Es gibt keinen Lebensabschnitt, in dem Bewegung eine größere Rolle spielt als in der gesamten Kindheit. Körperliche und sinnliche Erfahrungen helfen dem Kind, seine Umwelt Schritt für Schritt zu erfassen und zu begreifen. Kinder lernen von Anfang an durch Bewegung.

In der direkten Handlung entstehen kognitive Prozesse. Durch die Bewegung entwickeln sich das Denken und das Vorstellungsvermögen weiter. Über Bewegung können die Kinder soziale Kontakte aufbauen und erkennen sich selbst und den Anderen als eigenständige Person. Die Kinder entwickeln ein positives Selbstkonzept und erfahren, wie sie selbstwirksam handeln können. Dies fördert die Selbstständigkeit und stärkt das Selbstbewusstsein.

Selbstkonzept und Selbstwirksamkeit des Kindes

Aus der Summe aller Erfahrungen, die ein Mensch mit sich macht, und durch die Wahrnehmung der Reaktionen seiner Umgebung auf sein Verhalten entsteht das Selbstkonzept. Das heißt, ein Kind macht von Anfang an Erfahrungen, die sein Selbstkonzept prägen. Vertraut es auf seine Fähigkeiten, gibt es bei Schwierigkeiten schnell auf oder fühlt es sich eher dadurch herausgefordert? In den ersten Jahren entsteht das Selbstkonzept durch körperliche Erfahrungen (vgl. Zimmer, 2012, S. 15f.). Dieses Selbstkonzept wird durch den Kontakt, den Austausch mit Mitmenschen erzeugt. Die Reaktionen anderer auf das eigene Verhalten prägen es ebenso wie die Rückschlüsse aus dem Vergleich mit dem Verhalten der anderen.

Beispiel aus dem Alltag in einer Kinderkrippe:

Ein Kind versucht, über ein Schaumstoffelement ins Bällebad zu klettern. Seit Tagen stellt es sich immer und immer wieder dieser Herausforderung. Nun klappt es das erste Mal. Das Kind strahlt und sein Selbstbewusstsein steigt durch das Überwinden dieser Schwierigkeit. Vom Bällebad aus wirft es Bälle in den Gruppenraum. Es kann die Wirksamkeit seines Handelns erfahren. Die Bälle fliegen durch den Raum und machen den Boden bunt. Ein anderes Kind versucht ebenfalls, in das Bällebad zu steigen, und wird dabei von dem ersten Kind genau beobachtet. Wird es auch das Schaumstoffelement überwinden können? Es gelingt ihm. Gemeinsam sitzen sie nun im Bällebad. Die PF lobt die Kinder für ihr Erfolgserlebnis.

Die direkte Erfahrung, eine Aufgabe bewältigt zu haben, durch die eigene Anstrengung zum Ziel gekommen zu sein, selbstwirksam gehandelt zu haben und dann auch noch in dem Handeln bestätigt worden zu sein, stellt für das Kind ein großes „Bewegungsglück" dar. Es gibt ihm das Gefühl, kompetent und selbstständig handeln zu können.

Selbstwirksamkeit ist ein Schlüsselfaktor bei der Ausbildung von Selbstbewusstsein und Wahrnehmung der eigenen Kompetenzen. Das Kind merkt, dass es selbst etwas auslösen und Wirkungen erzeugen kann. Es kann seine Welt verändern und gestalten. Damit wird es ein aktiver Teil seiner (Um)Welt. Das wird deutlich, wenn das Kind immer wieder einen Gegenstand vom Tisch runter wirft und darauf wartet, dass andere es wieder aufheben und erneut auf den Tisch legen, nur um es erneut runterzuwerfen.

Wenn altersgerechte Bewegungseinheiten so gestaltet sind, dass das Kind möglichst viele Erfahrungen im Bereich der Selbstwirksamkeit machen kann, wird das Selbstbewusstsein und damit das positive Selbstkonzept des Kindes gestärkt.

Beispiel Bewegungseinheit: Die Baumeister (S. 96)

Kinder fasziniert die Arbeit der Bauarbeiter. In dieser Bewegungseinheit schlüpfen die Kinder in die Rolle der Bauarbeiter und erfahren dabei ihre Kompetenz im Handeln als Baumeister. Sie stellen Baumaschinen dar, transportieren die Bausteine und am Ende der Einheit (oft auch schon währenddessen) entstehen eigene Bauwerke. Die Kinder erleben sichtbar, wie sie etwas erschaffen und verändert haben.

Über alle Altersklassen vom Kind bis zum Erwachsenen wird unser Verhalten maßgeblich von unserem Selbstkonzept beeinflusst. Widerstandsfähigkeit, Leistungsbereitschaft, Problemlösungskompetenz – zentrale Kompetenzen und Fähigkeiten unserer Persönlichkeit basieren auf den Strukturen unseres Selbstkonzepts. Wer mehr Erfolgserlebnisse abgespeichert hat, tendiert dazu, in Belastungssituationen „das Glas als halb voll zu betrachten und nicht als halb leer". Gerade Bewegungsanteile in der Bildungsarbeit in den Kindertagesstätten sind bestens geeignet, durch ein leistungsangepasstes Herausforderungsprofil in und mit Kindern eine optimistische Grundstruktur des Selbstkonzepts nachhaltig auszugestalten. Das Kind lernt dabei sehr haptisch und direkt erlebbar, Herausforderungen und Schwierigkeiten zu überwinden und eigene Lösungen für den Umgang mit Schwierigkeiten sowohl motorisch als auch kognitiv, emotional und sozial aufzubauen. Das Kind kann in Bewegungserlebnissen erfahren, dass es selbst für das Handlungsergebnis verantwortlich ist. Eine bewältigte Bewegungsaufgabe, wie z. B. das Hineinspringen in einen Reifen, vermittelt dem Kind das Gefühl: „Ich habe etwas geschafft! Ich kann etwas!"

Rahmenbedingungen der Bewegungseinheiten

Wenn Kinder die Option haben, eigenständige Entscheidungen zu treffen, wirkt sich dies mittel- und langfristig positiv auf ihre situative Eigeninitiative aus. Die Entwicklungsschritte gehen vom reinen Beobachten zum eigenständigen Nachahmen bis zum aktiven Beteiligen. Dabei ergibt es erst mit zunehmendem Alter Sinn, begleitende Motivation durch die PF zu nutzen, um die Überwindung der Kinder zum Mitmachen auszulösen. Indirekte Motivation, z. B. durch ein aufmunterndes „So viele Mäuse springen hier!", kann das Kind zum Mitmachen animieren. Im frühen Alter sollte vom Überreden abgesehen werden.

Eine große Motivation entsteht beim Kind, wenn die PF Ideen der Kinder aufgreift. Die PF bereitet die Stunden vor und hat einen Plan, der aber jederzeit veränderbar ist und die Handlungsimpulse der Kinder aufgreifen kann. Eine solche begleitende Strategie fördert Kinder und verstärkt Eigenständigkeit und Selbstwertgefühl.

Damit Kinder selbstwirksam und kompetent handeln können, müssen die Schwierigkeitsgrade der geplanten Bewegungszeit unbedingt altersgerecht und realistisch sein. Die Aufgaben sollten so ausgewählt sein, dass es verschiedene Möglichkeiten der Umsetzung gibt, z. B. unterschiedliche Höhen, die erklommen werden können, oder mehrere Möglichkeiten aufzeigen, wie ich in einen Reifen kommen kann (mit beiden Beinen, im Pferdchen-Galopp, einfach nur hineinsteigen etc.). Dabei sollte die Schwierigkeitsanforderung an die Leistungsfähigkeit angepasst sein. Zu leichte Aufgaben sind genauso hemmend wie zu schwere.

<u>Beispiel Bewegungseinheit</u>: Sternchen sammeln (S. 101)

Die Kinder sammeln Papiersterne. Dabei können sie hoch auf die Sprossenwand klettern, über Schaumstoffbauelemente krabbeln, unter Hütchen suchen, in einen Krabbeltunnel kriechen etc. Die Kinder suchen sich selbst ihre Herausforderung, ohne sich zu überfordern oder zu unterfordern.

Erfahrungen mit Körper, Material und sozialen Kontakten in den Bewegungseinheiten

Kinder zwischen 0 bis 3 Jahren sollten jederzeit die Möglichkeit haben, ihr Wissen über ihren Körper, über neue und unbekannte Objekte und über das Zusammenleben mit den Mitmenschen zu erweitern.

Erfahrungen mit dem eigenen Körper macht das Kind in allen Handlungen. Diese Erfahrungen stärken das Selbstwertgefühl, vertiefen das positive Selbstkonzept und fördern die Entwicklung des Kindes. Das Kind beschäftigt sich damit, was es kann und wo seine Grenzen sind. Es sollte die Möglichkeit haben, dies in altersgerechten Bewegungsangeboten ausprobieren zu können. Wenn es etwas geschafft hat und sich ein „Bewegungsglück" einstellt, wird es die Handlung wiederholen und seine Kompetenzen stärken. Das Kind entscheidet selbst, wann es sich der nächsten körperlichen Herausforderung stellt.

<u>Beispiel Bewegungseinheit</u>: Reise zu fernen Planeten (S. 124)

Die Kinder erleben während der Einheit ihren Körper in unterschiedlichen Situationen. Während das Schwungtuch auf dem Boden in Bewegung gehalten wird, können die Kinder über „die Wellen" krabbeln. Sie können sich unter dem Schwungtuch verstecken oder sich unter das Schwungtuch legen. Manche Kinder wollen sich gerne unter das Schwungtuch legen und den Wind und das Schwungtuch spüren, andere Kinder wollen die Situation erst einmal beobachten. In Bewegung lernen die Kinder Material kennen, welches ihnen im Alltag begegnet. Sie erfahren dabei physikalische Gesetzmäßigkeiten und können z. B. unterschiedliche Oberflächen wahrnehmen.

Dabei verstehen die Kinder, welche Merkmale und Eigenschaften verschiedene Materialien haben. Beim Experimentieren werden die Materialien zweckentfremdet und weitere Möglichkeiten der Handhabung entdeckt.

<u>Beispiel Bewegungseinheit</u>: Schneetreiben (S. 99)

Die Kinder experimentieren mit den Styroporschnipseln, indem der Wind „die Schneeflocken" über den Boden pustet. Dabei erfahren die Kinder, dass sich die Styroporschnipsel unterschiedlich über den Boden bewegen oder auch abheben, je nachdem, wie stark die Kinder pusten.

In den ersten Monaten bauen die Kinder zu den Eltern und den engen Bezugspersonen eine Beziehung auf. Verlässlichkeit ist für die Kinder in diesem Alter sehr wichtig. Dies schafft eine gesunde und wichtige Bindung. Wenn die Kinder älter werden, entwickeln sie immer mehr Fähigkeiten zu kommunizieren. Konkrete Handlungen und Sprache erweitern die Möglichkeiten, in Beziehung mit anderen Menschen zu treten. Die Kinder erkennen sich als eigenständige Person und begreifen, wo die eigenen Grenzen und die Grenzen des Anderen sind. Sie können in geplanten Bewegungseinheiten erste einfache Regeln kennenlernen, wie z. B. „Ich muss mich anstellen, wenn ich über manche Hindernisse klettern möchte" oder „Wenn ein anderes Kind den roten Ball hat, darf ich ihn nicht einfach wegnehmen". So machen die Kinder erste soziale Erfahrungen im Umgang miteinander.

<u>Beispiel Bewegungseinheit</u>: Rechts und links ein Fuß (S. 192)

In dieser Bewegungseinheit begrüßen sich die Kinder auf unterschiedliche Weise mit ihren Füßen. Mal tippen ihre Zehen aneinander, mal legen sie die Füße übereinander, mal reiben sie die Fußflächen aneinander. Am Ende der Bewegungseinheit massieren die Kinder sich gegenseitig die Füße. Bei diesen Übungen mit einem anderen Kind lernen die Kinder, aufeinander zu achten: „Ich darf nicht zu stark auf die Zehen drücken, sonst tut es dem anderen Kind weh" oder „Wenn die Zehen sich nur leicht berühren, kitzelt es mich".

+Sp
piel
„S

Spiele *– Kleine Spiele zum Aufwärmen, für zwischendurch und zum Abschluss. Zusätzlich zu den verschiedenen Spielformen finden Sie unter der Rubrik Spiele einige Rituale. Jede Bewegungseinheit kann mit einem Ritual beginnen und enden. Rituale geben der Bewegungseinheit einen Rahmen und den Kindern ein Gefühl von Sicherheit. Als Anregung für evtl. neue Rituale haben wir Ihnen einige Rituale aufgeführt, die sich bei unseren Bewegungseinheiten bewährt haben.*

Rituale

Abschlussrakete

Alle Kinder stehen im Kreis. Die PF sagt laut:

„Erste Stufe!" – Alle Kinder stampfen auf den Boden.

„Zweite Stufe!" – Alle Kinder klatschen in die Hände.

„Dritte Stufe!" – Alle Kinder rufen gemeinsam: „Uuunnnddd Tschüss!" Dabei springen die Kinder in die Luft. Die Rakete kann beliebig wiederholt werden und das „Tschüss"-Rufen in unterschiedlichen Lautstärken erfolgen.

Antippen

Die Kinder liegen auf dem Bauch und schließen die Augen. Wenn die PF ein Kind antippt, darf es leise aufstehen und den Kreis verlassen und zum Umziehen gehen.

Wenn genug Zeit ist, kann man die Aufmerksamkeit der Kinder auf den Herzschlag lenken. Diesen spürt man in Bauchlage. Sind die Kinder davor eine Runde schnell gelaufen, können sie wahrnehmen, wie der Herzschlag wieder ruhiger wird.

Hände streichen

Die Kinder liegen mit den Füßen nach innen und dem Kopf nach außen in einem Kreis. Sie legen die ausgestreckten Arme und Hände über dem Kopf ab. Die Handflächen zeigen zur Decke. Die Kinder sollen die Augen schließen und so ruhig wie möglich liegen bleiben.

Die PF geht herum und streicht den Kindern über die Hände. Wer gestreichelt wurde, darf leise aufstehen und zur Türe gehen oder sich aufsetzen.

Signale

Einfache und unkomplizierte Signale können Pfiffe auf einer Trillerpfeife sein. Dabei können verschiedene Anweisungen gelten:

Ein Pfiff: an Ort und Stelle stehen bleiben (für kurze Erklärungen).

Zwei Pfiffe: weiterlaufen (wenn man es als Spiel einführt).

Ein Pfiff und Hand hochhalten: in den Kreis setzen.

Wechselatmung

Die Kinder halten sich mit dem rechten Daumen das rechte Nasenloch zu und atmen durch das linke Nasenloch ein. Dann halten sie sich mit dem rechten Zeigefinger das linke Nasenloch zu und atmen durch das rechte Nasenloch aus. Drei- bis achtmal wiederholt, wirkt diese Übung beruhigend.

Wer ist heute dabei?

Die Kinder sitzen im Kreis. Nacheinander klatschen wir mit korrekter Silbentrennung die Namen der Kinder und sprechen sie dazu aus.

Beispiele: Ka-rim, Fran-zis-ka, Kon-stan-tin, Ma-rie

Wie geht es mir heute?

Drei runde Stimmungskarten (siehe Anhang S. 9) werden reihum gegeben. Eine Stimmungskarte zeigt einen grünen lachenden Smiley, die zweite einen gelben neutralen Smiley und die dritte einen roten unglücklichen Smiley. Die Kinder dürfen entscheiden, welcher Smiley ihre momentane Stimmung widerspiegelt. Es kann nach einer Begründung gefragt / eine Begründung ergänzt werden. Die Stimmungskarte kann Aufschluss darüber geben, warum ein Kind heute nicht in der Lage ist zuzuhören oder mitzumachen (z. B. weil es müde, traurig ist oder Schmerzen hat). Eine Druckvorlage für die Smileys befindet sich im Anhang.

Winke, winke

Die Kinder gehen alle in die Liegestützposition (siehe Foto). Dann drehen sie sich im Wechsel nach rechts und links auf und winken sich zu.

Aufwärmspiele

Autofahrt – Achtung Gegenverkehr!

Pro Kind 1 runder Gegenstand (Frisbee/Tennisring o. Ä.),
2 Chiffontücher in den Farben Rot und Grün, Stoppschild oder Parkschild (siehe Anhang S. 10-11)
Kinderanzahl: mindestens 5

Die Kinder sind mit verschiedenen Fahrzeugen unterwegs. Jedes Kind erhält als Lenkrad einen Tennisring oder ein Frisbee und darf erzählen, was es für ein Fahrzeug fährt.

Spielidee: Die Kinder fahren kreuz und quer durch die ganze Halle und dürfen nicht mit anderen Fahrzeugen zusammenstoßen. Wenn auf dem Hallenboden Linien aufgezeichnet sind, dürfen die Kinder als Nächstes nur auf den Straßen (Linien) fahren.

Varianten für ältere Kinder: Rückwärtsfahrt: Wenn sie auf ein anderes Fahrzeug treffen, müssen beide bremsen und ein Kind legt den Rückwärtsgang ein, bis eins der Kinder in eine andere Straße abbiegen und somit weiterfahren kann.

Straßenarten: Wenn die Linien verschiedene Farben haben, wird gemeinsam jeder Linienfarbe eine Straßenart zugeordnet (Autobahn,

Landstraße, Spielstraße) und die Geschwindigkeiten der Kinder müssen entsprechend angepasst werden (sehr schnell, schnell und langsam). Wenn keine farbigen Linien vorhanden sind, kann die PF für alle Kinder die Straßenart durch Zurufen vorgeben.

Ampel: Jeweils zwei Chiffontücher in den Farben Rot und Grün werden von der PF als Ampelsignale an verschiedenen Stellen hochgehalten. Die Kinder sollen darauf jeweils richtig reagieren. Vorab wird die Bedeutung der Ampelsignale gemeinsam besprochen.

Verkehrszeichen: Es können entsprechende Schilder von der PF ausgewählt werden, beispielsweise Stoppschild oder Parkschild. Druckvorlagen befinden sich im Anhang.

Spiel-Ende: Die PF beendet das Spiel.

Bienenspiel

Verschiedenfarbige Reifen (Holzreifen können mit Chiffontüchern, Krepppapier oder Stoffresten farbig markiert werden), Musik
Kinderanzahl: egal

Es werden mehrere Reifen in der Halle verteilt.

Spielidee: Die Bienen fliegen von Blume zu Blume (Reifen). Alle Kinder bewegen sich zur Musik durch den Raum. Bei Musik-Stopp wird eine Reifenfarbe genannt, in der sich alle Kinder sammeln und eine Aufgabe erledigen sollen.

Beispiele: Stützhaltung mit Händen oder Füßen im Reifen / am Rand entlang balancieren / mit beiden Beinen in den Reifen springen und rückwärts wieder herausspringen / die Ellbogen in den Reifen / mit dem Po berühren etc.

Spiel-Ende: Die Bienen pflücken ihre Blumen und wollen gemeinsam einen Blumenstrauß binden. Dazu sammeln sich alle Kinder mit den Reifen in einem Kreis.

Feuer – Regen – Sturm

Musik, Glöckchen
Kinderanzahl: egal

Spielidee: Jedes Kind bewegt sich nach Anweisung zur Musik. Bewegungsanweisungen können sein: gehen, laufen, springen, große Schritte etc. Bei Musik-Stopp führen die Kinder verschiedene Aufgaben zu unterschiedlichen Begriffen aus.

„**Regen**": Kinder trommeln auf den Boden.

„**Hochwasser**": Kinder stellen sich auf Zehenspitzen oder auf einen Gegenstand.

„**Feuer**“: Kinder sammeln sich am Notausgang oder einer Tür.

„**Sturm**“: Alle Kinder legen sich ganz flach auf den Boden.

Nach Belieben können noch weitere Begriffe mit neuen Bewegungen eingebunden werden.

Variante 1: Die Kommandos bleiben gleich, aber die Ausführung verändert sich.

„**Regen**“: Kinder halten sich gegenseitig einen Regenschirm aus den geformten Händen über den Kopf.

„**Hochwasser**“: Kinder beginnen, Schwimmbewegungen zu machen.

„**Feuer**“: Kinder spielen Feuerwehr und löschen.

„**Sturm**“: Kinder bewegen sich wie ein Baum im Sturm.

Variante 2: Die Kinder setzen die Kommandos nur auf ein bestimmtes Zeichen der PF um. Das Zeichen könnte ein Glöckchen sein. Alternativ gelten die Kommandos nur, wenn die PF die Hand nach oben hält. Wenn das Zeichen nicht erscheint, sollen die Kinder einfach weiterlaufen.

Spiel-Ende: Die PF beendet das Spiel.

Figuren bilden

Musik
Kinderanzahl: mindestens 3

Spielidee: Die Kinder laufen zur Musik durch den Raum. Wenn die Musik stoppt, ruft die PF ein Kommando, z. B. „**Stern**“, „**Schlange**“, „**Treppe**“, „**Kreis**“ etc. – auch Zahlen sind möglich. Die Kinder finden sich in Kleingruppen zusammen und bilden mit ihren Körpern die gewünschte Form/Zahl auf dem Boden.

Spiel-Ende: Die gewünschte Form kann zum Abschluss ein Kreis sein.

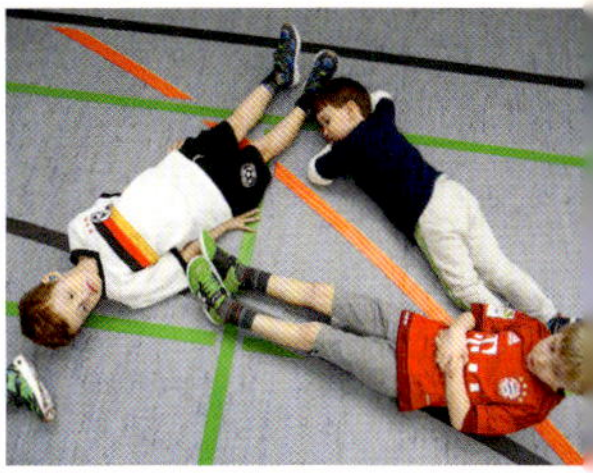

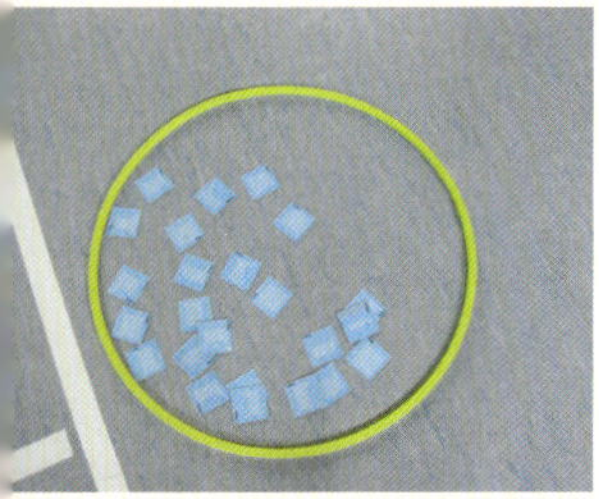

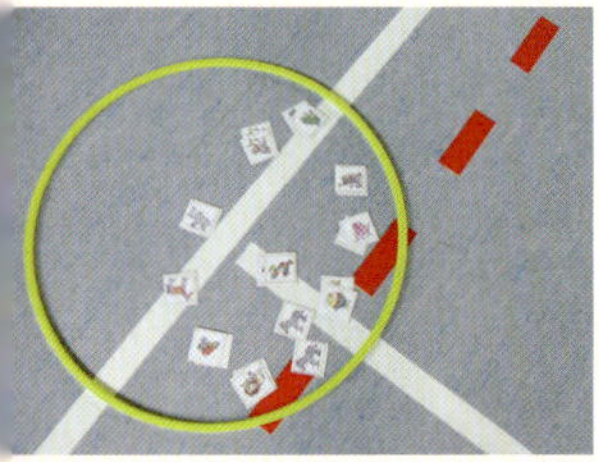

Memory-Spiel

Memory-Spielkarten, pro Mannschaft 1 Reifen
Kinderanzahl: pro Mannschaft 3-5

Es werden Mannschaften gebildet. Diese stellen sich an einer Linie jeweils hintereinander auf. In einigen Metern Abstand wird gegenüber jeder Mannschaft ein Reifen abgelegt, in dem sich die jeweils gleiche Anzahl an Spielkartenpaaren befindet.

Spielidee: Das erste Kind aller Gruppen läuft los und darf im eigenen Reifen zwei Spielkarten umdrehen. Das Kind benennt den Gegenstand auf den Spielkarten laut. Ist es ein Paar, soll dieses mit zur Gruppe genommen werden. Sind es zwei ungleiche Spielkarten, werden beide wieder verdeckt abgelegt und das Kind läuft ohne Spielkarten zurück zur Gruppe. Sobald abgeklatscht wurde, darf das nächste Kind starten.

Spiel-Ende: Hat eine Gruppe alle Spielkartenpaare erlaufen, endet das Spiel. Dauert dies zu lange, wird das Spiel durch die PF beendet und die erlaufenen Spielkartenpaare von jeder Gruppe gezählt.

Welches Tier läuft denn da?

4 Matten, die im Kreuz gelegt werden
Kinderanzahl: pro Matte 3-4

Die PF gibt verschiedene Tierarten vor: Tiere, die auf der Erde leben, unter der Erde, im Wasser und in der Luft. Bei nur drei Kindern pro Matte wird eine Tierart weniger angegeben. Jedes Kind auf der Matte ordnet sich einer Tierart zu.

Spielidee: Die PF nennt ein Tier, z. B. Elefant. Alle Kinder, die der Tierart „auf der Erde" zugeordnet sind, laufen nun einmal um die vier Matten, bis sie wieder an ihrem Platz sind. Wenn ein Tier auf der Erde lebt und in der Luft und im Wasser unterwegs ist (Ente), dürfen alle drei Kinder laufen.

Variante: Statt Tierarten können Lebensmittel genannt werden. Gemüse, Obst, Lebensmittel vom Bäcker und Süßigkeiten.

Spiel-Ende: Die PF beendet das Spiel.

Fangspiele

Die Löwen sind los!

Kinderanzahl: mindestens 5

Spielidee: Eine begrenzte Zone (z. B. Kreis) ist der Käfig. Je nach Anzahl der Kinder befinden sich drei bis vier Löwen im Käfig. Alle anderen Kinder sind Zoobesucher und gehen um den Käfig herum, um die Löwen zu fotografieren. Plötzlich ruft die PF: „**Achtung, die Löwen sind los!**" Alle Zoobesucher müssen sich an eine Wand oder über eine Linie retten. Wer gefangen wurde, wird auch zum Löwen.

Spiel-Ende: Das Spiel ist zu Ende, wenn kein oder nur noch ein Zoobesucher übrig ist.

Farbenwechsel

3 oder 4 Matten – jeder Matte wird eine Farbe zu geteilt, ggf. bei jüngeren Kindern die Matten mit Farbkarten oder Chiffontüchern markieren
Kinderanzahl: mindestens 3 pro Matte

Spielidee: Die Kinder stehen auf einer Matte und wissen, welche Farbe sie sind. Dies ist wichtig, damit der Spielablauf funktioniert. Nun dürfen die Kinder loslaufen und die PF ruft eine der vier Farben. Die gerufene Farbe wird zum Fänger. Alle Kinder, die gefangen werden, sollen sich in die Hocke begeben. Nach kurzer Zeit ruft die PF **„Stopp!"** und alle gefangenen Kinder müssen auf die Matte der Fängerfarbe. Die Kinder, die nicht gefangen wurden, gehen auf ihre ursprüngliche Matte. Die Kinder sollen nun wieder bewusst wahrnehmen, welcher Farbe sie zugehören. Dann geht das Spiel von vorne los.

Die PF kann den Spielverlauf beeinflussen, indem sie schaut, von welcher Farbe es noch viele gibt oder wenige.

Spiel-Ende: Die PF beendet das Spiel.

(Aus: Suhr, 2015, Zahlen hüpfen – Buchstaben springen, S. 20)

Froschzauber

Je nach Kinderanzahl 1-4 goldene Kugeln (gelbe Softbälle/Tennisbälle o. Ä.), 1-3 Zauberstäbe (angemalte Papprollen / kurze Schwimmnudeln o. Ä.)
Kinderanzahl: mindestens 8

Spielidee: Ein bis vier Fänger bekommen je eine goldene Kugel. Ein bis drei Kinder erhalten einen Zauberstab. Sobald ein Kind von einer Kugel berührt wird, verwandelt es sich in einen Frosch. Der Frosch springt und quakt, um sich bemerkbar zu machen. Die Frösche können von den Zauberern befreit werden, indem sie sie mit ihrem Zauberstab berühren. Nach kurzer Zeit werden die Fänger und Zauberer ausgetauscht.

Mit Softbällen darf auch geworfen werden, mit Tennisbällen nicht.

Spiel-Ende: Die PF beendet das Spiel.

Gespensterjagd

Pro Kind 1 Chiffontuch
Kinderanzahl: egal

Spielidee: Alle Kinder werden zum Gespenst, indem sie sich ein Tuch in die Hose stecken. Es muss für alle Kinder sichtbar aus der Hose herausschauen. Alle Gespenster fliegen wild durcheinander und versuchen jeweils, die Tücher der anderen Gespenster zu schnappen und sich die Tücher dann selbst in die Hose zu stecken. Während ein Kind sich das Tuch in die Hose steckt, darf kein Tuch geschnappt werden. Hat ein Kind kein Tuch mehr, darf es sich trotzdem eins schnappen.

Spiel-Ende: Die PF beendet das Spiel. Wer hat sich am meisten Tücher schnappen können?

Hase, sitz – Hase, lauf!

Kinderanzahl: egal

Spielidee: Das Spielfeld wird vorab mit den Kindern besprochen. Alle Kinder sind Hasen und laufen über eine Wiese. Treffen sie auf einen anderen laufenden Hasen, berühren sie ihn und sagen: „Hase, sitz!", woraufhin dieser Hase in die Hocke geht.

Treffen die Hasen einen sitzenden Hasen, berühren sie ihn und sagen „Hase, lauf!", um ihn zu befreien.

Spiel-Ende: Die PF beendet das Spiel.

Krakenspiel

Kinderanzahl: mindestens 5

Spielidee: Je nach Anzahl der Kinder und Größe des Spielfeldes werden ein bis vier Kraken bestimmt. Diese stellen sich innerhalb eines begrenzten Raumes auf und breiten ihre Tentakel (Arme) aus. Sie dürfen diesen Raum nicht verlassen. Die restlichen Kinder stellen sich an einer Längsseite auf. Auf das Signal der PF versuchen sie gleichzeitig, auf die andere Seite zu kommen. Wer dabei von den Tentakeln berührt wird, verwandelt sich selbst in eine zusätzliche Krake.

Spiel-Ende: Sind alle Kinder gefangen, endet das Spiel.

Pirateninseln

12-15 Matten
Kinderanzahl: mindestens 5

Spielvorbereitung: Die Kinder bauen mit den Matten eine Insellandschaft. Die Inseln müssen so auf den Hallenboden gelegt werden, dass die Kinder von einer Insel zur anderen springen können, ohne den Boden zu berühren. Die Kinder testen die Insellandschaft, um zu sehen, ob die Inseln nahe genug beieinanderliegen und ob jede Insel von mindestens zwei weiteren Inseln aus gut erreicht werden kann.

Spielidee: Ein Kind wird als Pirat bestimmt. Es versucht, ein anderes Kind zu fangen. Gelingt dies, ruft es laut: „(Name des Kindes) … ist gefangen!“ und das gefangene Kind wird zum neuen Fänger.

Spiel-Ende: Die PF beendet das Spiel.

Schwimmnudel-Attacke

Pro Kind eine halbe Schwimmnudel – die Schwimmnudeln sollten verschiedene Farben haben
Kinderanzahl: mindestens 8

Spielidee: Die Kinder laufen mit ihren Schwimmnudeln durcheinander. Die PF ruft eine Farbe, diese wird zum Fänger. Die Fänger tippen die Kinder mit der Schwimmnudel an. Wer gefangen ist, geht in die Hocke und kann von den anderen Mitspielern durch Tippen auf die Schulter befreit werden. Plötzlich ruft die PF wieder eine andere Farbe. Diese wird zum Fänger. Alle, die zuvor gefangen wurden und noch nicht befreit waren, dürfen wieder mitmachen.

Spiel-Ende: Die PF beendet das Spiel.

Sternschnuppenregen

Pro Kind 1 Softball im Chiffontuch eingewickelt
Kinderanzahl: mindestens 3

Spielidee: Es gibt zu Beginn je nach Gruppengröße ein oder zwei Fänger. Jeder Fänger besitzt schon eine Sternschnuppe in der Hand. Mit dieser versucht er, ein Kind zu berühren. Alle Kinder, die gefangen werden, dürfen sich bei der PF eine Sternschnuppe holen und werden auch zum Fänger.

Spiel-Ende: Haben alle Kinder ihre Sternschnuppe, ist das Spiel zu Ende. Dieses Spiel kann mit neuen Fängern mehrmals wiederholt werden.

Spiele für zwischendurch

Bienen in der Bäckerei

Pro Kind 1 Stuhl
Kinderanzahl: 12-15

Spielidee: Dieses Spiel kann gut im Kita-Raum gespielt werden. Die Kinder stellen Bienen dar, die durch die Bäckerei schwirren und dabei summen.

Die Stühle stellen den Kuchen dar. Die PF spielt die Bäckersfrau, die die Bienen vom Kuchen verjagen möchte. Ein Kind ist die Bienenkönigin. Die Bienenkönigin sagt an, wo sich die Bienen auf dem Kuchen niederlassen.

Beispiele: auf dem Kuchen / hinter dem Kuchen / vor dem Kuchen / fliegen über den Kuchen / sitzen zwischen zwei Kuchenstücken / verstecken sich unter dem Kuchen

Wenn die PF in die Hände klatscht, fliegen alle Bienen weiter, bis sie von ihrer Bienenkönigin die nächste Aufgabe bekommen.

Spiel-Ende: Die PF beendet das Spiel.

(Aus: Zimmer, 2016, S. 179)

Haltet das Feld frei!

U3

Material zum Markieren (z. B. Bank, Seil, Hütchen), Wurfgegenstände (Bierdeckel / Bälle / zusammengeknüllte Zeitungen) – es müssen mehr Wurfgegenstände vorhanden sein, als Kinder auf dem Feld sind. Kinderanzahl: mindestens 10

Alle Kinder werden in zwei gleich große Gruppen eingeteilt. Mit dem Seil oder einer Bank wird die Mitte des Spielfeldes markiert und mit den Hütchen die Begrenzung des Spielfeldes nach hinten. Beide Mannschaften haben die gleiche Anzahl an Wurfgegenständen in ihrem Feld.

Spielidee: Nun sollen beide Gruppen versuchen, ihr Feld freizuhalten. Alle Gegenstände werden bei der gegenüberliegenden Mannschaft in das Feld geworfen.

Spiel-Ende: Auf einen Pfiff endet das Spiel oder die PF zählt von zehn auf null runter. Anschließend wird gezählt, wie viele Gegenstände bei jeder Gruppe im Feld liegen. Die Mannschaft, die weniger Gegenstände im Feld hat, hat gewonnen.

Ich bin der König

Tennisring, Sandsäckchen oder Krone
Kinderanzahl: egal

Spielidee: Ein Kind spielt den König, der seinen Untertanen im Land befiehlt, wie sie sich zu bewegen haben. Der König setzt die Krone auf den Kopf. Dies kann der Tennisring oder tatsächlich eine Krone sein. Nun sagt der König: „Ich bin der König und in meinem Königreich springen alle auf einem Bein." Nachdem alle seiner Anweisung gefolgt sind, darf der König die Krone weitergeben und ein neues Kind darf König oder Königin sein.

Wenn es für die Kinder noch schwierig ist, die Bewegungsform auszudrücken, können die Kinder auch sagen:

„Ich bin die Königin und in meinem Königreich machen alle so ...!" Dann macht das Kind die Bewegung vor und die PF kann diese sprachlich begleiten: **Aha – alle kreisen mit den Armen!**

Spiel-Ende: Wenn jedes Kind einmal König war.

(Aus: Zimmer, 2016, S. 182)

Im Legoland

Lego®-Steine und Fotos von Lego®-Steinfiguren
Kinderanzahl: egal

Mehrere Fotos von Lego®-Steinfiguren anfertigen, die in der Kita vorhanden sind, und diese ausdrucken.

Auf einer Seite des Raumes werden die Fotos mit den Lego®-Steinen gelegt. In einem gewissen Abstand, gerne auch mit Hindernissen dazwischen, liegen alle Lego®-Steine in einer Kiste oder am Boden.

Spielidee: Nun nimmt sich jedes Kind eine Karte, überwindet die Strecke bis zu den Lego®-Steinen und sucht dort die genau passenden Steine und baut mit diesen die Figur auf dem Foto nach. Die Lego®-Steine werden immer direkt auf das Foto gelegt.

Spiel-Ende: Dies wird so lange gespielt, bis alle Lego®-Steine richtig zugeordnet wurden.

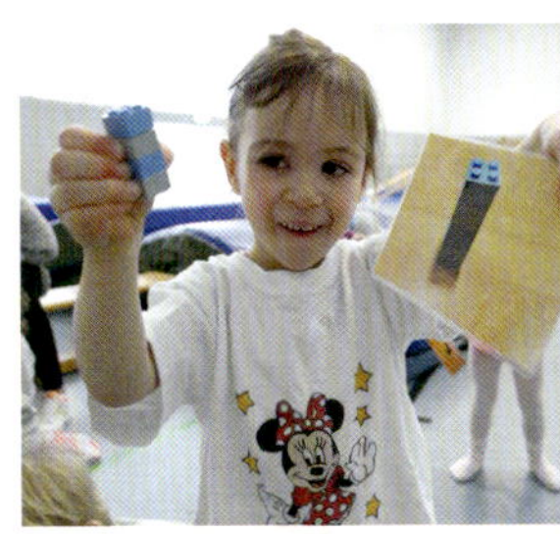

Variante: Die Kinder nehmen die Karte nicht mit, sondern versuchen sich zu merken, welche Lego®-Steine auf der Karte zu sehen sind.

Inselrundreise

Musik, kleine Federn, 5 Matten
Kinderanzahl: egal

Spielidee:
In jede Ecke des Raumes werden Matten gelegt. Eine Matte wird in die Mitte des Raumes gelegt. Alle Matten stellen Inseln dar. Man beginnt erst mit einer Ecke und lässt Stück für Stück eine weitere Ecke dazukommen. Jeder Ecke wird eine bestimmte Insel zugeordnet. Die eine Ecke ist die „Motz-Insel". Hier dürfen

alle Kinder nach Herzenslust leise oder laut „*motz, motz, motz*“ rufen.

In der nächsten Ecke befindet sich die Zisch-Insel. Alle, die dort sind, zischen ein „sss“ oder ein „zzz“. Auf der Summ-Insel wird leise „mmm“ gesummt, und auf der Puste-Insel wird versucht, eine Feder nur durch Pusten in der Luft zu halten. Zusätzlich gibt es noch eine Schnarch-Insel. Diese befindet sich in der Mitte des Raumes und wenn man dort ist, darf man laut schnarchen.

Zur Musik laufen die Kinder durch den Raum. Bei Musik-Stopp ruft die PF eine Insel und alle begeben sich schnell dorthin und versuchen, die entsprechenden Laute von sich zu geben.

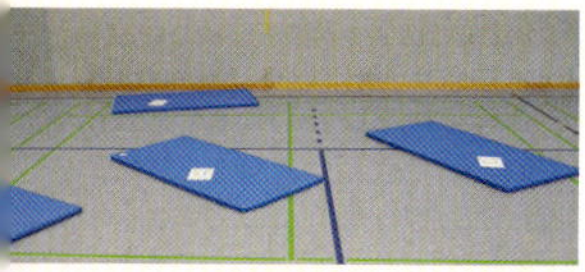

Spiel-Ende: Die PF beendet das Spiel.

(Aus: Suhr, 2014, S. 70)

Lachinsel

Musik, Gefühlskarten (siehe Anhang S. 12), 6 Matten
Kinderanzahl: 12-16

Die Gefühlskarten werden auf den Matten verteilt. Gemeinsam mit allen Kindern werden die Karten angeschaut und darüber gesprochen, was die Menschen auf diesen Karten tun oder wie sie sich fühlen.

Spielidee: Zur Musik laufen bzw. „schwimmen“ die Kinder um die Matten/Inseln. Bei Musik-Stopp suchen sie sich eine Insel aus und versuchen genau das zu tun, was dort alle Menschen machen.

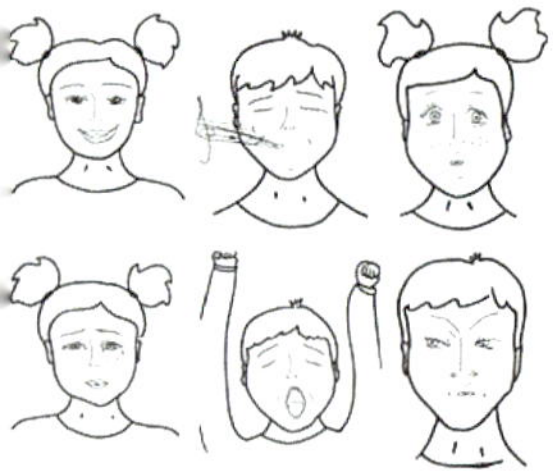

Spiel-Ende: Die PF beendet das Spiel.

(Aus: Zimmer, 2016, S. 168)

Sonne, Boot und Wasser

Kinderanzahl: mindestens 5

Die unten stehenden Kommandos werden einmal vorgeführt.

Spielidee: Die Kinder laufen in einem begrenzten Spielfeld. Auf Aufforderung der PF führen die Kinder je nach Kommando folgende Bewegungen für ca. 20 Sekunden aus:

„Sonne“: Die Kinder stellen mit ihren Armen und Füßen die Sonnenstrahlen dar.

„Boot“: Die Kinder legen sich auf den Rücken, ziehen die Beine zum Bauch, umfassen die Unterschenkel mit den Händen und wiegen sich hin und her. Der Kopf ist dabei angehoben.

„Wasser“: Die Kinder legen sich auf den Bauch und imitieren die Kraulbewegung mit Armen und Beinen. Der Kopf kann im Wechsel nach links und rechts oder nach unten schauen, soll aber nicht nach vorne-oben angehoben werden.

Spiel-Ende: Die PF beendet das Spiel.

Würfelglück

Bingo-Karten (siehe Anhang S. 13), Würfel, Stifte
Kinderanzahl: egal

Auf einer Seite des Raumes liegen je nach Anzahl der Kinder dementsprechend viele Bingo-Karten und Stifte. In einem gewissen Abstand, gerne auch mit Hindernissen dazwischen, die Würfel.

Spielidee: Jedes Kind würfelt, läuft dann zu den Bingo-Karten und streicht die gewürfelte Zahl durch.

Spiel-Ende: Die PF beendet das Spiel und es wird gezählt, wer die meisten Zahlen durchgestrichen hat.

Zahlen finden

Pro Kind 1 dicker Strohhalm, Würfel, Zahlenkarten (siehe Anhang S. 14)
Kinderanzahl: egal

Spielidee:
Die Zahlenkarten werden auf dem Boden mit der Zahl nach oben ausgelegt. Die Würfel liegen ca. 10 bis 15 Meter davon entfernt. Jedes Kind würfelt und läuft zu den Zahlenkarten, sucht sich die passende Zahl und versucht diese anzusaugen. Mit der angesaugten Zahlenkarte richtet sich das Kind auf und nimmt dann die Karte in die Hand. Es läuft zurück zu den Würfeln, legt die Karte dort ab und würfelt erneut.

Spiel-Ende: Wenn alle Zahlenkarten zu den Würfeln transportiert wurden.

Abschlussspiele

Die Katze schleicht sich an

Kinderanzahl: mindestens 5-6

Spielidee: Die Kinder sitzen im Kreis und halten ihre Augen geschlossen. Ein Kind ist die Katze und schleicht um die Kinder herum. Es entscheidet sich irgendwann, hinter einem Kind stehen zu bleiben. Die PF sagt: **„Die Katze ist herangeschlichen."** Das Kind, welches denkt, die Katze steht bei ihm, darf die Hand hochhalten. Die PF sagt dann, welches Kind richtig gehört hat. Dann wird eine neue Katze bestimmt.

Spiel-Ende: Das Spiel kann beliebig lange gespielt werden.

Die Körperstraße

Pro Paar 1 Spielzeugauto
Kinderanzahl: egal

Spielidee: Die Kinder gehen immer zu zweit zusammen. Ein Kind legt sich auf den Bauch, das andere Kind kniet mit dem Spielzeugauto daneben. Nun lässt das kniende Kind das Spielzeugauto auf dem Körper des liegenden Kindes fahren. Irgendwann „parkt das Auto ein". Das liegende Kind muss erraten, wo das Auto geparkt hat.

Beispiele: auf der Schulter / in der Kniekehle / auf der Pobacke / auf dem Rücken / auf der Ferse

Nach mehreren Malen Einparken wechseln die Kinder die Rolle.

Spiel-Ende: Das Spiel ist zu Ende, wenn jedes Kind einmal Körperstraße und einmal Autofahrer war.

(Aus: Monschein, 2009, S. 26)

Erdbeeren pflanzen

Kinderanzahl: egal

Spielidee: Ein Kind legt sich in Bauchlage auf den Boden. Der Partner beginnt auf dem Rücken des Kindes „Erdbeeren zu pflanzen".

Umgraben: mit den Händen wie ein Hund „buddeln".
Glatt rechen: mit den Fingerspitzen über den Rücken streichen.
Reihen graben: einzelne Reihen mit den Händen beschreiben.
Samen einpflanzen: mit den Fingerspitzen in Reihen Punkte drücken.
Erde darübergeben: mit den beiden Händen über den Rücken streichen.
Die Sonne scheint: Hände aneinanderreiben und auflegen.
Es regnet: mit den Fingerspitzen klopfen.

Die Pflanzen wachsen: im Pinzettengriff das T-Shirt mit Daumen und Zeigefinger zupfen.
Ernte mit dem Mähdrescher: die Faust fährt in Reihen über den Rücken.

Ich mal dir was!

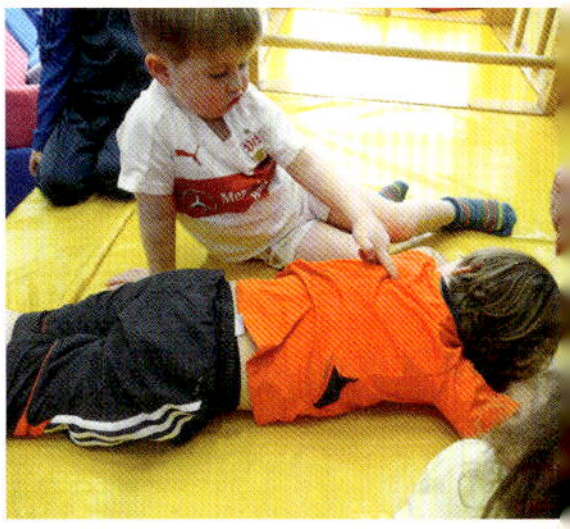

Kinderanzahl: egal

Spielidee: Die Kinder gehen paarweise zusammen. Ein Kind liegt auf dem Bauch oder sitzt mit dem Rücken zum anderen Kind, das andere kniet daneben bzw. dahinter. Das kniende Kind darf auf den Rücken des anderen Kindes etwas malen (einfache Dinge wie Sonne / Haus / Baum / Blume etc.). Das Kind soll nun erraten, was ihm auf den Rücken gemalt wurde. Dann werden die Rollen getauscht.

Massagedusche

Kinderanzahl: egal

Spielidee: Die Kinder stellen sich in zwei Reihen gegenüber auf, wobei die Hände die Wasserstrahlen darstellen. Jedes Kind, das unter die Dusche geht (die Gasse entlangläuft), darf selbst bestimmen, ob die Massageduschstrahlen sanft, mittel oder stark sein sollen. Es darf auch sagen, an welchen Körperteilen es nicht abgeduscht werden möchte (z. B. Kopf, Po).

Massageschlange

Verschiedene Materialien, mit denen man sich gegenseitig massieren kann (z. B. Tennisbälle, Pinsel, Igelbälle, Schwämme, Chiffontücher, kleine Malerrollen etc.)
Kinderanzahl: egal

Spielidee: Die Kinder sitzen hintereinander und massieren jeweils das Kind vor sich. Ganz hinten sitzt die PF.

Sandwich

2 Weichbodenmatten
Kinderanzahl: mindestens 8

Spielidee: Die Weichbodenmatten werden übereinandergelegt. Sie symbolisieren die beiden Brothälften des Sandwichs. Die Hälfte der Gruppe legt sich nacheinander zwischen die Weichbodenmatten. Jedes Kind darf dabei sagen, was es gerne sein möchte.

Beispiele: Käse / Salat / Schinken / Salami / Thunfisch / Gurke / Butter etc.

Nun wird die obere Matte auf die liegenden Kinder gelegt. Dabei ist es wichtig darauf zu achten, dass die Kinder den Kopf und die Arme außerhalb der Matte haben. Die anderen Kinder dürfen nun das Sandwich plattdrücken, indem sie einmal von der Seite her über die Weichbodenmatten krabbeln, gehen, springen.

Spiel-Ende: Jedes Kind, das möchte, sollte einmal drankommen.

Reime und Bewegung

Das ist gerade, das ist schief

U3

Das ist gerade, das ist schief,	die Arme gerade und schief anzeigen
das ist hoch und das ist tief,	Arme hoch und tief
das ist dunkel, das ist hell,	mit den Händen Augen zu und auf halten
das ist langsam, das ist schnell.	langsam und schnell auf Oberschenkel schlagen
Das sind Haare, das ist Haut,	über Haare und Haut streicheln
das ist leise, das ist laut,	erst leise, dann laut sprechen
das ist groß und das ist klein,	groß und klein machen
das mein Arm und das mein Bein.	Arm und Bein zeigen
Das ist traurig, das ist froh,	traurig und fröhlich schauen
das mein Bauch und das mein Po,	Bauch und Po zeigen
das ist nah und das ist fern,	die Hände an die Brust nehmen und
dieses Sprüchlein sag ich gern.	dann weit von sich strecken

(Aus: Zimmer, 2016, S. 214)

Elefantenstampf

U3

1, 2, 3, 4 – machen wir mal richtig Dampf,
1, 2, 3, 4 – denn jetzt kommt der Vorwärtsstampf.
1, 2, 3, 4 – vorwärts stampfen ist nicht schwer –
1, 2, 3, 4 – wir stampfen hin und stampfen her.
1, 2, 3, 4 – machen wir mal richtig Dampf,
1, 2, 3, 4 – denn jetzt kommt der Leisestampf.
1, 2, 3, 4 – leise stampfen ist nicht schwer –
1, 2, 3, 4 – wir stampfen hin und stampfen her.
1, 2, 3, 4 – machen wir mal richtig Dampf,
1, 2, 3, 4 – denn jetzt kommt der Rückwärtsstampf.
1, 2, 3, 4 – rückwärts stampfen ist nicht schwer –
1, 2, 3, 4 – wir stampfen hin und stampfen her.
1, 2, 3, 4 – machen wir mal richtig Dampf,
1, 2, 3, 4 – denn jetzt kommt der Seitwärtsstampf.
1, 2, 3, 4 – seitwärts stampfen ist nicht schwer –
1, 2, 3, 4 – wir stampfen hin und stampfen her.
1, 2, 3, 4 – machen wir mal richtig Dampf,
1, 2, 3, 4 – denn jetzt kommt der Turbostampf.
1, 2, 3, 4 – Turbo stampfen ist nicht schwer –
1, 2, 3, 4 – wir stampfen hin und stampfen her.
1, 2, 3, 4 – machen wir mal richtig Dampf,
1, 2, 3, 4 – denn jetzt kommt der Müdestampf.
1, 2, 3, 4 – müde stampfen ist nicht schwer –
1, 2, 3, 4 – wir stampfen hin und stampfen her.

Es werden jeweils die Stampfbewegungen gemacht, wie sie im Vers vorkommen.

(Aus: Demme-Zech, 2008, S. 46)

Schau dir meine Finger an

Schau dir meine Finger an,	die Finger einer Hand zeigen
was ich damit machen kann.	
Sie können zappeln und	die genannten Bewegungen werden gemacht
sich drehen	Finger drehen
sie zappeln schnell und	schnell zappeln und
bleiben stehen.	die Finger stillhalten
Sie zappeln schnell und	schnell zappeln und die Finger auf
ruhen sich aus	ein Körperteil oder Gegenstand legen etwa Kopf, Bauch oder Tisch
und zappeln dann ganz	die Finger auf den
schnell nach Haus.	Rücken legen

(Aus: Biermann, 2010, S. 33)

Zeigt her eure Füße, zeigt her eure Schuh'!

(sportliche Variante)

Refrain:
Zeigt her eure Füße, zeigt her eure Schuh' und schauet den Kindern beim Turnen einmal zu!

Verse:
Wir laufen, wir laufen, wir laufen immerzu.
Wir laufen und laufen und kommen nicht zur Ruh'.
Wir hüpfen, wir hüpfen, wir hüpfen in einem Lauf.
Wir hüpfen und hüpfen hinunter und hinauf.
Wir klettern, wir klettern, wir klettern höher als ein Zwerg.
Wir klettern und klettern auf einen hohen Berg.
Wir drehen, wir drehen, wir drehen uns im Kreis.
Wir drehen und drehen, so wird es uns gleich heiß.
Wir gehen, wir gehen, wir gehen auf der Stell'.
Wir gehen und gehen erst langsam und dann schnell.

Einmal hoch, einmal tief

Einmal hoch,	Arme heben
einmal tief,	Arme senken
einmal gerade,	Arme gerade seitlich ausbreiten
einmal schief,	Arme schräg halten
einmal dunkel,	Hände vor die Augen halten
einmal hell,	Hände wieder lösen
einmal langsam,	Langsam auf die Erde oder die Oberschenkel klopfen
einmal schnell.	So schnell wie möglich klopfen

(Aus: Wilmes-Mielenhausen, 2011, S. 71)

Ich klatsche in die Hände

Ich klatsche in die Hände,	klatschen
ich wackle mit dem Bauch,	mit dem Bauch wackeln
ich stampfe mit den Füßen,	stampfen
mein Kopf, der wackelt auch.	Kopf wackeln
Ich tippe mit dem Finger	
meine Nase an.	Finger tippt die Nase
Ich hüpfe nun im Kreise	im Kreis hüpfen
und fang' noch einmal an.	
Doch jetzt, da mach' ich Pause	
und leg' mich einfach hin,	hinlegen
weil ich vom vielen Zappeln	Augen schließen
sehr müde bin.	

(Aus: Biermann, 2012, S. 61)

Übergänge gestalten

Mit Kindern im U3-Bereich sind gelungene Übergänge sehr wichtig. Der Weg in den Bewegungsraum ist einer dieser Übergänge, der durch Rituale viel Sicherheit für die Kinder bringen kann.

Bergsteiger

Seile/Taue

Immer vier Kinder bekommen zusammen ein Seil und halten sich daran fest oder alle Kinder halten sich an einem langen Tau fest. Dazu kann folgender Spruch gesagt werden:

Zusammen gehen wir.
Ich pass auf, dass ich dich nicht verlier'.
Wir laufen zum Sport, komm, geh mit.
Einen Fuß vor den anderen, Schritt für Schritt.

Eisenbahn

U3

kein Material nötig

Tschu, tschu, tschu die Eisenbahn,
wer will mit zum Sport fahren.
Alleine fahren mag ich nicht,
da nehm ich alle (Name der U3-Gruppe) *mit.*

Die Kinder hängen sich aneinander und legen so gemeinsam die Strecke zurück.

Laut und leise, rückwärts, seitwärts ...

U3

kein Material nötig

Laut und leise ist nicht schwer.
Ganz, ganz leise geht's daher.
Laut und leise ist nicht schwer.
Ganz, ganz laut geht's daher.
Laut und leise ist nicht schwer,
rückwärts geht es nun daher.

Weitere Beispiele: im Galopp geht's nun daher / auf den Zehen geht's daher / auf den Fersen geht's daher etc.

(Aus: http://www.kleinstkinder.de/praxisideen/fingerspiele)

Zaubertiere

U3

kein Material nötig

Die Kinder dürfen sich ein Tier überlegen und die PF verzaubert alle Kinder in dieses Tier. Dann gehen alle wie dieses Tier zum Sport.

Beispiele: Hase springt / Hund krabbelt / Pferdchen galoppiert / Maus macht kleine Tapser / Katze schleicht etc.

Alltag – *Bewegungsideen mit Alltagsmaterialien (Watte, Papprollen, Kastanien, Krawatten u. v. m.)*

tàg

llta

*

Auf dem Jahrmarkt

Pro Kind mindestens 3 Papprollen (Klo- oder Küchenpapierrollen), Tennisbälle, ggf. 1 Bank, Material zum Überwerfen (z. B. Zauberschnur, Seil, Schwimmnudel)

Einleitung

Lasst uns heute auf den Jahrmarkt gehen! Oje, draußen regnet es aber. Was ziehen wir bei diesem Wetter an?

Pantomimisch kann die (Regen-)Kleidung angezogen werden.

Nun lasst uns mit unserem Regenschirm in den Regen gehen. Jedes Kind erhält eine Papprolle und darf diese als Regenschirm verwenden (z. B. auf dem Kopf balancieren).

Seht ihr? Es hat aufgehört zu regnen. Vor Freude werfen wir unsere Schirme durch die Luft. Die Kinder werfen die Papprolle mehrmals mit einem lauten „Juhu" hoch und versuchen sie wieder aufzufangen.

Hauptteil

Nun sind wir auf dem Jahrmarkt angekommen. Als Erstes gehen wir zur Wurfbude. Die Kinder gehen zu zweit zusammen. Ein Kind stellt ein paar Papprollen in einer Linie oder auf einer Bank auf, das andere Kind versucht, diese mit Tennisbällen umzuwerfen oder zu rollen. Nach ein paar Versuchen wird gewechselt.

Da hinten gibt es noch eine größere Wurfbude.
Alle Kinder stellen sich nebeneinander auf. Zwei PF halten die Enden der Zauberschnur fest. Die Kinder versuchen mehrmals, ihre Papprolle über die Zauberschnur zu werfen. Die Rollen können auch unter dem Seil durchgerollt werden. Dafür halten die PF die Zauberschnur knapp über dem Boden.

Als Nächstes begegnen wir einem Künstler. Er möchte ein Bild von uns malen. Jedes Kind sucht sich wieder einen Partner. Einer legt sich auf den Boden, der andere versucht, mit Papprollen und Tennisbällen den Körper zu umlegen. Danach wechseln die Kinder.

Lasst uns noch zu den Boxautos gehen.
Alle Kinder stellen die Papprollen senkrecht in der Halle auf und treffen sich anschließend an einem vereinbarten Punkt. Auf einen Pfiff der PF dürfen alle Kinder losrennen und sämtliche Papprollen in der Halle umwerfen, wegkicken etc.

Variante: Wenn die PF zweimal kurz hintereinander pfeift, müssen die Kinder sofort eine Vollbremsung machen und stehen bleiben. Wenn die PF dann erneut pfeift, geht es erst weiter.

Musik darf auf unserem Jahrmarkt auch nicht fehlen. Welche Instrumente hört ihr?

Beispiele:
Trompete: hineinpusten
Trommel: auf den Boden klopfen oder zwei Papprollen aufeinander schlagen
Geige: mit der Handfläche oder einer zweiten Papprolle über die Rolle streichen
Gitarre: mit den Fingerspitzen über die Rolle streichen
Flöte: Finger spielen die Papprolle wie eine Flöte

Plötzlich wird der Wind stärker und stärker und einige Gegenstände werden über den Jahrmarktplatz geweht. Die Kinder legen sich auf den Bauch und pusten gegen die Papprollen.

Oh nein! Dem Losbudenbesitzer wurde die Kiste mit den Losen vom Wind umgeweht. Alle Lose liegen kreuz und quer auf dem Boden. Wir helfen ihm beim Einsammeln, bevor es wieder anfängt zu regnen! Die Papprollen werden so schnell wie möglich aufgeräumt. Wenn es unterschiedliche Papprollen sind, kann beim Aufräumen eine Sortieraufgabe gestellt werden, z. B. erst die kleinen, dann die großen Papprollen.

Heute haben wir viel erlebt und der Jahrmarkt schließt gleich. Wir gehen nun alle gemeinsam nach Hause. Auf der Straße ist zu viel Verkehr, daher nehmen wir lieber den Zug. Alle Kinder stellen sich hintereinander auf und bilden mit den Papprollen als Bindeglied einen langen Zug. Mit einem Zuggeräusch geht es mal schneller, mal langsamer durch den Raum.

Das war ein schöner Tag auf dem Jahrmarkt. Nun sind wir müde. Wir legen uns hin und massieren uns noch gegenseitig. Die Kinder gehen zu zweit zusammen. Ein Kind liegt auf dem Bauch. Das andere Kind massiert das liegende Kind mit der Papprolle, indem es diese über den Körper rollt.

Ausflug in den Zirkus

Pro Kind 1 Krawatte, Musik (passend zum Zirkus)

Einleitung

Alle Krawatten befinden sich in einem Beutel, jedes Kind darf hineinfassen und erraten, was darin zu ertasten ist.

Jeder nimmt sich eine Krawatte heraus und probiert aus, was man damit machen kann.

Beispiele: seilspringen / schwingen / werfen etc.

Ideen der Kinder aufgreifen und gemeinsam nachmachen lassen.

Die Kinder bewegen sich zur Musik kreuz und quer durch die Halle, bei Musik-Stopp gibt es eine Aufgabe.

Beispiele: mit den Händen an der Krawatte entlang nach vorne und wieder zurück gehen / an jeder Krawatte balancieren / mit beiden Beinen darüberspringen / mit der Hand oder dem Po berühren etc.

Hauptteil

Nun fahren wir mit dem Zug in den Zirkus.
Die Kinder können an dieser Stelle erzählen, ob sie schon mal im Zirkus waren und was sie dort gesehen und erlebt haben.

Alle Kinder stellen sich hintereinander auf. Jedes Kind hält das Ende der Krawatte des Vordermanns in der Hand. Alle laufen gemeinsam durch die Halle.

Beispiele: schnell und langsam / laut und leise / gerade oder in Kurven etc.

Die Gegensätze während der Ausführung benennen.

Im Zirkus angekommen, begegnen wir den Schlangenbeschwörern. Die Krawatte wird wie eine Schlange über den Boden gezogen. **Danach lassen wir die Schlange tanzen.** Alle Kinder setzen sich auf den Boden und stellen mit den Händen eine imaginäre Flöte dar. Die Krawatte wird zwischen die Füße geklemmt und „schlängelt" sich nach oben. Die Schlangen „zischen" dabei: **„Zschschschsch."**

Wir wollen uns nun wie die Seiltänzer bewegen.
Die Krawatten werden auf den Boden gelegt und die Kinder balancieren vor-/rück-/seitwärts darüber. **Wer schafft es, zu zweit auf einer Krawatte zu balancieren?**

Im Zirkus gibt es auch Dompteure, heute werden die Zirkuspferde dressiert. Alle Krawatten werden mit Abstand sonnenförmig in einen Kreis gelegt. Jedes Kind sucht sich einen Partner. Nun bewegen sich die Kinder synchron über die Krawatten. Dabei darf ein Kind etwas vormachen, das andere macht es nach. Darauf erfolgt ein Wechsel.

Alle Kinder werden in kleine Gruppen eingeteilt. Jede Gruppe bekommt ein bisschen Zeit, um sich ein Kunststück zu überlegen, das anschließend den anderen vorgeführt wird.

Weiter geht es zu den Clowns. Sie machen immer jede Menge verrückte Sachen. Es werden Paare gebildet und jeweils ein Fuß der Kinder wird in der Mitte zusammengebunden. Die Kinder bewegen sich zusammen durch die Halle (Dreibeinlauf). Falls es zu Beginn nicht klappt, nochmals mit den Kindern darüber sprechen, wie wichtig es ist, den anderen wahrzunehmen, auch auf ihn zu achten und langsam zu gehen.

Wenn noch Zeit vorhanden ist:
Welche anderen verrückten Sachen könnten die Clowns mit den Krawatten anstellen? Einzelne Einfälle der Kinder werden mit der ganzen Gruppe nachgemacht.

Beispiele:
Stolpern: Krawatten liegen als Hindernis auf dem Boden und die Kinder tun so, als ob sie darüber stolpern.

Elefant: Krawatte als Rüssel hin und her pendeln lassen.

Pferd: Krawatte als Schweif an das Gesäß halten und mit dem Popo wackeln, um eine imaginäre Fliege zu vertreiben.

Wenn den Clowns während der Pause langweilig wird, malen sie gerne im Sand herum. Was könnt ihr mit den Krawatten auf den Boden „malen"? Die PF geht herum und bestaunt, welche Formen, Buchstaben oder Tiere von den Kindern gebildet wurden.

Nun ist der Ausflug vorbei. Wir fahren mit dem Zug wieder zurück. Alle Kinder stellen sich hintereinander auf. Die Krawatten sind die Bindeglieder zwischen den Kindern. Der Zug fährt kreuz und quer durch die Halle und stoppt zum Schluss an einer geeigneten Stelle im Sitzkreis.

Was können wir unseren Eltern heute Abend vom Ausflug berichten? Wen haben wir heute im Zirkus alles gesehen? Mit den Kindern ggf. die durchgegangenen Stationen nochmals besprechen.

Goldene Kugeln

Pro Kind mindestens 4 Joghurtbecher (500 g oder 1.000 g) und 1 Tennisball, Behälter zum Sammeln der Tennisbälle

Einleitung

Heute sind wir Prinzessinnen und Prinzen. Was wisst ihr alles über die Prinzessinnen und Prinzen? Wo wohnen sie und was machen die den ganzen Tag? Die Kinder berichten der PF ihr Wissen.

Natürlich haben alle Prinzessinnen und Prinzen eine Krone auf dem Kopf. Jedes Kind bekommt einen Becher und versucht ihn auf dem Kopf zu balancieren.

Prinzessinnen und Prinzen bewegen sich mal schneller, mal langsamer, mal auf Zehenspitzen oder auch auf Fersen. Manchmal reiten sie auch auf Pferden. Gemeinsam mit allen Kindern werden nach und nach die Bewegungen durchgeführt.

Hauptteil

Nun stellen wir unsere Kronen auf dem Boden ab und laufen um alle herum. Natürlich dürfen wir auf keinen Fall die Kronen berühren. Die Kinder laufen um alle Becher, die auf dem Boden stehen, herum. Wenn es ein großer Raum ist, kann die PF weitere Becher dazustellen, um die Schwierigkeit zu erhöhen. Die PF wechselt nach einiger Zeit die Fortbewegungsart.

<u>Beispiele</u>: rückwärts gehen / springen / krabbeln / auf Zehenspitzen / im Seitgalopp etc.

Jede Prinzessin und jeder Prinz hat natürlich auch einen Schatz. Ich habe viele goldene Kugeln für euch dabei. Nun versuchen wir, mit dieser goldenen Kugel um die Kronen herumzugehen. Die Kinder versuchen, den Ball auf verschiedene Art um die aufgestellten Becher herum vorwärtszubewegen.

<u>Beispiele</u>: mit den Füßen führen / mit der Nase oder der Stirn anstupsen / mit dem Ellbogen oder der Hand rollen

Wir sammeln unsere goldenen Kugeln wieder in der Schatztruhe und zählen dabei, wie viele es sind! Jedes Kind bringt seinen Ball zum Behälter und darf die nächste Zahl sagen.

Unsere Schatztruhe hat ein Loch! Die goldenen Kugeln rollen wieder heraus. Lasst sie uns schnell mit den Kronen einfangen! Jedes Kind holt sich einen Becher. Die PF rollt die Tennisbälle in die Halle hinein. Die Kinder fangen sie mit ihrem Becher von oben wieder ein, bringen sie zurück und erhalten einen neuen rollenden Ball, den sie einfangen dürfen. Mehrere Durchgänge wiederholen. Dann die Schwierigkeit steigern, indem die PF die Tennisbälle springen lässt.

Unter unserer Krone hat sich eine Maus versteckt, die mit der Krone vor uns weglaufen möchte. Die Kinder stülpen den Becher über den Tennisball und versuchen den Becher anzuschubsen.

Durch den innen liegenden Tennisball läuft der Becher über den Boden. **Welche Maus läuft am weitesten, ohne dass die Krone umfällt?**

Unsere Krone kann die goldene Kugel auch auffangen. Die Kinder werfen den Ball auf den Boden, sodass er einmal aufprallt, und versuchen ihn dann mit dem Becher zu fangen. Die Kinder können den Ball auch aus dem Becher kippen lassen und nach einer Bodenberührung wieder auffangen.

Variante: Immer zwei Kinder stehen sich in kurzem Abstand gegenüber und werfen sich den Ball so zu, dass er einmal zwischen den Kindern aufprallt und dann vom Partner mit dem Becher gefangen werden kann.

Könnt ihr eure goldene Kugel auch auf der Krone balancieren? Die Kinder drehen den Becher um und versuchen, den Tennisball auf dem Becherboden zu balancieren. Wenn dies gut gelingt, sind Zusatzaufgaben möglich.

Beispiele: auf einem Bein stehen / auf den Boden setzen und wieder aufstehen / Arme weit nach vorne ausstrecken / ein Bein weit nach hinten strecken (Standwaage) / Becher auf den Kopf setzen etc.

Jetzt stellen wir unsere Kronen alle nebeneinander auf und versuchen sie mit den goldenen Kugeln zu treffen. Die Kinder versuchen, wie beim Kegeln, die Becher mit den Tennisbällen zu treffen. Dabei können die Bälle gerollt oder gekickt werden. Die Becher können auch als Pyramide übereinander gestapelt werden.

Die Prinzessinnen und Prinzen spielen auch gerne alle zusammen. Die Kinder setzen sich jeweils mit einem Becher und einem Tennisball in einen Kreis. Zwischen den Kindern sollten keine großen Lücken sein. Nun werden die Bälle hin und her gerollt und sollen mit den Bechern immer von oben aufgefangen werden. Nach kurzer Zeit wird die Hand, die den Becher gehalten hat, hinter dem Rücken versteckt und die nicht dominante Hand übernimmt die Bewegungsausführung.

Jetzt bauen wir uns noch ein Schloss.
Die Kinder bauen aus allen Bechern nach ihren Vorstellungen gemeinsam ein Schloss.

Hokus Pokus, Zauberstab

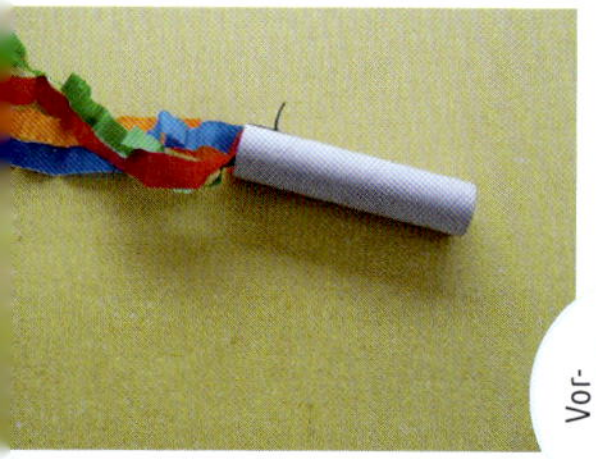

Pro Kind 1 Zauberstab (bunte Gymnastikbänder oder selbstgebastelte Zauberstäbe – Bastelanleitung siehe Anhang S. 15), Behälter zum Reinwerfen (z. B. Reifen, Kartons, Eimer)

Vor-bereitungen

Wenn keine bunten Gymnastikbänder vorhanden sind, kann jedes Kind im Vorfeld seinen Zauberstab selbst basteln.

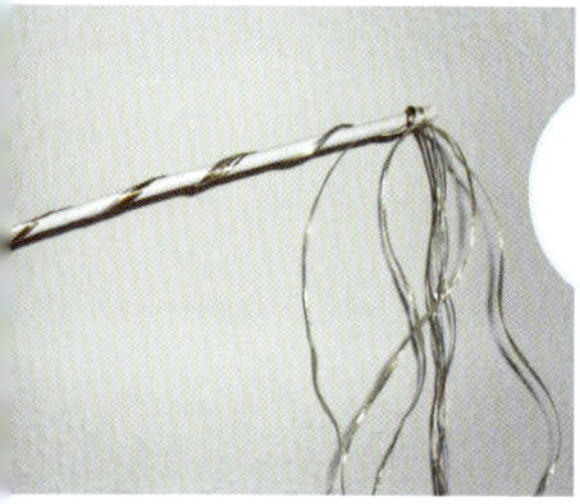

Einleitung

Wir sind heute Zauberer und sind im Zauberland unterwegs. Alle Kinder, denen wir begegnen, schauen grimmig. Wir beschließen, uns wieder glücklich zu zaubern. Doch allzu gut können wir als Zauberer noch nicht zaubern und bringen deshalb einiges durcheinander. Jedes Kind bekommt einen Zauberstab. Mit verschiedenen Bewegungsformen bewegen die Kinder sich im Raum vorwärts.

<u>Beispiele</u>: schleichen / laufen / kleine und große Schritte / untereinander durchkriechen / über den Boden rollen / krabbeln etc.

Hauptteil

Es klappt noch nicht mit dem Zaubern. Wir brauchen dringend einen Zauberspruch! Und dann kann es losgehen!

Zauberspruch: *„Hokus Pokus, Zauberstab, zaubere, was ich gern mag!"*

Ups, plötzlich sind alle Kinder in Tiere verwandelt, die wild im Raum umherlaufen. Seht ihr die Elefanten, Affen, Kängurus, Giraffen? Alle Kinder stellen die Tiere pantomimisch dar. Der Zauberstab kann mit eingebaut werden.

<u>Beispiele</u>: bei den Elefanten als Rüssel / bei den Giraffen als Hals / bei den Affen als Schwanz etc.

Wir haben nun genug von den vielen Tieren und beschließen, noch einmal den Zauberspruch zu sagen.

„Hokus Pokus, Zauberstab, zaubere, was ich gern mag!"

Oh, plötzlich fliegen viele bunte Zauberstäbe wild durch den Raum. Alle Kinder stellen sich gemeinsam an einer Markierung im Raum nebeneinander auf. Auf Kommando der PF werfen die Kinder ihren Stab, so weit sie können. Die Stäbe werden erst wieder eingesammelt, wenn alle Kinder geworfen haben. Es können auch Reifen in unterschiedlichen Abständen als Zielmarkierungen für die Zauberstäbe auf den Boden gelegt werden.

Nachdem ein heilloses Durcheinander entstanden ist, wollen wir noch mal versuchen, unseren Zauberspruch anzuwenden.

„Hokus Pokus, Zauberstab, zaubere, was ich gern mag!"

Oh nein, jetzt hat sich unser Zauberstab in eine Schlange verwandelt, die uns verfolgt. Die Kinder lassen die Bänder auf dem Boden hin und her schlängeln und können dabei vorwärts oder rückwärts laufen.

Kurz bevor wir von der Schlange erwischt werden, versuchen wir es erneut mit unserem Zauberspruch.

„Hokus Pokus, Zauberstab, zaubere, was ich gern mag!"

Unser Zauberstab sieht auf einmal ganz anders aus.
Das Band des Zauberstabes verwandelt sich nun in verschiedene Formen. Die Kinder dürfen mit ihrem Band unterschiedliche Formen auf den Boden legen.

Nun lasst uns alle zusammen noch einmal zaubern.
Alle Zauberer halten sich gemeinsam in einem Kreis an den Händen und sprechen den Zauberspruch aus.

„Hokus Pokus, Zauberstab, zaubere, was ich gern mag!"

Oh seht, was wir gezaubert haben: Alle Kinder haben glückliche Gesichter, springen und tanzen vor Freude und schwingen ihr Band hin und her. Den Kindern nach dem Springen und Tanzen einen Moment für freies Spielen ermöglichen.

Wir Zauberer haben es wirklich geschafft, alle Kinder glücklich zu machen, und gönnen uns deshalb eine Pause. Die Kinder legen sich auf den Boden.

Wenn sie von der PF angetippt werden, dürfen sie sich recken und strecken und in den Abschlusskreis setzen.

Im Land der bunten Fliegen

Pro Kind mindestens 1 Luftballon (+ Ersatz), pro Kind 1 Fliegenklatsche (die Bewegungseinheit kann auch ohne gehalten werden), großer Müllsack o. Ä., Musik

Vorbereitungen

Für jedes Kind einen Luftballon sowie ein paar Ersatzluftballons aufblasen und in einen Müllsack füllen. Diesen dann verknoten oder zubinden.

Einleitung

Die Kinder begutachten den Müllsack mit den aufgeblasenen Luftballons und sollen raten, um was es sich handeln könnte.

Heute wollen wir das Land der bunten Fliegen besuchen. Noch sind diese ganz still in ihrem Beutel. Allmählich werden Sie wach und wollen endlich wieder fliegen. Merkt ihr schon, wie die Fliegen zappeln? Den Beutel gemeinsam mit den Kindern hin und her werfen oder von Kind zu Kind weitergeben.

Lassen wir die Fliegen frei!
Die PF schüttelt den Beutel mit Luftballons aus. Jedes Kind nimmt sich einen Luftballon.

Seht mal, wie toll unsere Fliegen zur Musik in der Luft fliegen können! Zur Musik halten die Kinder die Luftballons in der Luft, indem sie ihn mit ihrem Körper (Hand, Fuß, Kopf etc.) immer wieder anstupsen. Dabei können verschiedene Bewegungsaufgaben gestellt werden.

Beispiele: auf Zehenspitzen gehen / Fersengang / krabbeln / laufen / langsam laufen etc.

Variante: Während die Musik läuft, wechseln die Kinder die Luftballons. Bei Musik-Stopp bestimmt die Farbe des Luftballons, den die Kinder dann gerade berühren, die Fortbewegungsart.

Beispiele: Rot: auf Zehenspitzen gehen / Grün: Hopserlauf / Blau: laufen / Gelb: Seitgalopp
Achtung: nicht mehr als vier Farben nehmen.

Hauptteil

Wie kann sich eure Fliege am besten in der Luft bewegen?
Die Kinder zeigen nacheinander, wie sie ihren Ball fliegen lassen. Alle anderen schauen zu.

Beispiele: mit dem Fuß / mit der Hand / mit dem Kopf / mit dem Ellbogen etc.

Wie könnte man denn die Fliegen verjagen?
Abwarten, ob das Wort „Fliegenklatsche" genannt wird (ggf. Tipps geben). Ansonsten fragen, wer sie kennt oder weiß, was es ist.

Da wir die Fliegen nicht kaputt machen wollen, müssen wir ganz vorsichtig mit ihnen umgehen. Jedes Kind erhält eine Fliegenklatsche und spielt damit den Luftballon nach oben.

Unsere Fliegen kennen sich untereinander noch gar nicht. Wir sollten sie sich gegenseitig vorstellen.

Die Luftballons mit der Fliegenklatsche oder mit der Hand über den Boden schieben (auch auf Linien und in verschiedenen Formen z. B. zickzack möglich) und die anderen Fliegen begrüßen, indem sie sich kurz berühren.

Jetzt nehmen wir die Fliegenklatsche in die andere Hand! Klappt es mit dieser Hand besser als mit der anderen? Warum ist es mit der anderen Hand schwieriger?

Nun wollen unsere Fliegen einen langen Flug unternehmen, werden aber immer wieder müde und fallen Richtung Boden. Wir helfen ihnen dabei, in der Luft zu bleiben! Die Ballons werden von den Kindern immer wieder angestupst, kurz bevor sie den Boden berühren.

Bei größeren Kindern ist dies auch mit unterschiedlichen Körperteilen möglich.

Beispiele: Kopf / Fuß / Schulter / Bauch etc.

Fliegen können manchmal auch auf dem Boden springen. Der Luftballon wird geprellt, indem er leicht mit der Fliegenklatsche von oben angetippt wird.

Diese Aufgabe funktioniert nicht mit allen Luftballons und sollte daher vorher getestet werden.

Wir sammeln alle Fliegen in einer Ecke.
Nach und nach wirft die PF einen Ballon zur Gruppe. Diese soll versuchen, ihn immer in Bewegung zu halten. Es werden immer mehr und mehr „Fliegen".

Lasst uns alle gemeinsam spielen!
Alle Kinder sitzen im Kreis. Die PF bringt einen Luftballon ins Spiel, der auf unterschiedliche Weise zum Nachbarkind weitergegeben wird.

Beispiele: Nur die Füße: Der Luftballon wird mit den Füßen überreicht.
Als Karussell: Der Luftballon wird zwischen den Füßen eingeklemmt und jedes Kind dreht sich dabei einmal auf dem Po um die eigene Achse, bevor es ihn weitergibt.
Auf dem Bauch: Alle Kinder liegen auf dem Bauch und geben den Luftballon mit den Händen weiter.
Die Luftballonanzahl kann je nach Anforderung der Bewegungsaufgabe variieren.

Abschluss

Jetzt sind alle Fliegen müde geworden. Zum Schluss wollen sie noch ein bisschen mit uns kuscheln, damit sie später besser schlafen können.

Immer zwei Kinder nehmen einen Luftballon, stellen sich gegenüber auf und klemmen den Luftballon zwischen ihren Oberkörpern ein, ohne dabei die Hände zu benutzen.

Zu einer etwas ruhigeren Musik können sich die Kinder im Raum bewegen und die Fliege in den Schlaf wiegen.

Sind alle Fliegen eingeschlafen, legen wir sie wieder zurück in unseren Beutel. Alle Fliegen träumen nun von einem tollen Tag mit uns.

Im Meer

Pro Kind mindestens 1 Schwamm (Schwämme sollten verschiedene Farben haben), Musik, Behälter zum Sortieren (z. B. Reifen / Eimer / Kisten in den Farben der Schwämme; Behälter können auch mit Chiffontüchern oder Stoffresten farbig markiert werden)

Heute sind wir alle Fische in einem ganz großen Meer. Was kennt ihr für Fische? Und welcher Fisch wollt ihr heute sein? Die Kinder zählen Fische auf, die sie kennen, und beschreiben anschließend, wie ihr Fisch aussieht, in den sie sich heute verwandeln. Wenn bekannt, kann das Lied „Fünf kleine Fische" (siehe Anhang S. 16) gesungen werden.

Im Meer gibt es nicht nur viele Fische, sondern auch Pflanzen und besondere Steine und Felsen. Die Fische schauen sich alles sehr genau an und schwimmen von Stein zu Stein. Die Schwämme werden in der ganzen Halle verteilt. Die Kinder bewegen sich zur Musik durch die Halle und berühren mit verschiedenen Körperteilen die Schwämme. Die PF gibt die Körperteile vor.

<u>Beispiele:</u> mit dem Po / mit der Nase / mit dem Ellbogen / mit den Fingerspitzen / mit dem Knie / mit der Wade etc.

Es gibt im Meer Fische, die sich an die Felsen saugen und sie dabei sauber machen. Wir wollen nun auch die großen Felsen in unserem Meer sauber machen. Jedes Kind bekommt zwei Schwämme, stellt sich mit beiden Füßen darauf und versucht sich damit fortzubewegen. Die Schwämme können auch unter den Händen durch den Raum geschoben werden. Um die Schwierigkeit zu erhöhen, erhalten die Kinder zwei weitere Schwämme und bewegen sich mit Händen und Füßen darauf vorwärts.

Auch an den großen Felsen saugen sich die Fische an und machen diese sauber. Die Kinder machen an einer Wand große Schwungbewegungen mit den Schwämmen. Dabei kann die Schwungrichtung abgewechselt werden.

<u>Beispiele:</u> wie ein Scheibenwischer von links nach rechts / von oben nach unten / kreisförmig und beide Hände im Uhrzeigersinn / kreisförmig und beide Hände gegen den Uhrzeigersinn / kreisförmig und die Hände kreisen beide nach innen oder beide nach außen etc.

Jetzt schwimmen unsere Fische fröhlich durch das Meer. Die Kinder bewegen sich frei durch den Raum und erhalten von der PF verschiedene Bewegungsanweisungen.

<u>Beispiele:</u> den Schwamm auf den Ellbogen transportieren / zwischen die Beine klemmen / auf dem Kopf balancieren / auf den Fuß legen / zwischen die Füße und damit springen / auf einem Bein stehen und den Schwamm auf einem Körperteil balancieren (Kopf, Hand, Knie) etc.

Manchmal gibt es wilde Stürme im Meer, die auch die Steine unter Wasser komplett durcheinanderwirbeln. Die Kinder werfen die Schwämme immer wieder in die Luft. Die Wurfart kann variiert werden.

<u>Beispiele</u>: mit der linken Hand / mit beiden Händen / durch die Beine werfen / unter dem angehobenen Bein hochwerfen etc.

Nun wollen die Fische eine Straße aus den Steinen bauen. Die Kinder legen mit den Schwämmen eine lange Straße und balancieren darüber. **Schaut mal da hinten, dort ist ein Krebs. Wir gehen auch wie ein Krebs über die Straße.** Die Kinder gehen im Krebsgang über die Straße. **Und einen Seestern habe ich auch gesehen.** Die Kinder breiten die Arme und Beine aus und gehen über die Straße. Weitere Ideen der Kinder können eingebaut werden.

Wir sollten nun dringend aufräumen!

Die Kinder sortieren die Schwämme nach Farben in die jeweiligen Reifen, die auf dem Boden liegen.

<u>Variante:</u> Jeder Schwammfarbe wird eine Bewegungsart zugeordnet.

<u>Beispiele</u>: mit einem roten Schwamm zwischen den Knien springen die Kinder zum roten Reifen / ein grüner Schwamm wird unter dem Fuß zum grünen Reifen geschoben / ein gelber Schwamm wird auf dem Kopf zum gelben Reifen getragen / ein blauer Schwamm wird mit den Händen zum blauen Reifen geschoben etc.

Jetzt haben die Fische sich eine Massage verdient.
Die Kinder rubbeln mit den Schwämmen zuerst ihre Arme, dann die Beine, danach den Bauch und zum Schluss den Kopf ab.

Weil wir selbst aber nicht an den Rücken kommen, massieren die Fische sich gegenseitig den Rücken. Die Kinder rubbeln sich gegenseitig den Rücken ab.

Kastanienspaß

Pro Kind ca. 10 Kastanien, 4-6 Behälter zum Reinwerfen/Sortieren (z. B. Eimer, Reifen, Kartons), pro Paar 1 Hütchen, 5 große Löffel

Einleitung

Alle Kastanien werden im Raum verteilt. Jedes Kind darf frei ausprobieren, was mit den Kastanien gemacht werden kann.

Beispiele: rollen / klopfen / pusten etc.

Jedes Kind darf sich eine Kastanie aussuchen und diese mit in einen Kreis nehmen. Kurzes Gespräch über die Kastanie. **Wie sieht sie aus? Wie fühlt sie sich an? Wo kommt sie her?**

Die restlichen Kastanien sind weiterhin im Raum verteilt. Die Kinder bekommen von der PF verschiedene Aufgaben:

Beispiele: zählen: unterschiedliche Anzahl an Kastanien einsammeln
Figuren legen: Kreis / Dreieck / Viereck etc.
Rollen: Kastanien mit Schwung gegen ein Ziel (Eimer/Hütchen) rollen
Sortieren: Kastanien nach Größe (groß/mittel/klein) oder Farbe (hell/dunkel) in verschiedene Behälter sortieren

Hauptteil

Schaffen wir es, mit den Kastanien Geräusche zu erzeugen? Welche unterschiedlichen Geräusche sind möglich? Mit der ganzen Gruppe werden die von den Kindern vorgeschlagenen Geräusche erzeugt.

Beispiele: Kastanien aneinanderreiben / auf den Boden klopfen / an Metall oder Holz klopfen etc.

Wir spielen Packesel.
Jedes Kind sucht sich einen Partner. Ein Kind legt sich auf den Bauch, während das andere versucht, so viele Kastanien wie möglich auf dem Rücken zu verteilen, bis die PF **„Stopp"** ruft. Anschließend versucht der Packesel, sich vorsichtig in den Vierfüßlerstand aufzurichten und ein paar Meter zu krabbeln. Wenn danach noch Kastanien auf dem Rücken verblieben sind, dürfen diese abgeschüttelt werden. Dann wird getauscht.

Auf welchen anderen Körperteilen könnt ihr die Kastanie balancieren?
Die Kinder probieren mehrere Möglichkeiten aus, von denen die PF einige aufgreift, um sie mit allen durchzuführen.

Beispiele: Schulter / Kopf / Fuß / Handrücken / Bauch etc.

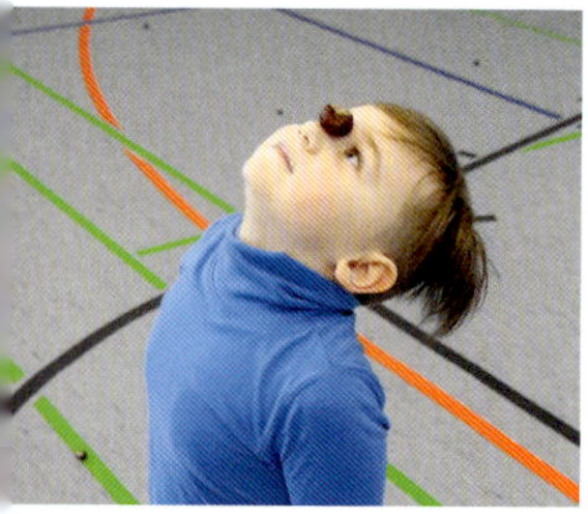

Wie weit kann die Kastanie fliegen?
Jedes Kind sammelt sich eine Handvoll Kastanien. Alle Kinder stellen sich gemeinsam hinter einer Markierung (Linie) auf. Nun darf jeder so weit wie möglich seine Kastanien werfen. Welche Kastanie landet am weitesten weg?

Könnt ihr die Kastanien in einen Eimer werfen?
Die Eimer etc. können entweder in einer Linie hintereinander aufgestellt werden, sodass alle Kinder von einem vorgegebenen Ausgangspunkt werfen. Oder sie werden frei im Raum verteilt.

Wir versuchen nun, in noch kleinere Löcher zu treffen.
Die Kinder gehen paarweise zusammen. Ein Kind nimmt ein Hütchen in die Hand, das andere versucht, die Kastanie aus kurzer Entfernung hineinzuwerfen. Wenn dies gelingt, kann der Abstand langsam erhöht werden.

Achtung: Die Kinder sollten die Kastanie von unten werfen, um die Verletzungsgefahr einzuschränken.

Jetzt laufen wir mit unserer Kastanie um die Wette.
Die Gruppe wird gleichmäßig in mehrere kleine Gruppen aufgeteilt (z. B. 25 Kinder in fünf Gruppen). Jede Gruppe bekommt einen Löffel mit einer Kastanie. Nun soll das erste Kind, welches den Löffel in der Hand hält, einen bestimmten Weg (z. B. einen Slalom-Parcours) zurücklegen, ohne die Kastanie dabei zu verlieren. Ist das Kind wieder bei der Gruppe angekommen, wird der Löffel an das nächste Kind übergeben.

Abschluss

Jedes Kind darf sich ein paar Kastanien nehmen und daraus Figuren oder Elemente legen. Sind alle Kinder fertig, gehen wir wie im Museum durch den Raum und sehen uns jedes einzelne Bild an. Ggf. können einzelne Tiere oder Figuren mit der gesamten Gruppe dargestellt oder nachgemacht werden.

Variante für den Abschluss:
Ein Kind legt sich auf den Bauch in die Mitte. Ein anderes Kind darf eine Kastanie irgendwo auf den Körper des Kindes legen (z. B. Po / Wade / Fuß / Arm / Hals / Ohr etc.). Das auf dem Bauch liegende Kind muss nun erraten, wo die Kastanie liegt.

Pilze sammeln im Wald

Pro Kind mindestens 5 Korken, ggf. Bilder von Pilzen, 1 Behälter zum Sammeln der Korken

Vorbereitungen

Die Kinder sollten diese Stunde barfuß oder mit Anti-Rutsch-Socken durchführen. Die Pilze sollen schon im ganzen Raum verteilt sein, wenn die Kinder hereinkommen.

Einleitung

Lasst uns einen Ausflug in den Wald unternehmen. Was kann man im Wald alles sehen? Antworten der Kinder könnten sein: Bäume, Tiere, Pilze.

Ggf. verschiedene Pilze als Bilder für die Kinder mitbringen.

Heute wollen wir Pilze sammeln gehen. Dazu machen wir uns auf den Weg in den Wald. Die Kinder bewegen sich durch den Raum, ohne die Korken zu berühren.

Um zu den Pilzen zu gelangen, müssen wir tiefer in den Wald hinein. Wir stapfen durch den Matsch, springen über Äste und Bachläufe und krabbeln unter umgestürzten Bäumen hindurch. Die PF imitiert gemeinsam mit den Kindern die jeweiligen Bewegungen.

Hauptteil

Seht ihr, da hinten sind schon viele Pilze.
Jedes Kind sammelt fünf Korken ein und sucht sich einen Platz im Raum.

Wie fühlen sich Pilze unter den Füßen an?
Die Korken werden auf den Boden hintereinandergelegt. Die Kinder dürfen mit Hilfestellung darauf balancieren oder die Korken im Sitzen unter den Füßen rollen.

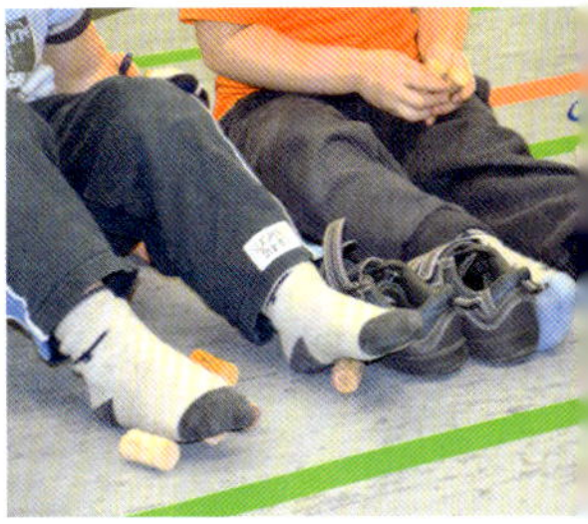

Es gibt viele verschiedene Pilzsorten im Wald. Kennt ihr welche? Da nicht alle Pilze gleich gut sind, müssen wir die schlechten aussortieren. Die Korken werden nach Form/Aussehen oder evtl. auch nach Farbe sortiert. Dazugehörige Orte werden von der PF vorgegeben.

Mit den sortierten Pilzen können wir bestimmt einen ganz großen Pilz legen. Jedes Kind legt ein paar Korken als Pilzform auf den Boden. Die Aufgabenstellung ist auch in Kleingruppen möglich.

Wir laufen noch tiefer in den Wald hinein, um weitere Pilze zu finden.
Die Kinder bewegen sich mit verschiedenen Bewegungsformen nach Vorgabe der PF durch den Raum. Dabei sollen die aufgestellten Korken wieder umgestoßen werden.

Seht ihr dort drüben die vielen Pilze? Alle sind umgefallen. Lasst sie uns wieder aufstellen! Nur nicht mit den Händen, das wäre zu einfach. Wir versuchen es mal mit den Füßen. Die Kinder versuchen, die Korken mit den Füßen bzw. Zehen zu greifen und senkrecht aufzustellen. Jüngere Kinder können sich auch auf den Po setzen und beide Füße benutzen, um die Korken aufzustellen.

Jetzt sieht es wieder ordentlich aus. Nun können wir die frisch aufgestellten Pilze einsammeln. Die Kinder bewegen sich durch den Raum und sammeln die Korken auf der Hand. Alternativ können die Korken in einem Beutel (umgeschlagenes T-Shirt) eingesammelt werden.

Wir haben genügend Pilze gesammelt. Lasst uns nach Hause gehen und dort eine leckere Pilzsuppe kochen. Die Kinder bewegen sich so durch den Raum, dass kein Pilz von der Hand oder aus dem Beutel herauskullert.

Zu Hause angekommen, müssen die Pilze gründlich gewaschen werden. Dazu werfen wir alle Pilze in eine Schüssel. Alle Korken werden auf einem Haufen gesammelt und mit den Händen leicht hin und her gerollt.

Dann sortieren wir schlechte Pilze aus.
Jedes Kind darf zwei Korken, einen mit der linken und einen mit der rechten Hand, hinter sich werfen.

Für eine Suppe benötigen wir kleingeschnittene Pilze. Da wir gerade kein Messer zur Hand haben, benutzen wir unsere Füße und stampfen sie klein. Die Kinder versuchen vorsichtig über die Korken zu laufen.

Jetzt noch die Suppe würzen. Mit Salz, Pfeffer, was noch? Pantomimisch das Würzen darstellen.

Dann noch einmal kräftig umrühren.
Die Kinder rühren im Sitzen mit den Füßen in den Korken. Erst mit dem rechten, dann mit dem linken Bein und zum Schluss mit beiden Beinen.

Nun ist die Suppe endlich fertig und sie schmeckt sehr lecker. Pantomimisch kann die Suppe gegessen werden. Auf Kommando werden die Korken in die Luft geworfen und auf den Boden fallen gelassen.

Abschluss

Jetzt noch schnell die Küche aufräumen und dann können wir uns satt und zufrieden ins Bett legen. Alle Korken werden in einem Behälter gesammelt. Danach legen sich alle Kinder auf den Rücken und schließen die Augen. Wenn noch Zeit ist, kann eine Traumreise mit dem Thema „Wald" gestaltet werden.

Reise zum Nordpol

Pro Kind mindestens 2 große Zeitungsblätter, Musik, Material zum Rein- und/ oder Durchwerfen (z. B. Reifen, Eimer, Schuhkartons), Material zum Markieren (z. B. Bank, Seil), Fische (z. B. vom Angelspiel, Styroporschnipsel oder selbst gebastelte Fische), Behälter zum Sortieren (z. B. Eimer, Schuhkarton)

Einleitung

Heute fliegen wir mit unserem Flugzeug zum Nordpol. Wo liegt denn der Nordpol? Welche Tiere leben dort? Jedes Kind bekommt eine Zeitung. Die aufgeschlagene Zeitungsseite wird auf die Brust gelegt. Nun rennt das Kind so durch den Raum, dass diese nicht zu Boden fällt. Dabei können beide Arme wie bei einem Flugzeug ausgebreitet werden.

Am Nordpol angekommen, schauen wir uns mit dem Fernrohr die Gegend an. Die Zeitungen werden als Fernrohr zusammengerollt und die Kinder schauen durch die Zeitung.

Was seht ihr denn alles? Die gesichteten Dinge können mit den Kindern nachgestellt werden.

<u>Beispiele:</u> Eisbären / Wal / Seelöwen / Eisberge / Wasser etc.

Hauptteil

Seht ihr auch die vielen Eisschollen? Da es auf der Erde immer wärmer wird, schmelzen die Eisschollen. Jedes Kind darf sich im Raum für seine Zeitung einen Platz suchen und sich auf die Zeitung stellen. Zur Musik bewegen sich alle Kinder im Raum. Stoppt diese, stellt sich jedes Kind auf seine eigene Eisscholle. Nun wird die Zeitung auf die Hälfte zusammengefaltet. Danach wird sich wieder zur Musik bewegt. Bei erneutem Musik-Stopp wird die Zeitung wieder auf die Hälfte zusammengefaltet. Die Zeitung wird so lange gefaltet, bis die Eisscholle so klein ist, dass die Kinder kaum noch darauf stehen können. **Nun ist unsere Eisscholle geschmolzen.**

<u>Achtung</u>: Zeitungen können rutschig sein, langsames Laufen und vorsichtiges Stehen ist erforderlich.

Am Nordpol gibt es jede Menge Schnee, lasst uns einen Schneeball machen! Jedes Kind darf seine Zeitung auffalten und zu einem Zeitungsball zusammenknüllen.

Wer trifft in die Eislöcher? Die Kinder werfen mit ihrem Schneeball in die Reifen, die sich in unterschiedlicher Entfernung am Boden befinden.

Unsere Hand ist vom Schnee eisig kalt geworden. Lasst uns mit der anderen Hand in die Eislöcher werfen! Die PF achtet darauf, dass die Kinder mit ihrer schwächeren Hand werfen.

Und wer trifft in die Eishöhlen?
Die PF hält die Reifen in die Luft und die Kinder werfen hindurch. Die Höhe der Reifen kann variiert werden.

Nun machen wir eine Schneeballschlacht.
Die Kinder werden in zwei gleich große Gruppen eingeteilt und bekommen die gleiche Anzahl an Schneebällen. Mit der Bank wird die Spielfeldmitte markiert. Nach einem Pfiff der PF beginnen beide Gruppen, ihre Schneebälle bei der gegenüberliegenden Gruppe in das Feld zu werfen, und versuchen, ihr Feld freizuräumen. Bei einem weiteren Pfiff der PF endet das Spiel. Anschließend wird gezählt, wie viele Schneebälle bei jeder Gruppe im Feld liegen. Gewonnen hat die Gruppe, bei der weniger Schneebälle im Feld sind.

Am Nordpol ist es schwierig, Essbares zu finden. Was können wir denn fangen? Fische! Dafür brauchen wir ein Fischernetz. Die Kinder gehen in Paaren zusammen, bekommen ein doppelseitiges Zeitungspapier und stellen sich in einer Gasse auf. Die PF legt den ersten Fisch auf die Zeitung des ersten Paares. Die Fische werden nun von Paar zu Paar weitergegeben und das letzte Paar versucht, die Fische in einen Reifen fallen zu lassen. Wenn genug Zeit ist, können die Standplätze der Paare getauscht werden.

Damit wir den Fisch in Ruhe essen können, bauen wir uns Iglus – das sind Schneehäuser der Eskimos. Die Kinder halten die Zeitung über den Kopf oder machen sich klein und legen die Zeitung auf den Rücken.

In den Iglus hört man es schmatzen, denn die Fische schmecken allen Kindern gut.

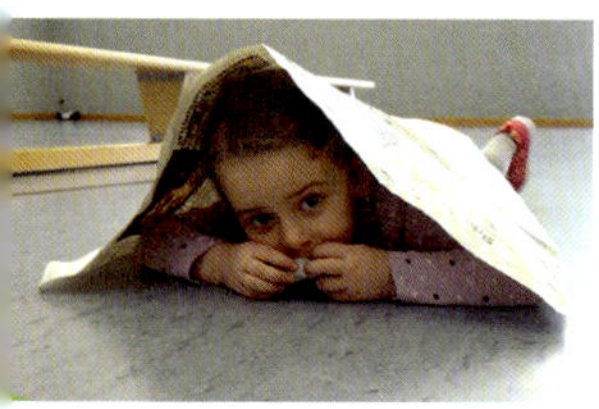

Plötzlich pustet ein Schneesturm unser Iglu um.
Alle Kinder lassen sich umfallen und pusten ihre Zeitung so stark wie möglich an.

Es schneit immer mehr und mehr.
Die Zeitungen werden nun zerrissen und die Zeitungsschnipsel in die Luft geworfen.

Wir müssen nun den Schnee beiseiteräumen, sonst versinken wir im Schnee und können nicht nach Hause fliegen! Alle Kinder sammeln die Schnipsel ein und werfen sie in einen Eimer.

Abschluss

Nun ist unsere Startbahn frei zum Abflug.
Alle Kinder bewegen sich zur Musik durch den Raum wie ein Flugzeug. Endet die Musik, treffen sich alle Kinder in einem Kreis.

Unser Ausflug zum Nordpol ist zu Ende. Was hat euch bei unserem Ausflug am besten gefallen? Die Kinder berichten der Reihe nach von ihrem Lieblingserlebnis.

Turnen mit Kuscheltieren

Pro Kind 1 Kuscheltier (jedes Kind kann sein eigenes Kuscheltier mitbringen), Tier-Puzzle und/oder Tier-Lotto, Material zum Markieren (z. B. Reifen, Matten, Teppichfliesen), Musik

Im Begrüßungskreis darf jedes Kind sein eigenes Kuscheltier einmal vorstellen. **Wie heißt es? Was kann es? Ist es vielleicht ein seltenes Tier?**

Das Markierungsmaterial wird in der Halle verteilt. Danach bekommt jedes Tier einen Platz bei einem der Markierungsgegenstände (z. B. in einem Reifen / auf einer Matte/Teppichfliese)

Nun haben wir einen richtigen Zoo. Damit wir alle Tiere genauer betrachten und kennenlernen können, machen wir ein Suchspiel. Alle laufen zur Musik durch den Raum, bei Musik-Stopp stellt die PF eine Bewegungsaufgabe (angepasst an die Kuscheltiere):

„Sucht ein Tier, das schnell ist!"

„Findet ihr ein grünes Tier?"

„Welche Tiere können schwimmen?"

Wir suchen nun die gleichen Tiere.

Es werden zwei Mannschaften gebildet. Diese stellen sich jeweils um eine Matte herum auf. Auf der Matte befindet sich jeweils die gleiche Anzahl an Tier-Puzzle/Tier-Lotto-Platten. In einigen Metern Abstand werden gegenüber zwei weitere Matten auf den Boden gelegt, auf denen sich die jeweils passenden Tier-Puzzleteile/Tierkarten befinden. Die Kinder laufen zur gegenüberliegenden Matte und nehmen sich ein Tier-Puzzleteil oder eine Tierkarte von ihrer Matte. Damit laufen sie wieder zurück und legen das Tier-Puzzleteil / die Tier-Lottokarte an die richtige Stelle. Dann holen sie sich das nächste Teil etc.
Es kann auch ein Tier-Memory genommen werden. Die Spielbeschreibung hierfür finden Sie im Modul „Spiele" bei den Aufwärmspielen.

Jetzt wollen sich unsere Tiere wieder bewegen (jedes Kind darf sein Kuscheltier zu sich holen). **Wie können wir das Tier bewegen, ohne es in den Händen zu halten?**

Beispiele: krabbeln und das Tier auf den Rücken setzen / im Krebsgang auf unseren Bauch setzen / Tier auf den Kopf / die Schulter / den Arm setzen etc.

Wir können auch über unsere Kuscheltiere drüberspringen. Die Kinder legen ihre Tiere auf den Boden und springen mehrmals darüber. Danach springen sie auch über die Kuscheltiere der anderen Kinder.

Unsere Tiere sind faul und wollen durch den Raum geschoben werden. Die Kinder legen ihr Kuscheltier auf eine Teppichfliese/Matte oder vor einen Reifen und schieben die Tiere durch den Raum. Bei Bedarf kann das Schieben variiert werden.

Beispiele: gerade / in Kurven / im Kreis / im Zickzack etc.

Plötzlich wollen unsere Tiere einmal fliegen. Selbstverständlich erfüllen wir ihnen diesen Wunsch. Die Kinder gehen zu zweit zusammen. Ein Kuscheltier darf auf dem Boden sitzen und zusehen. Das andere Kuscheltier werfen sie sich gegenseitig zu. Danach erfolgt ein Wechsel der Tiere.

Die Tiere werden müde. Sie wollen eine kleine Pause machen. Alle Kinder setzen ihr Kuscheltier wieder an den Rand. **Solange sich die Tiere ausruhen, bauen wir ihnen alle gemeinsam einen kleinen Parcours.**

Beispiele: Hütchen für Slalom / Teppichfliesen als Flusssteine / Reifen als Pfützen etc.

Nun bewältigen wir den Parcours gemeinsam mit unserem Kuscheltier. Die Kinder nehmen ihr Kuscheltier in die Hand und absolvieren ein paar Runden im Parcours.

Damit alle Kuscheltiere nach dem Sport besser schlafen können, spielen wir noch ein gemeinsames Spiel.

Jedes Kind darf sein Kuscheltier auf den Arm nehmen und sich zur Musik durch den Raum bewegen. Bei Musik-Stopp werden von der PF Bewegungsaufgaben gestellt, die zuvor mit den Kindern besprochen wurden.

Beispiele:
„Hochwasser“: Die Kinder halten ihr Kuscheltier in die Höhe.
„Regen“: Die Kinder bauen ein Dach über dem Kuscheltier.
„Feuer“: Alle Kinder und Kuscheltiere sammeln sich bei der Notausgangstüre.
„Nebel“: Die Kinder schließen die Augen und halten die Hände vor die Augen des Kuscheltiers und laufen vorsichtig vorwärts.
„Sturm“: Alle Kinder und Kuscheltiere legen sich ganz flach auf den Boden.

Während die Musik läuft, können die Fortbewegungsarten geändert werden.

Beispiele: gehen / laufen / springen / große Schritte / kleine Schritte etc.

Wandertag

Pro Kind mindestens 4 Bierdeckel (evtl. rund/eckig/farbig), Material zum Markieren (z. B. Seil, Bank, Hütchen), Musik

Heute gehen wir wandern.
Jedes Kind bekommt einige Bierdeckel in die Hand. Die Kinder bewegen sich damit zur Musik im Raum und verteilen die Bierdeckel nach und nach in einem begrenzten Bereich auf dem Boden.

Achtung:
Bierdeckel können auf dem Boden wegrutschen.

Nun sind wir an einem Fluss angekommen und müssen ihn vorsichtig und langsam überqueren, indem wir von Flussstein zu Flussstein springen. Alle Kinder bewegen sich nur auf den Bierdeckeln.

Variante 1: Die Kinder bewegen sich nur auf den angesagten Farben/Formen. Die PF wechselt nach kurzer Zeit die Farbe/Form.

Variante 2: Die Kinder bewegen sich auf allen vieren fort. Die Farben/Formen werden jeweils den Händen und Füßen zugeordnet.

Beispiel: Die Hände dürfen nur auf grüne/runde Bierdeckel und die Füße nur auf gelbe/eckige gesetzt werden.

Am anderen Ufer angekommen, schauen wir mal, was man alles mit den Flusssteinen machen kann. Jedes Kind darf sich ein paar Bierdeckel nehmen und eigene Ideen ausprobieren. Einige Ideen der Kinder aufgreifen und mit der ganzen Gruppe durchführen.

Beispiele: rollen / werfen / Figuren legen / Turm bauen / kreiseln lassen etc.

Wir sammeln alle Flusssteine ein und wandern weiter zu einer Wiese, auf der viele fröhliche Kinder miteinander spielen. Die Kinder werden in zwei gleich große Gruppen eingeteilt und bekommen die gleiche Anzahl an Bierdeckeln. Mit dem Seil wird die Spielfeldmitte markiert. Nach einem Pfiff der PF beginnen beide Gruppen, ihre Bierdeckel bei der gegenüberliegenden Gruppe in das Feld zu werfen, und versuchen, ihr Feld freizuräumen. Bei einem weiteren Pfiff der PF endet das Spiel. Anschließend wird gezählt, wie viele Bierdeckel bei jeder Gruppe im Feld liegen. Gewonnen hat die Gruppe, bei der weniger Bierdeckel im Feld sind.

Einleitung

Hauptteil

Nun verlassen wir die Spielwiese und wandern weiter in den Wald. Alle Kinder stellen sich in ihrer Gruppe hintereinander auf und fassen dem Vordermann an die Schultern.

Wir schleichen uns durch das Dickicht (alle machen sich klein), **steigen über Baumstämme** (große Schritte) **und kriechen auf dem Waldboden unter umgekippten Baumstämmen hindurch** (auf dem Bauch vorwärtsbewegen).

Seht ihr die vielen Tiere auf dem Boden? Welche Tiere leben bei uns im Wald? Die Kinder zählen die Tiere auf, die sie kennen. Dann darf jedes Kind sich eine vorgegebene Anzahl an Bierdeckeln nehmen. Daraus werden nun Tiere auf den Boden gelegt.

Beispiele: Regenwurm / Schmetterling / Spinne etc.

Können wir uns auch wie unsere Tiere bewegen? Einzelne Tiere der Kinder werden herausgegriffen und alle Kinder bewegen sich wie diese Tiere fort.

Beispiele: Regenwurm: auf dem Bauch kriechen
Schmetterling: mit den Armen flattern

Wir laufen weiter bis zum Ende des Waldes. Dort erwartet uns ein zugefrorener See, auf dem wir Schlittschuh laufen können. Jedes Kind stellt sich mit den Füßen auf zwei Bierdeckel und versucht sich rutschend durch die Halle zu bewegen. Wenn dies gut klappt, kann die Ausholbewegung der Arme wie beim Eisschnelllauf gezeigt und ausprobiert werden.

Nun machen wir uns auf den Heimweg. Oje, da vorne ist eine Straße, die wir ganz vorsichtig überqueren müssen. Mit den Bierdeckeln bauen die Kinder eine Straße und bewegen sich auf unterschiedliche Weise über die Straße.

Beispiele: gemeinsam als langer Bus / im Krebsgang / springend / rückwärts etc.

Abschluss

Jetzt ist es nicht mehr weit. Aber was machen wir mit dem restlichen Proviant? Da vorne sitzen ein paar Vögel, die wir mit dem Brot füttern können. Diese werden so zutraulich, dass sie sich auf unsere Arme und auf unseren Kopf setzen. Die Kinder gehen zu zweit zusammen, ein Kind breitet die Arme seitlich aus, das andere Kind legt ein paar Bierdeckel auf den Kopf und auf die Arme. Nun versucht sich das Kind ein paar Schritte fortzubewegen, ohne die Bierdeckel zu verlieren. Danach erfolgt ein Partnerwechsel.

Endlich sind wir zu Hause und legen uns erschöpft in unser Bett. Die Kinder legen sich auf den Boden und dürfen die Augen schließen. Wenn noch Zeit bleibt, können sich die Kinder gegenseitig mit Bierdeckeln zudecken. Die PF zählt: „**1, 2, 3**“, und alle Bierdeckel dürfen abgeschüttelt werden.

Wolkenkinder

Watte (ca. 600 g), Musik, Material zum Markieren (z. B. Matten, Hütchen, Seile), Material zum „Schneeräumen" (z. B. Schaumstoffteile, Teppichfliesen)

Heute wollen wir einen Ausflug zu den Wolken unternehmen. Wie könnten wir zu den Wolken kommen? Mögliche Antworten: Flugzeug, Hubschrauber, Rakete, mit einem Vogel oder Drachen etc.

Wir steigen in unseren Hubschrauber ein, starten den Motor und der Propeller dreht sich erst langsam, dann immer schneller. Jetzt heben wir vom Boden ab. Die Kinder breiten die Arme aus und kreisen sie vor-/rückwärts und fliegen dann durch den Raum.

Ich glaube, mit dem Hubschrauber kommen wir nicht hoch genug. Wir fliegen wieder zurück! Alle Hubschrauber landen wieder auf dem Flugplatz.

Mit unserem Flugzeug können wir bestimmt bis zu den Wolken fliegen. Wir starten von der Startbahn mit viel Geschwindigkeit in den Himmel. Mit dem Markierungsmaterial wird eine Startbahn auf den Boden gekennzeichnet. Alle Kinder stellen sich in einer Linie am Markierungsstart auf und laufen auf ein Signal der PF los. Am Ende der Startbahn sind sie abgehoben vom Boden und dürfen sich wie ein Flugzeug durch den Raum bewegen.

Nach kurzer Zeit landen wir alle auf einer Wolke.

Alle Kinder setzen sich in einen Kreis.

Wir sind mitten in einer Wolke gelandet und können gar nichts mehr sehen. Die Kinder schließen die Augen und es wird noch nicht gesprochen. Jedes Kind bekommt einen Wattebausch in die Hand. Sobald alle Kinder einen Wattebausch in der Hand halten, dürfen sie mit geschlossenen Augen beschreiben, wie dieser sich anfühlt. Anschließend werden die Augen geöffnet.

Seht ihr die Kinder unten auf der Erde, wie sie mit Schneeflocken spielen? Was spielen sie denn? Geht das hier oben auch? Kinder dürfen sich gegenseitig mit der Watte bewerfen oder sie übereinanderstapeln, wie bei einem Schneemann.

Achtung, jetzt kommt Wind auf. Passt auf, dass eure kleine Wolke nicht davongepustet wird. Die Kinder legen ein Stück Watte vor die Brust und halten es zu Beginn noch mit den Händen fest. Nun versuchen sie so schnell zu laufen, dass die Watte nicht auf den Boden fällt, wenn sie die Hände von der Watte lösen. Dabei können noch Windgeräusche gemacht werden.

Der Wind wird stärker und unsere kleine Wolke wird durch die Halle geweht. Die Kinder pusten ihren Wattebausch durch die Luft.

Bevor uns der Wind noch einmal davonpustet, suchen wir uns eine große Wolke aus. Die Kinder helfen dabei, aus vielen kleinen Wattebäuschen eine große Wolke auf den Boden zu legen.

Auf einmal hören wir ein Geräusch. Haben wir etwa die kleinen Wesen, die sonst auf den Wolken leben, aufgeweckt? Um besser auf die anderen Wolken unter uns schauen zu können, laufen wir am Rand der Wolke langsam entlang.

Damit wir nicht gesehen werden, verstecken wir uns in der Wolke. Die Kinder legen sich die Watte auf die Schulter / Handflächen / den Kopf etc. und versuchen sich vorsichtig zu bewegen, sodass diese nicht auf die Erde fällt.

Was meint ihr denn, wie die Wolkenwesen, die hier leben, aussehen? Sie sind bestimmt ganz flauschig. Die Kinder hängen sich möglichst viel Watte an den Körper.

Jetzt schütteln wir unseren Flaum wieder ab!

Jedes Kind darf sich so bewegen, tanzen etc., damit alle Watte vom Körper des Kindes abfällt.

Manchmal, wenn man sich die Wolken ganz genau anschaut, kann man Tiere am Himmel erkennen. Könnt ihr eure Wolke in ein Tier verwandeln? Die Kinder legen mit der Watte – alleine oder in kleinen Gruppen – ein Tier auf den Boden.

<u>Beispiele</u>: Schäfchen / Schlange / Schnecke

Nun ist es wieder Zeit, nach Hause zu fliegen. Dabei müssen wir aufpassen, dass wir unsere Wolkentiere nicht zerstören. Gemeinsam starten alle Kinder auf der Wolke und dürfen von dort aus mit ihrem Flugzeug zurück zur Erde fliegen. **Da vorne kommt ein Schneesturm auf uns zu. Wir müssen durch das Schneegestöber hindurchfliegen.** Die Kinder werfen die Watte, so hoch sie können, in die Luft und laufen unter ihr hindurch. Mehrmals wiederholen lassen.

Oje, unsere Landebahn ist ganz voller Schnee. Wir müssen aber hier landen. Was können wir denn als Schneeschieber verwenden? Die Kinder schieben die Watte mit Schaumstoffteilen zusammen.

Abschluss

Jetzt ist die Landebahn wieder frei und wir landen auf dem Flugplatz. Die Kinder kommen in einem Sitzkreis zusammen. **Könnt ihr von hier unten unsere Wolkentiere am Himmel noch erkennen? Was hat euch am Ausflug zu den Wolken am besten gefallen?** Jedes Kind berichtet über sein Lieblingserlebnis.

Bei den Bauarbeitern

Holzbauklötze in verschiedenen Farben oder in verschiedenen Größen, 4-6 Reifen, 5-7 Seile, 5-7 Chiffontücher, 5-7 Matten

Einleitung

Heute sind wir Bauarbeiter.

Die Kinder über ihre Erfahrungen im Bereich Baustelle und Bauarbeiter erzählen lassen. **Wir wollen möglichst viel bauen und unsere Baustelle fertig bekommen. Zuerst müssen wir aber unser Baumaterial sortieren.** Alle Bauklötze liegen kreuz und quer in der Halle. Die Bauklötze sollen in Reifen sortiert werden. Entweder nach Farben oder nach Größe/Länge der Bauklötze. Jeder Klotz soll anders transportiert werden.

Beispiele: rote oder lange Klötze in der Hand / blaue oder kleine Klötze auf dem Kopf / grüne oder große Klötze nur mit den Füßen etc.

Hauptteil

Nun müssen wir einzelne Bausteine auf der Baustelle hin und her bewegen. Je nach Gruppengröße wird die Gruppe in zwei oder vier Mannschaften geteilt. Es stellen sich jeweils etwa gleich viele Kinder mit einem Abstand von mindestens 10 Metern gegenüber in einer Reihe auf. Jede Mannschaft hat mehrere Bausteine neben sich liegen. Ein Kind beginnt und nimmt einen beliebigen Baustein in die Hand. Nun läuft es zu seinem direkten Gegenüber und übergibt den Stein mit folgenden Worten:

Ich heiße … (Name des Kindes, welches gelaufen ist)

und bin zu … (Name des Kindes, welches den Stein übergeben bekommt) *gelaufen,*

nun gebe ich dir den … (z. B. großen, kleinen, roten, blauen etc.) *Baustein, lege du ihn auf deinen Haufen!*

Nach der Übergabe stellt sich das Kind, welches gelaufen ist, hinten in der Mannschaft an. Das andere Kind nimmt sich einen anderen Baustein und läuft zu seinem direkten Gegenüber. Das Spiel kann beliebig lange gespielt werden.

Wir müssen unser Baumaterial nun noch dort hinbringen, wo wir bauen wollen. Aber zuerst müssen wir unsere Baustelle noch absperren. Immer drei oder vier Kinder suchen sich zusammen einen Platz in der Halle und legen Seile auf den Boden, die den Bauplatz markieren.

Jetzt holen wir uns das Baumaterial, welches wir brauchen. Dazu müssen wir einander helfen.

Jeweils drei oder vier Kinder bekommen zusammen ein Chiffontuch. Damit nehmen sie ein paar Bauklötze auf und transportieren sie gemeinsam zu ihrer Baustelle.

Der Betonmischer ist schon kräftig am Rühren. Die drei bis vier Kinder einer Gruppe gehen miteinander auf eine Matte. Sie rollen sich gleichzeitig um die eigene Achse.

Auch das Förderband ist schon eingeschaltet. Die Kinder bleiben auf der Matte. Immer ein Kind darf sich auf die anderen Kinder legen und durch Drehen um die eigene Achse wird dieses Kind vorwärtsbewegt. Dann wird gewechselt.

Und hier drüben steht ein Kran. Die Kinder strecken sich lang in die Höhe, gehen auf die Zehenspitzen, bewegen die Arme wie ein Kran und tragen so einen Bauklotz in der Hand.

Mit den transportierten Bauklötzen können die Kinder in den Kleingruppen von drei bis vier Kindern in ihren abgesperrten Baustellen etwas bauen.

Nun schauen wir uns alles an, was ihr gebaut habt.

Alle gehen umher und schauen die Bauten an. Jede Gruppe darf zu ihrem erstellten Gebäude etwas erzählen.

Abschluss

Mit solchen Bausteinen, wie wir sie haben, können wir uns auch gegenseitig massieren. Die Kinder gehen zu zweit zusammen und eines legt sich auf den Bauch. Das andere Kind setzt sich daneben und fährt mit leichtem Druck mit einem Bauklotz über den Körper des liegenden Kindes.

Nach einiger Zeit wechseln die Kinder.

Bunte Steine

Pro Kind 1 Reifen, viele bunte Muggelsteine, farbiges Papier in den Farben der Muggelsteine, 1 Rollbrett

Schaut mal, ich habe heute viele bunte Steine dabei. Welche Farben haben die Steine? Die Kinder und die PF schauen gemeinsam die Steine an und benennen die Farben. Wenn die Steine unterschiedlich groß sind, kann auch darauf noch eingegangen werden. **Es gibt große und kleine Steine. Aber alle Steine sind rund.**

Einleitung

Hauptteil

Unsere Steine sind magnetisch und ziehen unsere Körperteile an. Die Kinder laufen zur Musik durch die Halle. Bei Musik-Stopp ruft die PF eine Farbe und ein Körperteil und die Kinder müssen mit diesem Körperteil einen Stein in dieser Farbe berühren.

Beispiele: Nase auf Grün / Fuß auf Blau / Po auf Rot / Knie auf Gelb

Die Rolle der PF kann auch im Wechsel ein Kind übernehmen.

Jetzt sammeln wir so viele Steine wie möglich ein.

Je nach Kinderanzahl werden mehrere kleine Mannschaften gebildet – je drei Kinder pro Mannschaft. Jede Mannschaft sucht sich einen Platz in der Halle, der mit einem Reifen markiert wird. Nun ruft die PF eine Farbe, alle Kinder laufen los und versuchen, so viele Muggelsteine wie möglich in der gerufenen Farbe einzusammeln. Diese bringen sie zu ihrem Reifen in der Halle. Sie sammeln so lange die gerufene Farbe, bis die PF eine andere Farbe ruft. Die Kinder legen die Muggelsteine beliebig in die Reifen. Das Spiel wird so lange gespielt, bis alle Muggelsteine eingesammelt sind. **Nun wollen wir aus so vielen Steinen ein Bild legen.** Die Kinder dürfen in ihrem Reifen aus den gesammelten Muggelsteinen ein Bild legen.

Jeder darf sich nun seinen Lieblingsstein aussuchen. Welche Farbe hat euer Stein? Die restlichen Reifen werden in der Halle verteilt. Jedes Kind sucht sich einen Muggelstein aus und stellt sich damit in einen Reifen. Die PF ruft eine Farbe und alle Kinder, die diese Farbe in der Hand haben, laufen los und suchen sich einen neuen Reifen.

Variante: Die PF hält eine Farbe hoch, die Kinder müssen die Farbe benennen und dann erst den neuen Platz suchen.

Nun wollen wir unsere Steine sortieren.
Wieder werden die Kinder in Mannschaften aufgeteilt. Es können die gleichen Mannschaften vom ersten Spiel sein. Es sollten auf keinen Fall mehr als fünf Kinder in einer Mannschaft sein. Jede Mannschaft hat gleich viele Muggelsteine neben sich in einem Reifen liegen. Am anderen Ende der Halle liegen die farbigen Papiere.

Nun läuft das erste Kind mit einem Muggelstein los und legt diesen auf der Farbkarte ab, die die gleiche Farbe wie der Muggelstein hat.

Wenn das Kind zurückkommt, ruft es dem wartenden Kind eine Farbe zu, die dieses Kind mitnehmen soll. Dies wird so lange gespielt, bis eine Mannschaft alle Muggelsteine verteilt hat.

Variante: Es darf immer nur ein Muggelstein pro Papier liegen. Wenn schon einer da ist, muss das Kind den Muggelstein wieder mitnehmen. Durch Zurufen der fehlenden Farbe können die Kinder taktisch dieses Spiel gewinnen.
Bei dieser Variante gewinnt die Mannschaft, die zuerst auf allen Farbkarten einen Muggelstein liegen hat.

Manche Steine sind verzaubert und können uns erlösen, wenn wir gefangen wurden. Es werden zwei Kinder als Fänger ausgesucht. Zwei andere Kinder bekommen einen Muggelstein. Nun beginnen die Fänger, die anderen Kinder zu fangen. Wer gefangen wurde, bleibt stehen. Die Kinder mit dem Muggelstein berühren das gefangene Kind mit dem Muggelstein und das Kind darf wieder loslaufen. Dabei sagt das Kind mit Muggelstein folgende Worte: **Du bist frei und wieder mit dabei!**

Wir spielen noch ein Ratespiel.
Die PF legt einen Muggelstein auf ein Rollbrett und schiebt das Rollbrett zu einem Kind. Nun sagt das Kind die Farbe, die der Muggelstein hat, und noch einen Gegenstand mit dieser Farbe.

Beispiele: Gelb ist die Sonne / Rot ist das Feuerwehrauto / Grün ist das Gras / Blau ist der Himmel etc.

Dann wird der Muggelstein ausgetauscht und das Rollbrett weitergeschoben. Dies wird so lange gespielt, bis jedes Kind mindestens einmal dran war.

Im Rhythmus

Pro Kind 1 Plastiktrinkbecher, 1 Tamburin

Heute machen wir mit unserem Körper Musik. Wir brauchen gar keine Musikinstrumente dafür. Zuerst bin ich euer Dirigent. Die Kinder stehen im Kreis. In der ersten Runde gibt die PF einen Rhythmus vor, z. B. auf die Oberschenkel schlagen. Die Kinder werden motiviert mitzumachen. Die Schwierigkeit wird gesteigert, indem die PF beginnt, nicht nur auf den Oberschenkeln, sondern auch noch auf weitere Körperteile zu klopfen.

Beispiel: zweimal auf die Oberschenkel, einmal auf die Schultern (Hände über Kreuz), zweimal in die Hände klatschen / einmal Schienbein, einmal Bauch, rechte Schulter mit linker Hand, linke Schulter mit rechter Hand / zweimal Wangen, einmal Bauch, zweimal Po

In den weiteren Runden kann jeweils eines der Kinder zum Dirigenten werden und den Rhythmus und die Körperteile vorgeben.

Nun verzaubere ich euch mit diesem Tamburin.

Am Anfang übernimmt die PF die Rolle des Zauberers. Nach einiger Zeit kann auch ein Kind diese Rolle übernehmen. Die PF gibt mit dem Tamburin einen Rhythmus vor, in dem die Kinder laufen sollen.

Beispiele: schnelle, kurze Schläge: schnelles Laufen / laute, langsame Schläge: stampfen wie ein Elefant / mit den Fingerspitzen trommeln: tippeln wie eine Maus / mit den Fingerspitzen über das Tamburin streichen: schleichen / mit der flachen Hand auf das Tamburin schlagen: rückwärtsgehen etc.

Wenn wir einen Vers sprechen, ergibt das auch einen Rhythmus. Und wir können dazu auch springen. Die Kinder stehen an einer Seite des Bewegungsraumes. Der folgende Text wird gemeinsam gesprochen und dabei werden je ein Schritt und die beschriebenen Sprünge gemacht:

1,	**2,**	**mit**	**da-**	**bei**
Schritt –	Schritt –	Schlusssprung –	Grätsche –	Schlusssprung
3,	**4,**	**spring-**	**en**	**wir**
Schritt –	Schritt –	Schlusssprung –	Grätsche –	Schlusssprung
5,	**6,**	**Tin-**	**ten-**	**klecks**
Schritt –	Schritt –	Schlusssprung –	Grätsche –	Schlusssprung
7,	**8,**	**gut**	**ge-**	**macht**
Schritt –	Schritt –	Schlusssprung –	Grätsche –	Schlusssprung
9,	**10,**	**jetzt**	**bleib**	**stehn.**
Schritt –	Schritt –	Schlusssprung –	Grätsche –	Schlusssprung

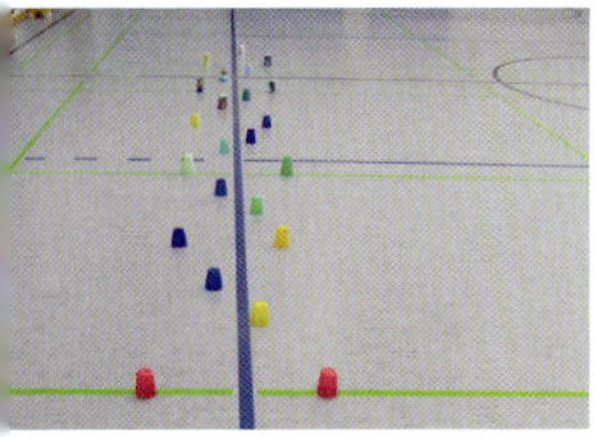

Jetzt springen wir weiter im Rhythmus. Die Becher geben uns an, ob wir mit einem Bein oder mit beiden Beinen landen dürfen. Die Becher werden umgedreht auf den Boden gestellt. Dabei sollte darauf geachtet werden, dass sie durch die Aufstellung einen gewissen Rhythmus vorgeben (siehe Foto), z. B. zwei Becher, einen Becher, einen Becher, zwei Becher usw. Die PF springt den Rhythmus zuerst vor. Wenn zwei Becher stehen, dürfen beide Beine landen, wenn nur ein Becher dasteht, darf nur ein Bein neben dem Becher landen. Die Kinder versuchen, den Rhythmus nachzuspringen.

Die Schwierigkeit kann erhöht werden, indem die Kinder nur mit dem rechten Bein landen dürfen, wenn der Becher rechts steht, und nur mit dem linken Bein, wenn der Becher links steht. Dies stellt aber schon eine sehr hohe Herausforderung für die Kinder dar. Dafür sollte diese Koordinationsübung schon öfter geübt worden sein.

Abschluss

Zum Abschluss machen wir mit unseren Bechern einen Becher-Rap. Alle sitzen im Kreis und jedes Kind hat einen Becher vor sich umgedreht auf dem Boden stehen.

Nun beginnt die PF langsam einen rhythmischen Ablauf aufzubauen:

1. Rechte Hand schlägt auf Becher, linke Hand hebt Becher an und klopft ihn auf den Boden.

2. Rechte Hand schlägt auf Becher, linke Hand hebt Becher an und klopft ihn auf den Boden, linke Hand dreht Becher einmal um und wieder in die Ausgangsposition.

3. Rechte Hand schlägt auf Becher, linke Hand hebt Becher an und klopft ihn auf den Boden, linke Hand dreht Becher einmal um und wieder in die Ausgangsposition und rechte Hand gibt den Becher an den rechten Nachbarn weiter.

Jeder Ablauf sollte erst ein paarmal funktionieren, bevor ein neues Element dazukommt. Wenn es am Ende gut klappt, können die Becher im Kreis gehen, bis man seinen Becher wieder hat. Das ist aber erst nach viel Übung möglich.

Im Supermarkt

Lebensmittel-Memory (siehe Anhang S. 17-21), Musik, Bildkarten Lebensmittel (siehe Anhang S. 22-27), 4-6 Matten, Ernährungskreis auf A3 oder A2 kopiert (siehe Anhang S. 28), 5 Ernährungskreise blanko (siehe Anhang S. 29), 4-6 Rollbretter, geschnittenes Obst und Gemüse

Einleitung

Geht ihr manchmal mit euren Eltern Lebensmittel einkaufen? Was gibt es alles in einem Supermarkt? Kinder erzählen von ihren Erfahrungen in diesem Bereich. **Wir wollen heute auch in den Supermarkt gehen.**

Zuerst darf sich jeder von euch aussuchen, welches Lebensmittel er sein möchte. Die Kinder suchen sich eine Karte aus dem Lebensmittel-Memory aus. **Die Lebensmittel laufen heute alle wild durcheinander im Supermarkt.** Die Kinder laufen zur Musik durch die Halle und bei Musik-Stopp suchen sich die Kinder ihren Partner mit der gleichen Karte. Wenn die Musik wieder startet, tauschen die Kinder ihre Karten. Sie sollten auf jeden Fall jedes Mal nach dem Tauschen ein neues Lebensmittel in der Hand haben. Dieses Spiel kann beliebig lange gespielt werden.

Hauptteil

Im Supermarkt herrscht große Unordnung. Die Lebensmittel sind alle nicht am richtigen Platz. Wir schauen mal, was zusammengehört! Jedes Kind nimmt wieder eine beliebige Karte mit einem Lebensmittel darauf. Es sollte darauf geachtet werden, dass aus jeder Lebensmittelgruppe Karten zur Auswahl stehen. Die Kinder gehen durch den Raum und tauschen die ganze Zeit ihre Karten, bis die PF ein Signal gibt, z. B. pfeifen / die Triangel spielen / ein Glöckchen läuten etc. Daraufhin sollen sich alle Kinder treffen, die zur gleichen Lebensmittelgruppe gehören.

Beispiele: Obst / Gemüse / alles vom Tier / Süßigkeiten

Je jünger die Kinder sind, umso weniger Lebensmittelgruppen sollten es sein.

Wir müssen jetzt helfen, die Lebensmittel wieder in die richtigen Regale zu sortieren. Die Kinder verteilen nun alle Bildkarten auf den Matten. Jede Matte ist für eine andere Lebensmittelgruppe da.

Beispiele: Obst / Gemüse / Backwaren / alles aus Milch / Wurst, Fleisch und Fisch / Sonstiges (Ketchup, Öl, Nüsse, Süßigkeiten)

Auch hier hängt die Menge der „Regale“ von der Zielgruppe ab.

Bevor wir nun einkaufen, schauen wir mal auf unsere Einkaufsliste. Die ist ganz rund und sie zeigt uns, von welchen Lebensmitteln wir viel kaufen sollten, weil wir viel davon essen dürfen, und von welchen Lebensmitteln wir weniger benötigen. Mit den Kindern zusammen den Ernährungskreis anschauen und besprechen. Auch auf die Farben Grün, Gelb und Rot hinweisen.

Jetzt kaufen wir ein. Dazu bekommt ihr einen Einkaufswagen. Immer drei Kinder zusammen bekommen ein Rollbrett und einen leeren Ernährungskreis.

Der Ernährungskreis soll am Ende richtig gefüllt sein, d. h. bei Grün sollte Wasser, Obst, Gemüse und Getreide liegen. Bei Gelb Milch, Käse, Fisch, Fleisch oder Wurst.

Im Vergleich aber weniger als im grünen Teil. Bei Rot sollten z. B. Fette, Süßigkeiten, Ketchup, Nussnougatcreme etc. liegen. Im Verhältnis viel weniger als im grünen und gelben Bereich.

Ein Kind setzt sich aufs Rollbrett und wird von den anderen durch den Raum zu den jeweiligen Lebensmitteln gefahren. Die Kinder sollten immer wieder wechseln, damit nicht immer das gleiche Kind auf dem Rollbrett sitzt. Alles, was sie einkaufen, legen sie auf das Rollbrett. Zwischendurch können sie immer wieder zu ihrem Ernährungskreis fahren und die Lebensmittel dort ablegen. Dabei können sie sehen, was noch fehlt und was schon ausreichend vorhanden ist.

Nach einiger Zeit beendet die PF das Spiel. **Schaut mal, was ihr alles eingekauft habt! Ist euer Kreis richtig gefüllt?** Gemeinsam schaut die PF mit den Kindern die Ergebnisse an.

Hier im Supermarkt gibt es auch Mais, aus dem man selber Popcorn machen kann. Wisst ihr, wie das geht? Wir wollen jetzt selbst Mais und Popcorn sein. Zuerst sind wir alle Maiskörner. Mit ganz kleinen Schritten laufen alle Kinder durch den Raum und wiederholen: **Mais, Mais, Mais, Mais, Mais, Mais** etc. Nach kurzer Zeit wird von der PF ein Kind angetippt. Dieses wird zum Popcorn und beginnt auf beiden Beinen zu springen. Dabei ruft es immer: **Pop, Pop, Pop, Pop** etc. **Nun sollen alle Kinder zu Popcorn werden.** Wenn das „Popcorn-Kind" ein anderes Kind berührt, wird dieses auch zum Popcorn und springt auch auf beiden Beinen und ruft **Pop, Pop, Pop, Pop** etc. Dies wird so lange gespielt, bis alle Kinder Popcorn sind. Wenn es wenige Kinder sind, kann das Spielfeld eingegrenzt werden.

Abschluss

Der Tag im Supermarkt ist zu Ende. Ihr habt viel eingekauft und erlebt. Jetzt sind wir zu Hause und wollen unser Essen probieren. Die PF holt das geschnittene Obst und Gemüse. Wenn es viele unterschiedliche Lebensmittel sind, muss es nicht abgedeckt werden. Wenn es nur wenige sind, sollte es mit einem Deckel abgedeckt sein. **Könnt ihr erraten, was ich euch in den Mund stecke?** Die PF steckt einem Kind ein Stück Obst oder ein Stück Gemüse in den Mund. Das Kind hat dabei die Augen geschlossen. Nun soll es erraten, was es im Mund hat. Dann kommt das nächste Kind an die Reihe.

Namenssprung und Wörterklatsch

Bildkarten mit ein- bis dreisilbigen Wörtern (siehe Anhang S. 30-32, diese Karten zwei- bis dreimal kopieren), 3 Matten, Zahlenkarten von 1-3 (siehe Anhang S. 33), 4-5 Reifen

Die folgenden Bewegungsideen sind für Kinder ab 5 Jahren gedacht.

Wer ist heute alles hier bei uns im Kreis?
Zusammen wird folgender Vers gesprochen und immer, wenn der Name eines Kindes kommt, wird dieser Name geklatscht / gestampft.

Guten Morgen, guten Morgen,	
wer ist heute hier?	
Lukas, Lukas,	zweimal den Namen eines Kindes mit
zusammen klatschen/stampfen wir.	Silben klatschen/stampfen

Nun wissen wir, wer alles hier ist. Jetzt schauen wir mal, wie weit wir mit unserem Namen springen können. Die Kinder stellen sich an eine Seite des Bewegungsraumes. Nun beginnt erst einmal jedes Kind für sich, seinen Namen mit beiden Beinen zu springen. Dabei sollte darauf geachtet werden, dass die Kinder tatsächlich die Silben springen.

<u>Beispiele</u>: Lu-kas / Se-bas-ti-an / Fran-zis-ka / Em-ma

Nach einiger Zeit des Ausprobierens wird gemeinsam jeder Name gesprungen. Wir schauen, wie weit wir mit jedem Namen vorwärtskommen.

Wir können auch ein Wettspiel daraus machen.
Es werden Mannschaften mit je drei Kindern gebildet und jede Mannschaft springt alle Namen ihrer Gruppe. Wenn alle Namen einmal gesprungen sind, wird geschaut, welche Mannschaft weiter gekommen ist.

Mit unseren Namen können wir schon ganz schön weit springen. Aber es gibt Wörter, mit denen können wir noch weiter springen. Die Kinder überlegen sich selbst Wörter und versuchen diese mit beiden Beinen vorwärtszuspringen. Dabei werden die Kinder feststellen, mit langen Wörtern komme ich weiter als mit ganz kurzen Wörtern. Auch hier kann wieder in den Mannschaften ein Wettspiel entstehen. **Wer findet die längsten Wörter und springt am weitesten?**

Schaut mal, hier auf unseren Bildern sind Gegenstände mit ganz langen Namen und auch mit ganz kurzen Namen. Wir machen uns auf die Suche nach diesen Bildern! Könnt ihr sie richtig sortieren? Die Bildkarten werden im ganzen Raum verteilt. Es werden drei Matten nebeneinandergelegt und mit den Zahlenkarten 1-3 markiert.

Die Kinder suchen sich immer eine Silbenkarte aus, klatschen oder stampfen die Silben und legen sie auf der richtigen Matte ab. Wörter mit drei Silben auf der Matte mit der Zahlenkarte 3, Wörter mit zwei Silben auf der Matte mit der Zahlenkarte 2 und Wörter mit einer Silbe auf der Matte mit der Zahlenkarte 1.

Nun haben wir viele Wörter kennengelernt. Jetzt machen wir ein Silbenwettspiel. Die Kinder stehen mindestens 10 Meter von den Matten entfernt.

Die PF ruft ein Wort. Die Kinder sprechen und klatschen das Wort laut nach, um zu erraten, wie viele Silben dieses Wort hat, laufen dementsprechend zur passenden Matte und stellen sich darauf. Die PF sollte Wörter rufen, die auf den Bildkarten sind.

Wer gewinnt die Wörtersuche? Jede Mannschaft versucht so schnell wie möglich, die richtigen Wörter zu finden. Die Kinder werden in mehrere Mannschaften mit drei oder vier Kindern pro Mannschaft aufgeteilt. Jede Mannschaft bekommt einen Reifen. Die Bildkarten mit einer bis drei Silben werden ans andere Ende des Bewegungsraumes gelegt. Nun ruft die PF eine Zahl von 1 bis 3. Ein Kind der Mannschaft läuft los und versucht so schnell wie möglich, eine Karte mit den angesagten Silben zu finden.

Beispiele: „**3**": To-ma-te / „**2**": Ha-se / „**1**": Brot

Wenn die Karte falsch ist, muss sie wieder zurückgebracht werden. Wenn die Karte richtig ist, wird sie in den Reifen gelegt.

Dieses Spiel kann so lange gespielt werden, bis keine Karten mehr vorhanden sind. Die Mannschaft, die die meisten Karten gesammelt hat, hat gewonnen.

Auch hier ist es wieder hilfreich, wenn die Kinder die Wörter klatschen. Dabei können sie sich gegenseitig in der Mannschaft unterstützen.

Abschluss

Wir verabschieden uns nun voneinander, so wie wir uns auch begrüßt haben. Die Kinder sitzen im Kreis und immer wenn in dem Vers der Name eines Kindes kommt, wird dieser geklatscht.

Tschüss miteinander, Tschüss miteinander	
wer war heute hier?	
So-fi-a, So-fi-a,	zweimal den Namen eines Kindes mit
zusammen klatschen wir.	Silben klatschen

Obst und Gemüse

Spielzeugobst und Spielzeuggemüse aus dem Rollenspielbereich, 3 Ausführungen Bildkarten von Obst und Gemüse (siehe Anhang S. 34-35), 2 kleine Kästen, Zauberschnur oder Wäscheleine, 90 Wäscheklammern, 4-5 Reifen, Pfeife, 4 Matten, 2 Würfel mit Symbolen (siehe Anhang S. 36), 1 Rabe (Stofftier) oder Bild von einem Raben (siehe Anhang S. 37), 1 roter Reifen, 1 grüner Reifen

Diese Bewegungseinheit kann in das Thema Ernährungskunde eingebettet sein. Die Kinder sollten schon andere Angebote (z. B. im Bereich Ernährungserziehung, Spiele im Morgenkreis etc.) gehabt haben, in denen das Thema Obst und Gemüse behandelt wurde.

Heute habe ich euch viel Obst und Gemüse mitgebracht. Kennt ihr etwas davon? Gemeinsam mit den Kinder das Obst und Gemüse anschauen und darüber sprechen.

Stellt euch vor, hier gibt es freche Gemüse- und Obstdiebe. Sie wollen immer den anderen das Gemüse und Obst aus der Kiste stehlen. Die Kinder werden in zwei Mannschaften aufgeteilt. Jede Mannschaft bekommt einen kleinen umgedrehten Kasten, in dem das Obst und Gemüse gleichmäßig verteilt wird. Wenn nicht genug Obst und Gemüse vorhanden ist, können hier schon die Bildkarten zur Anwendung kommen. Nun versuchen sich die beiden Mannschaften gegenseitig das Obst und Gemüse aus den Kästen zu stehlen und in ihren eigenen Kasten zu bringen. Alle Kinder spielen gleichzeitig. Jedes Kind darf pro Lauf nur ein Obst und Gemüse stehlen. Nach ca. 3 bis 5 Minuten zählt die PF von zehn runter auf null und ruft dann **Stopp!** Jetzt zählt jede Mannschaft ihr Obst und Gemüse im Kasten. Wer mehr hat, hat gewonnen.

Nun wollen wir ganz viel Obst und Gemüse einsammeln. Alle Bildkarten werden an eine Leine gehängt. Die Kinder sollen immer zu dritt zusammen gehen. Jede Gruppe bekommt einen Reifen. Dann stellen sich die Kinder gegenüber der Leine auf der anderen Seite des Raumes hintereinander in ihrer Gruppe auf. Nun ruft die PF **Obst** oder **Gemüse**. Das erste Kind in der Gruppe läuft los, holt dementsprechend eine Obst- oder Gemüsekarte von der Leine und legt sie in den Reifen.

Varianten für ältere Kinder:

<u>Variante 1</u>: Die PF hat eine Pfeife. Wenn sie einmal pfeift, soll ein Obst geholt werden. Wenn sie zweimal pfeift, ein Gemüse.

<u>Variante 2</u>: Die PF hält je symbolisch ein Obst oder Gemüse nach oben. Je nachdem, was sie nach oben hält, sollen die Kinder etwas aus dieser Lebensmittelgruppe holen.

Jetzt spielen wir Obst- und Gemüserennen.

Es werden vier Matten in die jeweiligen Ecken des Raumes gelegt. Die Kinder verteilen sich gleichmäßig auf den vier Matten. Auf der jeweiligen Matte besprechen die Kinder, wer von ihnen für Obst und wer von ihnen für Gemüse zuständig ist. Gut wäre es, wenn die Kinder so aufgeteilt sind, dass sie sich gegenseitig helfen können. Die PF ruft nun z. B. Apfel. Nun dürfen alle Kinder, die für Obst zuständig sind, zur nächsten Matte laufen.

Ruft die PF z. B. Paprika, dürfen alle Kinder, die für Gemüse zuständig sind, auf die nächste Matte laufen. Das Spiel wird beliebig lange gespielt.

Schaut mal, dahinten sitzt ein kleiner frecher Rabe. Er möchte unser Obst und Gemüse aus unserem Garten stehlen. Wir müssen schneller sein als er! Die Kinder gehen alle auf eine Matte. Dort liegen zwei Würfel. In der Mitte des Raumes liegen alle Gemüse- und Obstkarten. Nun dürfen die Kinder zügig nacheinander auf der Matte würfeln. Wenn Rot gewürfelt wird, darf ein beliebiges Obst zur Matte geholt werden. Wenn Grün gewürfelt wird, darf ein beliebiges Gemüse geholt werden. Wenn der Rabe gewürfelt wird, muss ein beliebiges Obst oder Gemüse dem Raben gebracht werden. Sobald die Kinder ihre Karte abgelegt haben, dürfen sie gleich wieder würfeln. Das Spiel wird so lange gespielt, bis alle Obst- und Gemüsekarten weg sind. Nun wird gezählt, wie viele Karten bei den Kindern auf der Matte liegen und wie viele Karten beim Raben gelandet sind. Wenn der Rabe mehr Karten hat, ist er der Sieger. Wenn die Kinder mehr Karten haben, haben die Kinder gemeinsam gewonnen.

Abschluss

Nun wollen wir aus allem Obst einen Obstsalat machen und aus allem Gemüse einen Eintopf kochen. Dazu müssen wir unser Obst und Gemüse richtig in die Töpfe sortieren. Es gibt einen roten Reifen und einen grünen Reifen. In dem roten Reifen soll das Obst gesammelt werden, in dem grünen Reifen das Gemüse. Alle Kinder laufen gleichzeitig und sortieren die Karten in die richtigen Reifen. Am Ende wird gemeinsam geschaut, ob alles am richtigen Platz liegt.

Und was isst du gerne?

3 Ausführungen Bildkarten aller Sorten von Lebensmitteln (siehe Anhang S. 22-26) und 2 Ausführungen Bildkarten – Wasserglas (siehe Anhang S. 27), 3 Ernährungspyramiden auf A2 oder A3 kopiert (siehe Anhang S. 38), 4 Reifen, Musik, 3 Seile

Was esst ihr besonders gerne? Habt ihr ein Lieblingsessen? Wir wollen mal sehen, was wir hier alles für Lebensmittel auf den Bildkarten haben. Gemeinsam werden die Bildkarten angeschaut und benannt. **Lasst sie uns im ganzen Raum verteilen!** Die PF und die Kinder verteilen alle Bildkarten im ganzen Raum. **Könnt ihr finden, was ich rufe?** Bei Musik-Stopp ruft die PF ein Lebensmittel. Schnell sollen die Kinder zu einer Bildkarte des gerufenen Lebensmittels laufen und sich davorstellen.

Variante: Die PF ruft einen Überbegriff, wie z. B. Obst / Gemüse / etwas zu trinken / Süßigkeiten etc. und die Kinder sollen jeweils aus dieser Kategorie etwas finden.

Das Essen ist völlig durcheinandergeraten. Wir wollen es sortieren. Es werden vier Reifen nebeneinandergelegt. Die Kinder sortieren die Karten in die Reifen mit folgenden Kategorien:

Obst / Gemüse / alles, was von Tieren kommt / Süßigkeiten

Alle Lebensmittel, die die Kinder nicht zuordnen können, werden einfach daneben abgelegt. Danach wird mit den Kindern das Ergebnis angeschaut und besprochen.

Wisst ihr, was eine Ernährungspyramide ist? Hier habe ich euch welche mitgebracht. Mit den Kindern zusammen die Pyramide anschauen und erklären. Dabei auf die Farben der Ampel eingehen und die einzelnen Lebensmittelgruppen erläutern. Die Kinder werden in drei Mannschaften aufgeteilt. Jede Mannschaft bekommt eine Pyramide. **Jetzt sollt ihr schnell eure Pyramide mit Lebensmitteln füllen. Aber immer nur so viele, wie auch Bilder auf der Pyramide sind. Wenn das Feld schon belegt ist, müsst ihr die Karte wieder zurückbringen.** Die Mannschaften stellen sich mit ihrer Pyramide an einem Ende des Raumes auf, gegenüber am anderen Ende liegen die Bildkarten. Nun dürfen die Kinder anfangen, Bildkarten zu ihrer Pyramide zu bringen und richtig einzusortieren. Dabei stellen sie fest, von welchen Lebensmitteln viel gegessen und getrunken werden darf und von welchen nur ganz wenig. Wenn der Platz auf der Pyramide schon belegt ist, müssen sie die Bildkarte zurückbringen.

Jetzt erzähle ich euch eine Geschichte von Paul. Immer wenn Paul etwas isst oder trinkt, dürft ihr schnell loslaufen und die passende Bildkarte dazu holen. Die Kinder bleiben in den drei Mannschaften. Jede Mannschaft hat einen Reifen bei sich liegen. Alle Kinder einer Mannschaft halten sich an einem Seil fest. Alle Bildkarten werden auf die andere Seite des Bewegungsraumes gelegt.

Die PF liest die Geschichte und die Kinder dürfen bei einem genannten Lebensmittel immer zusammen loslaufen und sich pro Mannschaft eine passende Bildkarte holen. Das Seil wird dabei nicht losgelassen. Die Kinder sammeln die Karten in ihrem Reifen.

Paul wacht am Morgen auf und springt aus dem Bett. Sein Magen knurrt. Er möchte frühstücken. Deshalb läuft er schnell in die Küche. Papa ist schon aufgestanden und macht Frühstück. Paul nimmt sich eine Scheibe Brot (Pause)**, beschmiert diese mit Butter** (Pause) **und legt noch eine Scheibe Käse darauf** (Pause)**. Papa macht ihm noch eine Tasse Milch warm** (Pause).

Sehr lecker war das. Mama packt ihm gerade sein Frühstück für den Kindergarten in den Rucksack, Paul putzt noch schnell seine Zähne und dann läuft er mit Papa auch schon los. Im Kindergarten angekommen, spielt er erst einmal mit seinen beiden Freunden Ali und Florian bei den Bausteinen. Nach einiger Zeit spürt er wieder ein leichtes Knurren im Magen. Er holt seinen Rucksack und setzt sich an den Frühstückstisch. Was Mama wohl eingepackt hat? Ein Stück Obst (Pause) **und ein Stück Gemüse** (Pause) **kommen da heraus. Außerdem trinkt Paul einen Becher Wasser** (Pause) **dazu. Jetzt geht es zum Sport. Gemeinsam gehen die Kinder in den Bewegungsraum. Fröhlich spielen sie heute mit dem Schwungtuch. Ganz hoch schwingen sie es und alle dürfen untendurch laufen. Paul wird durstig. In der Trinkpause trinkt er einen ganzen Becher Wasser** (Pause)**. Bald schon ist der Sport zu Ende. Alle gehen noch in den Garten. Paul schnappt sich gleich eine Schaufel und beginnt, mit Florian und Ali eine große Burg zu bauen. Da ruft schon Sabine zum Mittagessen. Paul spürt, er hat schon ein bisschen Hunger. Noch schnell auf die Toilette und Hände waschen. Es riecht schon sehr lecker. Es gibt Nudeln** (Pause) **mit Gemüse** (Pause) **und Salat** (Pause)**. Lecker! Paul ist sehr durstig. Er trinkt zwei Becher Wasser** (Pause) **beim Mittagessen. Heute gibt es sogar Nachtisch. Florian hatte Geburtstag und hat für alle Kinder ein Eis mitgebracht** (Pause)**. Nach dem Zähneputzen ruhen sich alle aus. Danach malt Paul noch ein Bild von der Burg, die sie im Garten gebaut haben. Dann wird er auch schon abgeholt. Heute Nachmittag ist es so heiß. Mama geht mit ihm ins Freibad. Paul hat vor Kurzem das Seepferdchen gemacht und übt schwimmen, rutscht ins Wasser und spritzt seine Mama nass. Wieder spürt Paul einen kleinen Hunger. Mama hat Obst** (Pause) **und seine Trinkflasche mit Wasser** (Pause) **dabei. Auch im Freibad gibt es einen Sandkasten. Dort baut Paul eine lange Straße. Dann müssen sie nach Hause gehen. Es wird Abend. Papa wartet schon mit dem Abendbrot. Toll, was er alles auf den Tisch gestellt hat. Zwei verschiedene Gemüse** (Pause)**, Brötchen** (Pause)**,**

Wurst (Pause)**, gekochte Eier** (Pause)**, Butter** (Pause) **und etwas zu trinken. Nach dem Essen liest ihm Papa noch etwas vor. Paul erzählt noch vom Freibad und wie er sich schon getraut hat, vom Ein-Meter-Brett zu springen. Dann geht es zum Zähneputzen und ins Bett. Glücklich schläft Paul ein.**

Wir bauen eine Pyramide, um zu schauen, ob Paul die richtigen Lebensmittel getrunken und gegessen hat. Die Kinder sollen versuchen, pro Mannschaft eine Ernährungspyramide mit den abgeholten Bildkarten richtig aufzubauen.

Wir gehen in den Zoo

Tier-Memory-Karten, auf denen die Tiere der Tierfiguren abgebildet sind (siehe Anhang S. 39-41), 4 Matten, Material zum Markieren (z. B. Hütchen, Matten, Seile), möglichst viele Gummi-, Plastik- oder Holztiere, verschiedene Hindernisse (z. B. Schaumstoffbauelemente, Kissen, Matten, Reifen etc.)

Einleitung

Heute gehen wir in den Zoo. Welche Tiere gibt es dort? Wir schauen mal nach. Die Tier-Memory-Karten sind verdeckt auf dem Boden verteilt. Bei Musik-Stopp drehen die Kinder eine Karte um und versuchen, das umgedrehte Tier mit Bewegungen und Lauten nachzuahmen.

Hauptteil

Welches Tier läuft denn da?
Vier Matten werden wie ein Kreuz auf den Boden gelegt. Die Kinder werden auf die Matten verteilt, drei bis vier Kinder pro Matte. Die Kinder werden in drei oder vier verschiedene Arten von Tieren eingeteilt: Tiere, die auf der Erde leben; Tiere, die im Wasser leben; Tiere, die in der Luft leben. Bei vier Kindern pro Matte könnte noch die Variante Tiere, die unter der Erde leben, dazukommen.

Die Kinder, die auf einer Matte stehen, besprechen untereinander, wer welche Tierart übernimmt. Die PF ruft nun ein Tier, wenn das Kind „sein" Tier hört (z. B. „Wal" für Tiere, die im Wasser leben) soll es einmal um die vier Matten laufen, bis es wieder an seiner Matte angelangt ist. Am Anfang ruft die PF immer nur ein Tier und wartet, bis die Kinder angekommen sind. Dann wird die Schwierigkeit gesteigert und es werden zügiger Tiere hintereinander gerufen.

Bei Tieren, die im Wasser und auf der Erde und womöglich in der Luft leben, z. B. Ente, dürfen mehrere Kinder einer Gruppe laufen.

Variante: Anstatt Tiere können auch andere Oberbegriffe genommen werden, wenn dieses Spiel nicht im Zusammenhang mit Tieren gespielt wird.

Beispiele: Lebensmittel: Obst, Gemüse, Backwaren, Süßigkeiten/ Farben: Es werden Gegenstände genannt, die diese Farbe haben / Fortbewegungsmittel: Baustelle, Bauernhof, Straße, Luft.

Wie bewegen sich die unterschiedlichen Tiere?
Die Kinder sind wieder in vier Mannschaften eingeteilt. Jede Mannschaft hat einen Stapel Tierkarten, die sie „abarbeiten" müssen. Es gibt eine vorgegebene Strecke, die markiert ist. Nun drehen die Kinder die erste Karte um und alle zusammen müssen das erste Tier auf der vorgegebenen Strecke nachahmen. Erst wenn alle Kinder wieder am Startpunkt angekommen sind, darf eine neue Karte umgedreht werden.

Beispiele: Hase springt / Schlange kriecht auf dem Boden / Raupe macht sich lang und zieht die Beine nach / Katze krabbelt auf allen vieren etc.

Die Tiere haben sich versteckt. Können wir sie finden?
Die Kinder können weiterhin in vier Mannschaften spielen. Jede Mannschaft bekommt gleich viele Gummitiere. Je nach Alter der Kinder wird die Anzahl der Tiere angepasst.

Auf der anderen Seite der Halle liegen aufgedeckt die Tier-Memory-Karten. Zwischen den Gummitieren und den Tierkarten wird ein kleiner Hindernisparcours aufgebaut.

Beispiele: Bank / kleiner Kasten / Schaumstoffbauelemente etc.

Die Kinder bewegen sich über den Hindernisparcours zu den Tierkarten, dürfen dort eine Karte mitnehmen. Nun legen sie die Karte unter das jeweilige Gummitier. Dabei sollen sie das Tier benennen. Danach starten sie wieder über den Hindernisparcours. Die Mannschaft, die zuerst für alle Tiere zwei Karten gefunden hat, hat gewonnen.

Hier im Zoo gibt es auch einen Raum, in dem man sehen kann, wie Küken aus dem Ei schlüpfen. Wir spielen jetzt auch Küken im Ei. Immer vier bis sieben Kinder gehen zusammen. Ein Kind ist das Küken und die anderen Kinder bilden um das Kind herum einen Kreis und halten sich an den Händen fest. Nun geht das Küken los und die Eihülle muss immer mitgehen, um das Küken zu schützen. Jedes Kind soll die Möglichkeit haben, Küken zu sein.

Abschluss

Wir wollen nun Tiere erraten, die ihr vormachen dürft.
Die Tiere stehen alle in der Mitte des Abschlusskreises. Jedes Kind sucht sich in Gedanken ein Tier aus und macht dieses Tier vor. Die anderen Kinder müssen das Tier erraten.

Wort-Piraten

Memory mit Bildern, die den Kindern vertraut sind (siehe Anhang S. 42-43), Kreppklebeband, Lebensmittel als Gegenstand z. B. aus dem Kaufladen/ Rollenspielbereich oder Bildkarten Lebensmittel (siehe Anhang S. 22-26)

Vorbereitungen

Das Memory wird geteilt. Eine Hälfte der Karten wird mit dem Kreppklebeband an die Wand gehängt. Die andere Hälfte der Karten wird in die Mitte gelegt.

Einleitung

Heute sind wir Wort-Piraten. Um verschiedene Wörter richtig aussprechen zu können, brauchen wir unsere Zunge. Die müssen wir erst einmal aufwecken.

Es ist Morgen. Die Zunge liegt noch im Bett. Die Zunge liegt breit im Mund. **Die Türen sind zu.** Die Lippen sind fest zusammengepresst. **Es rasselt der Wecker.** „Rrrrrr" machen. **Die Zunge springt aus dem Bett und schaut hinaus.** Die Zunge schnell aus dem Mund strecken. **Sie schaut auf die Straße.** Die Zunge zeigt nach unten zum Kinn. **Sie schaut nach rechts und links.** Die Zunge zeigt in den entsprechenden Mundwinkel. **Sie schaut zum Himmel.** Die Zunge in Richtung Nase strecken. **Sie holt ein Fernrohr.** Die Zunge als „Röhrchen" herausstrecken. Wenn dies für die Kinder nicht möglich ist, können auch die Lippen gespitzt werden. **Der Wind bläst ihr ins Gesicht.** Kräftig blasen und pusten. **Die Zunge geht ins Bad.** Mit der Zunge schnalzende Geräusche produzieren. **Sie wäscht sich.** Die Lippen oben und unten ablecken. **Sie putzt die Zähne.** Die Zunge streicht innen und außen, oben und unten über die Zähne. **Dann geht sie zum Frühstück.** Mit der Zunge schmatzen. **Jetzt kann es losgehen.** Zunge rausstrecken und wackeln.

(Aus: Tietz, 2007, S. 16)

Hauptteil

Wort-Piraten suchen Wörter und nehmen diese mit auf ihre Reise. Gemeinsam schauen wir die Karten, die in der Mitte liegen, an. Jedes Kind darf sich eine Karte nehmen und sagen, was es darauf sieht. Danach wird die Karte wieder umgedreht in die Mitte gelegt.

Jetzt geht unsere Reise los. Wir machen uns auf die Suche nach den gleichen Wörtern. Die Kinder dürfen nacheinander eine Karte umdrehen und den Gegenstand benennen. Daraufhin wird von allen Kindern diese Karte an der Wand gesucht. Wer zuerst die Karte gefunden hat, darf auch hier den Gegenstand benennen. Dann dreht ein anderes Kind die nächste Karte um etc. Das Spiel wird so lange gespielt, bis alle Karten gefunden wurden.

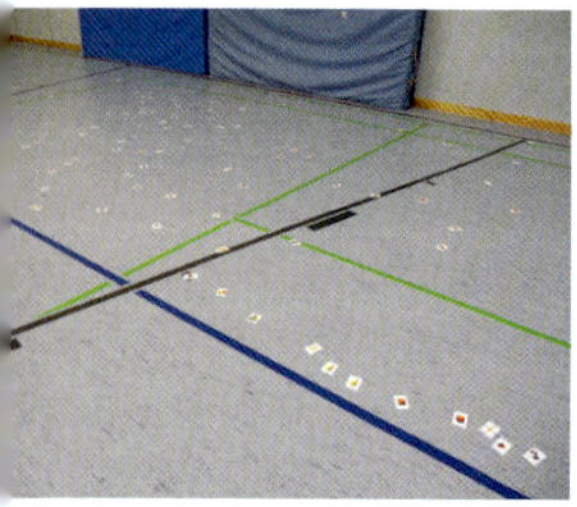

Welcher Pirat findet die meisten Wörter?
Jetzt werden alle Karten im ganzen Bewegungsraum auf dem Boden verteilt. Die Kinder bewegen sich durch den Raum und sprechen zusammen folgenden Reim:

Wir sind die Wort-Piraten
und wollen jetzt gleich starten.
Wir suchen Wort für Wort,
an jedem spannenden Ort!

Dann erwidert die PF (oder später auch ein Kind):
Halt, Piraten! Ich suche einen roten Ball! Es werden Gegenstände benannt, die auf den Memory-Karten zu sehen sind. Nun sollen die Kinder so schnell wie möglich den genannten Gegenstand finden. Dann geht das Spiel von vorne los und wird so lange gespielt, bis alle Karten gefunden wurden. Am Ende schaut man, welcher Wort-Pirat die meisten Karten gefunden hat.

Die Piraten haben nun großen Hunger bekommen.
Die Lebensmittel / Bildkarten Lebensmittel werden auf die eine Seite der Halle gelegt. Die Kinder werden in Mannschaften aufgeteilt. Es sollten immer drei bis vier Kinder pro Mannschaft sein. Es gibt mehrere Varianten dieses Spieles – je nachdem, wie gut die Kinder die Lebensmittel schon kennen.

Variante 1: Die PF ruft ein Lebensmittel, z. B. **„Apfel"**. Nun läuft das erste Kind in der Staffel los, um den Apfel zu holen. Zügig ruft die PF das nächste Lebensmittel und das zweite Kind darf loslaufen.

Variante 2: Die PF ruft nur einen Überbegriff, wie z. B. **„Obst"**. Ein Kind muss aus dieser Kategorie ein Lebensmittel aussuchen.

Variante 3: Die PF ruft ein zubereitetes Essen, z. B. **„Bananenquark"**. Ein Kind sucht ein Lebensmittel, welches man für dieses Gericht benötigt.

Variante 4: Die PF ruft ein zubereitetes Essen, z. B. **„Schnitzel mit Pommes"** oder **„Obstsalat"**. Alle Kinder dürfen gemeinsam loslaufen und versuchen innerhalb ihrer Mannschaft, die Lebensmittel für das gerufene Gericht zusammenzustellen.

Abschluss

Es werden alle Gegenstände/Bildkarten, die in dieser Stunde benutzt wurden, in die Mitte gelegt. Nun erzählt die PF noch einmal, was die Piraten alles erlebt haben. Die Kinder dürfen immer einen Gegenstand aus der Mitte vor sich hinstellen/hinlegen, wenn sie diesen in der Erzählung hören.

Beispiel für die Geschichte: **Die Wort-Piraten haben heute viel erlebt. Sie haben sich auf die Suche nach Eimern, Gummistiefeln und Bällen gemacht. Sehr viel haben sie an der Wand gefunden, andere lagen später auf dem Boden. Dann bekamen sie großen Hunger. Die Piraten haben sich etwas zu essen geholt und gekocht. Es gab Obst und Gemüse, aber auch Süßigkeiten. Am Ende haben sie sich auch noch etwas gekocht. Es gab Schnitzel mit Pommes oder Bananenquark.**

Alle Vögel sind schon da

U3

Pro Kind 1 Wäscheklammer und 1 Chiffontuch, Reifen, zusammengeknüllte Papierschnipsel, Musik, evtl. CD mit Vogelstimmen

Vorbereitungen

Die Chiffontücher werden unter die Feder der Wäscheklammer geklemmt. So halten die Tücher gut an der Wäscheklammer. Die Wäscheklammer ist das Vögelchen und das Chiffontuch sind die Flügel dazu.

Einleitung

Schaut mal, was hier bei uns in der Halle gelandet ist! Viele kleine Vögelchen. Schnappt euch schnell ein Vögelchen und wir lassen sie mal durch die Halle fliegen! Die Kinder sollen die Vögel vorne an der Wäscheklammer nehmen und beginnen nun, mit flatternden Bewegungen zur Musik durch den Raum zu fliegen. Die PF kann verschiedene Bewegungsformen vorgeben.

<u>Beispiele</u>: rückwärts fliegen / springen / die Tücher wie eine Windmühle drehen / die Tücher hin und her schwingen etc.

Hauptteil

Wo wohnen die Vögelchen? Wir brauchen ein Nest für unsere Vögel. Die Reifen werden mit den Kindern im Raum verteilt.

Alle Vögel setzen sich in ein Nest. Es dürfen auch mehrere Vögel in einem Nest sitzen. Die Kinder setzen sich mit ihren Vögeln in die Reifen. **Die Nester unserer Vögel sind auf den Bäumen im Wald. Welche Tiere leben noch im Wald?** Kinder erzählen lassen, was ihnen einfällt. Ideen aufgreifen und als solches Tier sich um die Nester bewegen. Die Tücher mit der Wäscheklammer bleiben so lange im Reifen liegen.

<u>Beispiele</u>: Fuchs schleicht auf allen vieren / Eule fliegt um die Nester / kleine Maus tippelt um die Nester / Wildschwein schnüffelt um die Nester etc.

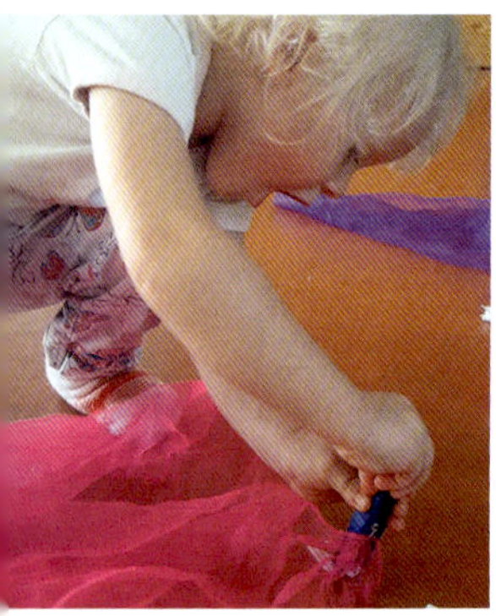

Während wir verschiedene Tiere gesehen haben, ist etwas ganz Tolles in unseren Nestern passiert: Die Vögelchen haben Eier gelegt und viele kleine Vogelbabys sind ausgeschlüpft. Die haben nun alle Hunger und die Vogelmamas und Vogelpapas müssen schnell Futter suchen. Die zusammengeknüllten Papierkügelchen im Raum verteilen. Nun mit den Kindern erst einmal üben, wie der Schnabel der Vogelmama oder des Vogelpapas auf- und zugeht.

Jetzt suchen wir schnell Futter für unsere Vogelbabys. Die Kinder laufen zu einem Papierkügelchen, nehmen dieses mit der Wäscheklammer auf, tragen es zu einem Nest und lassen es dort reinfallen.

Abschluss

Nun sind die Vögelchen satt und müssen ein wenig schlafen. Alle Kinder legen sich auf den Bauch. **Hört ihr die Vögelchen piepsen?** Vielleicht hört man tatsächlich Vogelgezwitscher von draußen. Es kann auch eine CD mit Vogelstimmen abgespielt werden.

Auf der Blumenwiese

U3

Pro Kind 2 Chiffontücher, Musik, 1 Bank, 4 Reifen in unterschiedlichen Farben (Holzreifen können mit Chiffontüchern, Krepppapier oder Stoffresten farbig markiert werden)

Einleitung

Schaut mal, ich kann aus meiner Hand eine Blume wachsen lassen. Alle sitzen im Kreis. Die PF hat von Anfang an ein Chiffontuch in ihren Händen und lässt es nun langsam „aus ihrer Hand wachsen". **Wollt ihr auch eure eigene Blume wachsen lassen? Zuerst müsst ihr euer Tuch verstecken und dann zaubern wir eine Blume, die aus unserer Hand wächst.** Alle Kinder verstecken das Tuch in beiden Händen. Wenn sie diese dann ganz langsam öffnen, beginnt die Blume zu wachsen.

Hauptteil

Jetzt tanzen die Blumen über die Wiese.
Alle Kinder dürfen sich mit ihren Chiffontüchern zur Musik frei durch den Raum bewegen.

Oh, der Wind wird immer stärker. Die Blumen tanzen im Wind. Die Kinder bewegen die Chiffontücher auf unterschiedliche Weise.

Beispiele: hin und her über dem Kopf / wie eine Windmühle vor dem Körper drehen / die Arme nach hinten und vorne schwingen / sich komplett mit ausgebreiteten Armen drehen etc.

Auf unserer Blumenwiese gibt es verschiedene Tiere. Die Kinder stellen Tiere mit den Chiffontüchern dar.

Beispiele: ein Vogel, der durch die Luft fliegt / eine kleine Maus, die sich unter dem Tuch versteckt / eine Giraffe, die ganz groß ist und mit dem Tuch weit oben winkt / ein Elefant, der laut stampft und dabei mit seinem Rüssel das Tuch hin und her schwingt / eine Schnecke, die über einen Baumstamm kriecht etc.

Für die Schnecke kann das Chiffontuch auf eine Bank gelegt werden und die Kinder schieben sich mit dem Tuch vorwärts (siehe Foto).

Schaut mal, es fliegen viele Schmetterlinge über die Wiese. Wir spielen „Schmetterling, du kleines Ding" (siehe Anhang S. 44).

Abschluss

Zum Abschluss wollen wir unsere gepflückten Blumen sortieren. Die Chiffontücher werden nach Farben in die Reifen sortiert.

Die Baumeister U3

Holzbauklötze in verschiedenen Farben und/oder in verschiedenen Größen und Formen, 2-4 Reifen, 2 Bänke, 1-2 Matten, evtl. Erhöhung zum Einhängen der Bänke

Einleitung

Heute sind wir Bauarbeitermeister. Die Kinder über ihre Erfahrungen im Bereich Baustelle und Bauarbeiter erzählen lassen. **Was braucht man auf einer Baustelle? Was hat ein Bauarbeiter an?**

Wir wollen nun ganz viel bauen. Wie die echten Bauarbeiter. Zuerst müssen wir aber unser Baumaterial sortieren. Es liegen zwei bis vier Reifen auf dem Boden und die Kinder bringen die Bauklötze in die verschiedenen Reifen. Wenn die Kinder schon etwas älter sind, kann man die Klötze auch sortieren lassen. Entweder nach Farbe oder Form, je nachdem, was in der Einrichtung vorhanden ist.

Die Kinder werden auch schon anfangen zu bauen, wenn sie die Klötze in die Reifen bringen.

Hauptteil

Welche Maschinen gibt es auf unserer Baustelle?

Wir sind ein LKW.
Die Kinder gehen auf allen vieren und versuchen, einen Bauklotz auf dem Rücken zu transportieren.

Jetzt sind wir ein Bagger.
Wir machen die Bewegungen wie ein Bagger. Beugen uns weit nach vorne und graben über den Boden mit beiden Händen.

Wir brauchen auch einen Betonmischer.
Wir legen uns auf die Matten und rollen uns um die eigene Achse.

Jetzt geht es über das Förderband.
Eine Bank wird in eine Erhöhung eingehängt oder einfach so aufgestellt. Die Kinder versuchen sich über die Bank zu ziehen und dabei einen Bauklotz auf dem Rücken zu transportieren. Auf der anderen Seite kann wieder eine Bank sein. Dort kann der Bauklotz hinuntergeschickt werden.

Abschluss

Wir bauen aus allen Klötzen einen großen Turm. Wie hoch wird der wohl werden? Alle zusammen bauen große Türme.

Kleine, freche Mäuse

U3

Viele Tischtennisbälle in einer Kiste, Joghurtbecher (200 g), Schaumstoffbauelemente

Einleitung

Gleich werden viele kleine Mäuse hier herumflitzen. Wir müssen ganz leise sein, damit wir sie gut hören. Erst wenn die letzte Maus auch ganz leise ist, fangen wir sie schnell wieder ein. Die PF schüttet langsam die Kiste von weit oben aus. Wenn alle Tischtennisbälle liegen, dürfen die Kinder sie schnell wieder einfangen und in die Kiste zurückwerfen.

Dieses Spiel kann mehrmals wiederholt werden und bei weiteren Durchgängen können die Kinder auch die Augen schließen und erst wieder öffnen, wenn keine Maus mehr zu hören ist.

Hauptteil

Nun lassen wir die Mäuse laufen und versuchen sie in unseren Mäuselöchern zu fangen. Jedes Kind bekommt einen Becher, um damit die Mäuse einzufangen. Die PF wirft die Mäuse immer wieder aus der Kiste. **Seht mal, wir haben auch Springmäuse. Könnt ihr die auch einfangen?** Die PF lässt die Tischtennisbälle von weit oben fallen.

Jetzt schnappt sich jeder seine eigene Maus. Jedes Kind nimmt eine Maus und einen Becher. **Wir lassen die Maus laufen und fangen sie wieder ein.** Die Kinder werfen den Tischtennisball, laufen dem wegrollenden Ball hinterher und fangen ihn von oben wieder mit ihrem Becher ein. Die PF kann schon darauf achten, dass die Kinder in eine Rumpfbeuge mit gestreckten Beinen gehen (siehe Foto) und somit ihre Oberschenkelrückseite dehnen.

Die Mäuse suchen ihre Mäuselöcher. Wir helfen ihnen, sie zu finden, und pusten sie an, damit sie loslaufen. Es werden Schaumstoffbauelemente aufgestellt und die Kinder versuchen, die Tischtennisbälle durchzupusten. Wenn keine passenden Schaumstoffbauelemente vorhanden sind, kann auch aus anderen Materialien ein Tunnel gebaut werden.

Nun suchen die Mäuse ihr Mauseloch an der Wand. Die Kinder setzen sich vor die Wand und rollen den Tischtennisball immer wieder gegen die Wand.

Abschluss

Jetzt kommt noch einmal eine kleine, freche Maus. Sollen wir mal nur auf sie hören? Die Kinder sitzen im Kreis. Die PF lässt einen Tischtennisball fallen. Die Kinder sollen so lange leise sein, bis der Tischtennisball kein Geräusch mehr macht. Dies kann mehrmals wiederholt werden.

Mäusejagd U3

Viele Tischtennisbälle in einer Kiste, Joghurtbecher (200 g), Pappröhren (von Küchenpapierrollen, Chipsdosen etc.), große Eierkartons, Holzbauklötze, 1 Bank, 5 Teppichfliesen, Korb

Vorüberlegungen

Die Kinder kennen die „Mäuse“ schon von „Kleine, freche Mäuse“. Es bietet sich natürlich an, wenn möglich, die Stunden zeitnah nacheinander zu legen.

Einleitung

Heute besuchen uns wieder die kleinen, frechen Mäuse. Wir sind wieder ganz leise und schließen die Augen. Ob wohl wieder so viele kommen wie beim letzten Mal? Die Kinder sollen nun gleich schon am Anfang die Augen schließen. Die PF wirft nur einzelne Tischtennisbälle in den Raum. **Es sind viel weniger Mäuse gekommen. Schnell, sucht euch eine Maus aus, mit der ihr heute spielen wollt.** Die Kinder sollen nun den Tischtennisball losschicken und ihn wieder mit dem Becher einfangen (Wiederholung aus „Kleine, freche Mäuse“).

Hauptteil

Die Mäuse laufen heute immer zwischen uns hin und her. Die Kinder setzen sich gegenüber auf den Boden und versuchen, den Tischtennisball hin und her zu rollen und mit dem Becher zu fangen.

Die Mäuse suchen ihre Mäuselöcher. Es gibt viele verschiedene Mäuselöcher. Es werden Stationen aufgebaut. Bei allen Stationen können die Kinder versuchen, ihre Mäuse ins Mauseloch zu bringen.

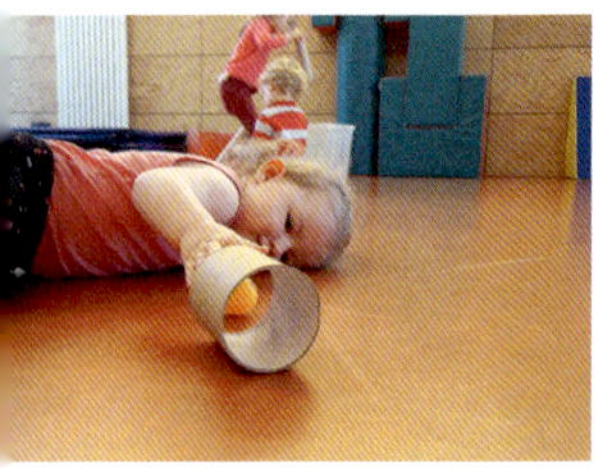

Hier springt die Maus von oben ins Mauseloch.
Die Kinder versuchen, die Bälle in die Eierkartons hineinzuwerfen. Dabei ist es gut, wenn die Kinder eine Grenze haben, von wo aus sie werfen dürfen, z. B. Teppichfliesen.

Diese Mäuselöcher sind echt schwer zu finden. Da müsst ihr der Maus gut helfen. Die Pappröhren werden auf den Boden gelegt. Die Kinder pusten die Bälle durch die Pappröhre.

Manchmal müssen die Mäuse weite Strecken zurücklegen, um in ihr Mauseloch zu kommen. Auf einer Bank wird mit Bauklötzen zur Begrenzung ein Weg für die Maus gebaut. Am Ende der Bank steht ein Korb. Die Kinder pusten oder rollen den Tischtennisball über die Bank, bis die Maus in den Korb fällt.

Abschluss

Die meisten Mäuse sind müde geworden. Aber wir haben ein paar einzelne ganz wilde Mäuse. Sie wollen wieder zwischen uns hin und her flitzen. Alle Kinder legen sich in einen kleinen Kreis auf den Bauch. Die Bälle werden hin und her gepustet.

Schneetreiben

U3

Styroporschnipsel (Füllmaterial von Verpackungen), Schwungtuch, Schaumstoffbauelemente

Heute soll es bei uns Schnee geben. Wir legen uns auf den Rücken und schauen, ob schon die ersten Schneeflocken fallen. Die Kinder legen sich auf den Boden. Die PF lässt nun die Styroporschnipsel auf die Kinder schneien. Dabei kann erst einmal mit wenigen Styroporschnipseln angefangen werden. Dann können immer mehr und mehr über den Kindern ausgeschüttet werden. Die Kinder sollen animiert werden, dabei ruhig liegen zu bleiben.

Oh, so viel Schnee. Kommt, wir wollen damit spielen! Die Kinder dürfen frei mit den Styroporschnipseln experimentieren.

Der Schnee ist so leicht. Wir können ihn wie der Wind über den Boden pusten. Die Kinder versuchen, die Styroporschnipsel über den Boden zu pusten.

Lasst uns mal einen richtigen Schneesturm machen! Möglichst viele Styroporschnipsel werden auf das Schwungtuch gelegt. **Erst kommt nur ein leichter Wind. Seht ihr, wie die Schneeflocken durch die Luft tanzen?** Das Schwungtuch wird leicht auf und ab bewegt. **Hört ihr, wie der Wind ganz leicht pustet? Schschsch!** Die PF motiviert die Kinder, leise Windgeräusche zu machen. **Der Wind wird immer stärker und stärker!** Das Schwungtuch wird schneller auf und ab bewegt. **Nun haben wir einen richtigen Sturm! Hört ihr, wie laut der ist?** Die PF motiviert die Kinder, wie der Sturm zu pfeifen. Dabei werden die Styroporschnipsel immer mehr durch die Luft gewirbelt. Das Schwungtuch wird so lange geschüttelt, bis alle Styroporschnipsel rausgeflogen sind. Bei kleinen Schwungtüchern kann das recht schnell gehen. Dann kann dieses Spiel beliebig oft wiederholt werden.

Der Wind ist müde geworden. Er hat den Schnee überall verteilt. Er wird jetzt leiser und sanfter. Wir wollen den Wind selbst spüren. Entweder legen sich zwei bis drei Kinder auf oder unter das Schwungtuch. Die Kinder entscheiden dies selbst. Wenn die Kinder liegen, beginnen alle anderen Kinder, das Schwungtuch zu bewegen.

Schaut mal, wie viel Schnee überall liegt! Wir brauchen einen Schneepflug und müssen den Schnee zusammenräumen. Die Kinder nehmen sich ein Schaumstoffbauelement und schieben damit die Styroporschnipsel zusammen. **Schaffen wir es, einen großen Schneehaufen zu machen?** Die Kinder versuchen, alle Styroporschnipsel auf einen Haufen zu schieben.

Wollt ihr euch mal in den Schnee legen? Die Kinder dürfen sich in den Styroporschnipselhaufen legen.

Manchmal sieht es aus, als würden die Schneeflocken Karussell fahren. Alle Styroporschnipsel werden wieder auf das Schwungtuch geworfen. **Wollt ihr mit den Schneeflocken Karussell fahren?** Immer ein bis zwei Kinder dürfen in der Mitte des Tuches sitzen. Die anderen Kinder und die PF gehen mit dem Schwungtuch im Kreis. Es kann das Lied: „Auf der grünen Wiese, da steht ein Karussell" in abgeänderter Form gesungen werden.

Auf der weißen Wiese, da steht ein Karussell.
Fängt sich an zu drehen, erst langsam und dann schnell.
Einsteigen, losfahren!
Dumdideldum, das Karussell fährt rum,
alle Kinder drehen sich im Kreis herum.
Anhalten!

(mündlich überliefert)

Während des Liedes gehen alle mit dem Schwungtuch im Kreis. Dabei beginnt man langsam und wird immer schneller. Am Ende des Liedes halten alle an.

Das Schwungtuch kann auf dem Boden rutschig sein. Darauf sollten die Kinder beim Betreten und Verlassen des Tuches achten!

Abschluss

Wir sind alle müde geworden vom Spielen im Schnee. Wir gehen alle unter das Schwungtuch und spüren, wie es uns zudeckt. So deckt auch der Schnee die Blumen im Winter zu. Alle Kinder dürfen unter das Tuch. Zwei PF bewegen das Tuch über den Kindern langsam auf und ab.

Spielplatz mit Kuscheltieren

U3

Pro Kind 1 Kuscheltier (jedes Kind kann sein eigenes Kuscheltier mitbringen), Musik, Reifen, 2 Bänke, Erhöhung zum Einhängen der Bank, Matte oder Schaumstoffbauelement, Krabbeltunnel, pro Kind 1 Teppichfliese

Einleitung

Im Begrüßungskreis darf jedes Kind sein eigenes Kuscheltier vorstellen. **Was ist es für ein Tier? Hat es einen Namen? Was kann es besonders gut?**

Wir wollen heute mit unserem Kuscheltier auf den Spielplatz gehen. Die Kinder bewegen sich zur Musik durch den Raum. Bei Musik-Stopp gibt es verschiedene Aufgaben.

Beispiele: Kuscheltiere fliegen hoch in die Luft / Kuscheltiere kitzeln uns am Bauch und Rücken und werden um den Bauch gelegt / Kuscheltiere sitzen auf unserer Schulter und flüstern uns etwas ins Ohr / Kuscheltiere sitzen auf unserem Kopf / wir schieben unser Kuscheltier mit der Nase auf dem Boden durch den Raum / wir tragen das Kuscheltier auf dem Rücken wie ein Pferd.

Hauptteil

Endlich sind wir auf dem Spielplatz angekommen. Schaut mal, was es alles auf dem Spielplatz gibt!

Verschiedene Stationen, die die Kinder mit ihren Kuscheltieren ausprobieren können, werden aufgebaut:

Zuerst rutschen wir mit unseren Kuscheltieren eine Rutsche herunter. Eine Bank wird leicht erhöht eingehängt. Die Kinder klettern hoch auf die Bank und rutschen mit ihrem Kuscheltier hinunter.

Hier können wir wippen.
Eine umgedrehte Bank wird über eine kleine Erhöhung mit einer Matte oder über ein Schaumstoffbauelement gelegt. Hier können die Kinder mit ihrem Kuscheltier wippen.

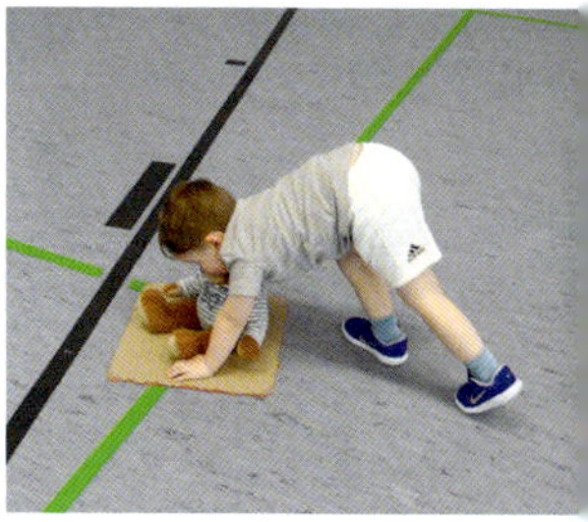

Schaut mal, unsere Kuscheltiere wollen in diesen Basketballkorb fliegen! Die Kinder versuchen, ihr Kuscheltier in einen aufgestellten oder angebundenen Krabbeltunnel zu werfen.

Jetzt gehen wir wieder nach Hause. Die Kuscheltiere sind schon sehr müde. Sie wollen von uns geschoben werden. Die Kuscheltiere werden mit einer Teppichfliese durch den Raum geschoben.

Abschluss

Nun wiegen wir unsere Kuscheltiere in den Schlaf.
Die Kinder legen sich auf den Rücken und nehmen ihr Kuscheltier auf den Bauch. Durch tiefes Ein- und Ausatmen bewegen die Kuscheltiere sich auf und ab.

Sternchen sammeln

U3

Viele ausgeschnittene Sterne und 1 große Sternschnuppe, Kreppklebeband, 1 Weichbodenmatte oder andere Matten, Sprossenwand oder andere Klettergeräte, Hütchen, Schnur/Wäscheleine, Wäscheklammern, 1 Krabbeltunnel, Musik ohne Text (evtl. Weihnachtsmusik)

Vorbereitungen

Die große Sternschnuppe wird an eine aufgestellte Weichbodenmatte geklebt. Die anderen kleinen Sterne werden an die Sprossenwand und/oder an die Klettergeräte geklebt. Weitere Sterne werden unter Hütchen versteckt, mit Wäscheklammern an eine Schnur gehängt oder in einen Krabbeltunnel geklebt. Außerdem sollte genügend Kreppklebeband bereitliegen.

Einleitung

Die PF erzählt die Geschichte vom allein gelassenen Weihnachtsstern:
In einer ganz besonderen Nacht, vor vielen tausend Jahren, leuchtete ein schöner großer Stern am Himmel. Es war ein besonderer Stern.

Er wollte der Welt eine Geschichte erzählen. Aber weil er so groß und so hell war, haben alle kleinen Sternchen sich versteckt und wollten nicht in seiner Nähe sein. Dabei war der Weihnachtsstern ein sehr freundlicher und ruhiger Stern. Er wollte die anderen kleinen Sternchen nicht vertreiben und wurde ganz traurig, als dies geschah. Er braucht dringend unsere Hilfe! Wir können die vielen kleinen Sterne wieder zu ihm zurückbringen.

Hauptteil

Wo finden wir die kleinen Sternchen?
Die PF schaut mit den Kindern die einzelnen Stationen an, wo die Sternchen zu finden sind. Dann dürfen die Kinder die Sterne einzeln holen und um den großen Stern kleben.

Der große Weihnachtsstern und alle kleinen Sternchen freuen sich so sehr. Die kleinen Sternchen haben keine Angst mehr, und der große Weihnachtsstern ist nicht mehr alleine. Sie wollen vor Freude tanzen. Wir tanzen mit! Die PF und die Kinder stellen sich in einen Kreis, halten sich an den Händen fest und beginnen einen gemeinsamen Tanz. Die PF wählt die Tanzelemente frei aus.

Beispiele: im Kreis laufen / in die Mitte gehen und wieder rückwärtsgehen / in die Hocke gehen und wieder aufstehen / auf die Oberschenkel klatschen / in die Hände klatschen / sich um sich selber drehen etc.

Abschluss

Sternchen, Sternchen du musst wandern.
Alle sitzen im Kreis. Die PF hält ein ganz kleines Sternchen zwischen den Handflächen versteckt und geht reihum. Die Kinder halten alle ihre Hände zusammen. Die PF streicht mit ihren Händen durch die Kinderhände und lässt das Sternchen bei einem Kind in die Handflächen gleiten. Dazu wird folgendes Lied gesungen (Melodie: Ringlein, du musst wandern):

Sternlein, Sternlein du musst wandern.
Von dem einen Ort zum andern.
Das ist herrlich, das ist schön.
Sternlein, lass dich nur nicht sehn.

Nun ist das Kind an der Reihe, bei dem das Sternchen ankam. Ggf. unterstützt die PF das Kind dabei.

Viele bunte Punkte

U3

Bierdeckel, wenn möglich bunt, in den Farben Rot, Blau, Grün und Gelb (wenn die Bierdeckel nicht bunt sind, können sie mit Tonpapier beklebt werden), Pappröhren (von Küchenpapierrollen, Chipsdosen etc.), evtl. je 1 Seil oder Reifen in den Farben der Bierdeckel

Einleitung

Heute habe ich viele bunte Punkte mitgebracht. Die können wir nun alle erst einmal im ganzen Raum verteilen. Schaut mal, wie die Punkte fliegen können! Die Bierdeckel werden durch den Raum geworfen. Es sollten alle Bierdeckel am Ende einzeln daliegen und nicht haufenweise übereinander.

Hauptteil

Wenn ihr Musik hört, laufen wir um die Punkte herum, und wenn ich die Musik anhalte, rufe ich eine Farbe und ihr sucht schnell einen Punkt in dieser Farbe. Nicht alle Kinder kennen die Farben. Die PF kann den gerufenen Punkt hochhalten, so können die Kinder erkennen, ob sie die richtige Farbe haben. Eine weitere Möglichkeit ist, mit nur zwei Farben zu arbeiten.

Nach drei bis vier Runden sagt die PF während der Musikphase unterschiedliche Fortbewegungsmöglichkeiten an.

<u>Beispiele</u>: rückwärtsgehen / springen wie ein Frosch / schleichen wie eine Katze / ganz groß machen wie eine Giraffe etc.

Genauso kann das Punktezeigen variiert werden.

<u>Beispiele</u>: Wir legen den Punkt auf unseren Kopf / Hand / Schulter / Fuß etc.

Jetzt zaubern wir aus unseren bunten Punkten viele bunte Blumen. Die Papprollen werden hochkant aufgestellt und die Bierdeckel daraufgelegt.

Was für eine schöne Blumenwiese wir nun haben! Nun wollen wir die Blumen pflücken. Die Blumen werden mit den Röhren aufgenommen und zu einem bunten Blumenstrauß in der Mitte zusammengetragen.

Die Blumen können auch zu gleichfarbigen Sträußen sortiert werden. Dazu werden die Reifen auf den Boden gelegt und die Blumen dort hineingestellt.

Abschluss

Nun haben wir schöne Blumensträuße gemacht! Da waren wir sehr fleißig und sind müde geworden. Wir legen uns zwischen die Blumen und machen die Augen zu. Riecht ihr unsere Blumen? Alle Kinder atmen tief ein und aus.

KLE
TE#
RÄT
EIN

KLEINGERÄTE – *Bewegungsideen mit Kleingeräten (Sandsäckchen, Bälle, Stäbe, u. v. m.)*

Ab in den Dschungel

Pro Kind 1 Seil, Musik

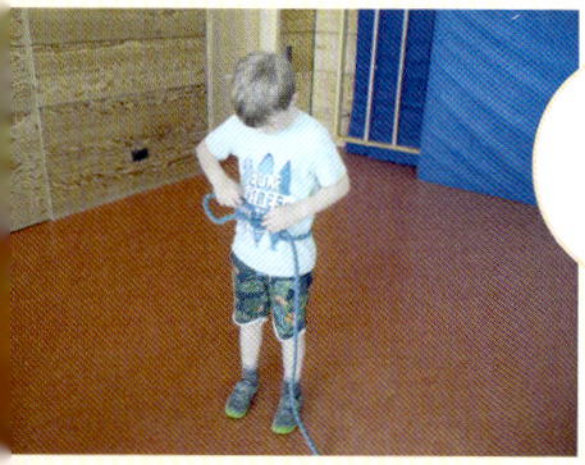

Einleitung

Heute wollen wir in den Dschungel fliegen. Welche Tiere leben dort?

Am besten kommen wir mit einem Flugzeug dorthin. Doch zuerst müssen wir uns mit einem Gurt anschnallen. Die Kinder binden / knoten / legen sich das Seil selbst um die Hüfte.

Jetzt kann es losgehen. Wir fliegen los! Während des Fluges gibt es Turbulenzen. Mal macht das Flugzeug einen Luftsprung / mal dreht es sich um sich selbst / mal fliegt es rückwärts etc. Die Kinder bewegen sich je nach Aufgabe durch den Raum.

Hauptteil

Wir landen auf dem Flugplatz, direkt neben dem Dschungel. Nachdem wir ausgestiegen sind, laufen wir in den Dschungel hinein. Zur Musik bewegen sich alle Kinder als Tiere durch den Raum und sammeln sich bei Musik-Stopp im Kreis, um das nächste Tier kennenzulernen.

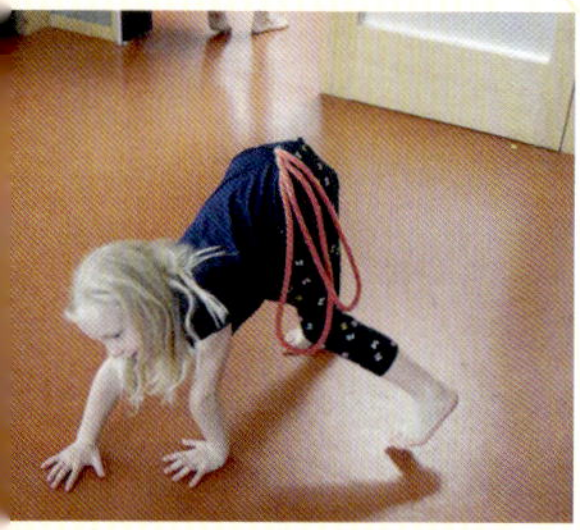

Im Dschungel angekommen, begegnen uns viele Tiere. Schaut mal in die Bäume, ein Affe! Affen haben einen langen Schwanz, damit sie sich von Ast zu Ast schwingen können. Die Kinder stecken sich das Seil in die Hose und dürfen sich wie Affen durch den Raum bewegen.

Unter den Affen laufen Tiger durch die Büsche. Sie sind schnell und flink. Alle Kinder bewegen sich schnell auf allen vieren durch den Raum.

Doch manchmal schleichen Tiger auch ganz sanft und unbemerkt durch das Gebüsch. Alle Kinder schleichen langsam und leise auf allen vieren durch den Raum.

Wenn wir durch unser Fernglas schauen, können wir große, graue Elefanten sehen. Alle Kinder bilden pantomimisch mit den Händen ein Fernglas.

Sie haben einen langen Rüssel.
Die Kinder nehmen das Seil doppelt und halten es sich an die Nase.

Elefanten gehen schwerfällig und schwenken dabei ihren Rüssel hin und her. Die Kinder laufen stampfend durch den Raum.

Huch! Plötzlich kreuzt eine Schlange unseren Weg. Nun nehmen die Kinder ein Ende des Seils in die Hand und bewegen sich vor- oder rückwärts durch den Raum. Das Seil wird dabei über den Boden bewegt. Die Kinder imitieren Schlangenzischgeräusche: **„Schschschschsch".**

Wir waren so sehr mit der Schlange beschäftigt, dass keiner die Herde Zebras vor uns bemerkt hat. Zebras haben Streifen auf ihrem Rücken.

Die Kinder suchen sich einen Partner. Ein Kind geht in den Vierfüßlerstand, das andere Kind kann nun mit dem Seil Streifen auf den Rücken legen.

Nun laufen wir noch weiter in den Dschungel hinein, auf der Suche nach anderen Tieren. Die Situation kann mit den Kindern pantomimisch dargestellt werden. Die Kinder können die Seile als Verbindung für die ganze Gruppe nehmen (Seilschaft). Die Kinder bewegen sich auf unterschiedliche Weise vorwärts.

Beispiele: schleichen / gebückt unter Bäumen durchgehen / über Steine steigen etc.

Seht ihr dort hinten die Giraffe? Sie frisst gerade Blätter vom Baum. Giraffen haben einen ganz kurzen Schwanz. Sie können sich ganz lang bis zu den höchsten Blättern strecken. Die Kinder stecken sich das Seil ganz kurz in die Hose. Jedes Kind stellt sich auf die Zehenspitzen und streckt einen Arm als Giraffenhals nach oben. Die PF kann den Baum spielen und die Arme nach oben strecken. Diesen soll jedes Kind berühren.

So, nun haben wir genügend gegessen. Könnt ihr schon den Flugplatz sehen? Um zurückzukommen, müssen wir erst noch einen Fluss durchqueren. Alle Kinder legen das Seil auf den Rücken und kriechen auf dem Boden in Bauchlage vorwärts.

Am Flugplatz angekommen, steigen wir in unser Flugzeug und schnallen uns mit dem Gurt (Seil) an. Wir fliegen zurück nach Hause.

In unserem Koffer haben wir Lianen aus dem Dschungel mitgebracht. Nachdem wir festgestellt haben, wie stabil die Lianen sind, können wir uns damit gegenseitig ziehen. Ein Kind sitzt oder liegt auf dem Boden und lässt sich ziehen. Nach einer bestimmten Zeit wird gewechselt.

Achtung: Das Seil nicht loslassen oder ruckartig daran ziehen.

Auf einer Waldlichtung

Pro Kind 1 Reifen in unterschiedlichen Farben (Holzreifen können mit Chiffontüchern, Krepppapier oder Stoffresten farbig markiert werden), Musik

Einleitung

Heute wollen wir einen Ausflug zu einer großen Waldlichtung machen. Dort leben viele Tiere. Welche Tiere wohnen auf einer Waldlichtung? Die Kinder erzählen von ihren Erfahrungen.

Wir bewegen uns wie die Tiere über die Waldlichtung.

Beispiele: flitzen wie eine kleine Waldmaus / stolz wie ein Hirsch gehen / blind wie ein Maulwurf schleichen / wie ein Regenwurm kriechen / wie ein Hase hoppeln / wie ein Vogel fliegen etc.

Hauptteil

Es gibt auch viele Bienen hier, die fröhlich von Blume zu Blume fliegen! Es werden verschiedenfarbige Reifen in der Halle verteilt. Alle Kinder bewegen sich zur Musik durch den Raum. Bei Musik-Stopp wird eine Reifenfarbe genannt, in der sich alle Kinder sammeln und eine Aufgabe erledigen.

Beispiele: nur Ellbogen im Reifen / Stützhaltung / am Rand entlang balancieren / mit dem Po in den Reifen / Einbeinstand etc.

Variante: Die Kinder stehen in einem Reifen und machen die jeweilige Übung. Wenn die PF eine Farbe ruft, müssen die Kinder, die in dem Reifen mit der gerufenen Farbe stehen, sich einen neuen Reifen suchen. Zwischendurch kann die Farbe gewechselt werden, damit die Kinder nicht nur die eine Übung machen.

Es hat viel geregnet in den letzten Tagen. Auf unserer Waldlichtung gibt es viele Pfützen. Alle Reifen werden in eine Linie gelegt. Die Kinder stellen sich hintereinander auf und dürfen auf verschiedene Weise durch die Reifen springen.

Beispiele: mit beiden Beinen springen / nur ein Fuß darf im Reifen sein / mit dem rechten oder linken Bein springen etc.

Variante: Den Farben der Reifen werden bestimmte Sprungarten zugeordnet.

Beispiele: Gelb: beide Beine / Blau: mit einem Bein / Rot: rückwärts springen

Je nach Alter der Kinder sollte erst mit zwei Farben begonnen werden und dann können die Aufgaben auf bis zu vier Farben gesteigert werden.

Hier auf der Waldlichtung ist ein Waldspielplatz. Schaut, da steht auch eine Wippe. Die Kinder finden sich paarweise zusammen, legen ihre Reifen aufeinander und halten sich jeweils an beiden Reifen fest. Dabei schauen sich die Kinder gegenseitig an. Abwechselnd geht nun ein Kind in die Knie, das andere bleibt stehen. Kommt das andere Kind hoch, darf das zweite Kind in die Knie gehen etc.

Zwischen den Bäumen steht ein kleines Försterhäuschen. Und da ist der Förster, der uns beim Spielen aus seinem Fenster zuschaut. Kommt!

Wir zeigen dem Förster, welch lustige Grimassen wir schneiden können. Die Kinder halten den Reifen auf Kopfhöhe und schauen durch ihr „Fenster" hindurch, dabei können sie verschiedene Grimassen schneiden.

Beispiele: böse / fröhlich / lustig / traurig / erstaunt / ängstlich etc.

Immer wieder kommen auch Reiter an unserer Waldlichtung vorbei. Sie galoppieren hin und her. Jedes Kind sucht sich wieder einen Partner. Ein Kind steigt in den Reifen hinein, das andere hält sich außen am Reifen fest. Beide Kinder können nun durch den Raum galoppieren, traben oder Schritt gehen. Nach einer vorgegebenen Zeit wird gewechselt, damit jedes Kind einmal das Pferd spielen darf.

Und der Förster holt jetzt seine Kutsche heraus. Lasst uns auch mit der Kutsche fahren. Ein Kind darf auf den Boden sitzen und wird von seinem Partner gezogen. Darauf erfolgt ein Partnerwechsel. Entweder die Kinder ziehen den Partner kreuz und quer durch den Raum oder es können auch verschiedene Aufgaben dabei gestellt werden.

Beispiele: zu bestimmten Orten im Raum (Türe, Fenster ... etc.) / auf den Linien, wenn vorhanden / alle hintereinander / im Kreis herum etc.

Im Wald müssen wir uns manchmal ganz klein machen, um unter all den Bäumen und Büschen hindurchzukommen. Alle Kinder bilden einen Kreis und halten sich an den Händen fest. Die PF fügt einen Reifen hinzu. Der Reifen wird nun von Kind zu Kind weitergegeben, indem die Kinder durch diesen steigen. Dabei dürfen sie die Hände nicht loslassen. Es können auch mehrere Reifen nach und nach miteinbezogen werden.

Nun wollen wir wieder nach Hause. Wir spazieren an den Waldrand und fahren dann mit dem Bus nach Hause. Ein Reifen wird als Lenkrad benutzt und ein Kind ist der Busfahrer. Alle anderen Kinder gehen in einer Reihe dahinter und halten sich an den Schultern fest. Auf ein Zeichen der PF (Pfeifen oder Klatschen) wechselt der Busfahrer. Das letzte Kind der Schlange läuft nach vorne, übernimmt das Lenkrad und wird zum Busfahrer.

Wir sind müde geworden.
Die Kinder legen sich alle auf den Bauch und in der Mitte befindet sich ein Reifen, an dem alle ihre Hände haben. Wenn es zu viele Kinder sind, wird die Gruppe auf zwei Reifen verteilt. Gemeinsam versuchen sie nun, den Reifen zu drehen. Dabei sind die Ellbogen angehoben.

Bei den Hühnern und Osterhasen

Pro Kind 1 Reifen in unterschiedlichen Farben (Holzreifen können mit Chiffontüchern, Krepppapier oder Stoffresten farbig markiert werden), farbige Plastikeier oder kleine Bälle, 2 Bänke, Hindernisse, Korb oder Reifen, Chiffontücher, Würfel, Zahlenkarten von 1-6 (siehe Anhang S. 14)

Einleitung

„Osterhasenhoppelmarsch"-Lied (siehe Anhang S. 45) oder/und Musik-Stopp-Spiel: **Die Osterhasen und Hühner sind auf der Suche nach den passenden Verstecken. Sie hoppeln und laufen durch die Halle. Bei Musik-Stopp springen sie in ein Nest hinein.**

Die Reifen liegen in der ganzen Halle verteilt.

Variante 1: Die PF gibt die Farbe an, in welche die Kinder springen sollen. Es dürfen mehrere Kinder in einem Reifen sein.

Variante 2 (für ältere Kita-Kinder): Jeder Farbe wird eine bestimmte Art zugeordnet, wie die Kinder im Reifen sitzen/stehen.

Beispiel: bei „**Rot**" im Schneidersitz / bei „**Blau**" mit angehobenen Beinen / bei „**Grün**" im Vierfüßlerstand / bei „**Gelb**" im Einbeinstand.

Hauptteil

Zuerst müssen die Hühner Eier legen, damit die Osterhasen auch Eier verstecken können. Sie sitzen auf ihren Hühnerstangen, legen ihre Eier und müssen sie dann so schnell wie möglich in ein Nest bringen.

Zwei Bänke werden in einigen Metern Abstand gegenübergestellt.

Die Kinder werden in zwei Gruppen aufgeteilt und stellen sich jeweils auf ihre Bank. Die Eier liegen in einem Korb zwischen den beiden Bänken. Für jede Mannschaft liegt ein Reifen als Nest am Ende der Bank (mit etwas Abstand) bereit.

Die Kinder werden auf der Bank durchgezählt und jedes Kind erhält eine Nummer. Somit gibt es jede Zahl doppelt, auf jeder Bank einmal.

Bei jüngeren Kindern können auch die drei Grundfarben zugeordnet werden. Dann gibt es jede Farbe mehrmals auf der Bank. Chiffontücher, die um die Handgelenke gebunden werden, können zusätzlich eine Unterstützung sein.

Spielidee: Die PF ruft eine Zahl, z. B. „**3**". Die Kinder mit der „3" springen daraufhin von der Bank herunter, holen sich ein Ei aus dem Korb und bringen es so schnell wie möglich ins eigene Nest.

Varianten: Die PF ruft zwei Zahlen und es laufen dann zwei Kinder aus jeder Gruppe. / Die PF ruft zur Zahl zusätzlich eine Farbe und nur das Osterei mit dieser Farbe darf genommen werden. / Die PF ruft eine Zahl und dann noch die Anzahl der Eier z. B. „**2 holt 4 Eier**". / Die PF ruft die Zahl und eine Bewegungsart, in der die Hühner unterwegs sind, z. B. „**4 geht rückwärts**" etc.

Bei jüngeren Kindern, die eine Farbe zugeordnet bekommen haben, wird nur die Farbe und als Steigerung eine Bewegungsform benannt.

Die Osterhasen können jetzt die Eier bei den Hühnern abholen.

Ein Parcours mit Hindernissen wird aufgebaut und alle Kinder werden nun zu Osterhasen. Am Anfang des Hindernisparcours steht ein leerer Korb/Reifen für die Eier. Am Ende des Parcours liegen mehrere Reifen mit Eiern. Nun bewegen sich alle Kinder über die Hindernisse zu den Reifen mit Eiern, nehmen ein Ei mit, laufen neben dem Hindernisparcours zurück und legen ihr Ei in den Korb.

Variante: Die Kinder laufen außen zu den Eiern hin. Immer zwei Kinder tragen zusammen ein Ei im Chiffontuch über die Hindernisse zurück.

Nun endlich können wir die Eier in die Nester verteilen.

Die zwölf Osternester liegen am anderen Ende der Halle. Die Osternester werden mit den Zahlenkarten versehen. Jede Zahl kommt zweimal vor. Die Würfel liegen bei den Eiern. Diese sind auf der gegenüberliegenden Seite der Halle. Die Osterhasen müssen nun würfeln, sich die Zahl merken und mit einem Ei zu den Nestern laufen. Dort legen sie das Ei in das Nest mit der gewürfelten Zahl.

Variante für ältere Kita-Kinder: Die Osterhasen werden in zwei Mannschaften aufgeteilt und bekommen je Mannschaft 15 Eier und sechs Nester. Die sechs Nester sind wieder mit den Zahlenkarten 1 bis 6 markiert. Ablauf wie vorher, aber eine Zusatzregel: Es dürfen nie mehr als drei Eier in einem Nest liegen. Wenn es so ist, müssen alle Eier aus diesem Nest wieder mit zurückgenommen werden.

Beispiel: Ein Kind würfelt eine „5". Es nimmt ein Ei, läuft zu den Nestern, aber bei Nest Nr. 5 sind schon drei Eier drin. Nun muss das Kind die drei Eier und das Ei in seiner Hand wieder mit zurücknehmen.

Das Spiel wird so lange gespielt, bis eine Mannschaft keine Eier mehr zu verteilen hat.

Abschluss

Jetzt sind die Osterhasen müde geworden. Alle Kinder legen sich in die Mitte in einen Kreis. **Die Osterhasen lauschen mit ihren großen Ohren auf alle Geräusche, die sie hören.** Die Kinder sollen ruhig daliegen und genau hinhören, was zu hören ist. Die PF beendet dies, indem sie die Kinder zum Sitzen auffordert. Nun kann jedes Kind erzählen, was es gehört hat, z. B. Flugzeug, Bagger, Vögel, Biene, andere Kinder in der Kita, Erwachsene etc.

Ein Tag als Igel

Pro Kind mindestens 6 Wäscheklammern, viele Chiffontücher oder bunte Stoffreste, Behälter zum Sortieren (z. B. Kisten, Kartons, Eimer), Seile oder Wolle in den passenden Farben

Einleitung

Heute sind wir kleine Igel.
Alle Kinder legen sich gemütlich auf den Bauch.

Im Herbst, wenn sich die Blätter färben, schlafen alle Igel noch tief und fest auf einer grünen Wiese. Sie bekommen gar nicht mit, wenn in der Nacht ein stürmischer Wind umherbläst. Sobald die Igel morgens wach werden, sind sie bedeckt mit vielen bunten Blättern. Die PF bedeckt alle Kinder mit verschiedenfarbigen Chiffontüchern.

Sobald es hell wird, räkeln und strecken sich alle Igel und schütteln alle Blätter von ihrem Körper ab. Heute ist so ein herrlicher Tag, der zum Spielen und Toben im Laub einlädt. Die Igel probieren aus, was sie alles mit den Blättern spielen können. Die Kinder experimentieren mit den Chiffontüchern und bewegen sich damit frei im Raum. Einzelne Aktionen können herausgegriffen werden, die dann alle gemeinsam machen.

Hauptteil

Die Blätter bleiben wunderbar an den Stacheln der Igel hängen. Jeder Igel sucht sich ein paar besonders tolle Blätter aus und versucht, diese an die Stacheln eines anderen Igels anzuheften. Jedes Kind erhält einige Wäscheklammern, welche die Igelstachel darstellen. Die Chiffontücher werden mit Hilfe der Wäscheklammern entweder an die eigene Kleidung oder an die Kleidung der anderen Kinder angeheftet.

Ein Igel ist ganz allein auf einer großen Wiese. Er beschließt, sich eine Igelfamilie zu suchen. Zunächst macht er sich auf die Suche nach einem Freund. Zwei Kinder nehmen sich an die Hand und versuchen zu zweit, einen neuen Igel zu fangen, der sich ebenfalls an die Familie anschließt. Die Igelfamilie wird immer größer und größer, bis es keinen einzigen Igel mehr gibt, der alleine auf der großen Wiese ist.

Die Igel spielen ein lustiges Spiel. Gegenseitig versuchen sie sich ihre Stacheln zu klauen, denn jeder mag nur die schönsten, buntesten und tollsten Stacheln an seinem Körper tragen. Dabei verlieren die Igel auch ihre bunten Herbstblätter. Alle Kinder dürfen sich die Wäscheklammern gegenseitig vom Körper lösen und an den eigenen Körper heften. Die heruntergefallenen Tücher werden von der PF schnell eingesammelt, da Rutschgefahr besteht.

Nachdem jeder Igel für sich ganz schöne Stachel herausgesucht hat, darf er seinen Körper selbst verzieren. Die Kinder dürfen nach Vorgabe der PF Wäscheklammern an die Kleidung eines bestimmten Körperteils heften.

Beispiele: Bauch / Schulter / Po / Füße / Knie (bei langer Kleidung)

Plötzlich beginnt ein stürmischer Wind über die Wiese zu ziehen. Alle Blätter fliegen wild durcheinander. Alle Kinder lassen die Tücher durch die Luft fliegen. Die Wurf- und Fangarten können variiert werden.

Beispiele: mit der linken Hand hochwerfen und mit dem rechten Knie „auffangen" / mit beiden Händen hochwerfen und mit einer Schulter „auffangen" etc.

Als sich der Sturm wieder beruhigt hat, sieht es auf unserer Wiese ganz schön wild aus. Alle Igel machen sich an die Aufräumarbeiten. Daraufhin sortieren die Kinder die Chiffontücher nach Farben in verschiedene Kisten.

Die Wäscheklammern werden an Seile geklemmt, die irgendwo im Raum aufgehängt sind. Dabei sollen die Wäscheklammern farblich passend an die Seile sortiert werden.

Variante 1: Die Wäscheklammern müssen an Seile geheftet werden, die eine andere Farbe haben.

Variante 2: Die Wäscheklammern müssen in einer bestimmten Reihenfolge angeheftet werden. Die PF gibt es einmal vor und dann müssen die nachfolgenden Wäscheklammern so geordnet werden.

Beispiele: Rot – Blau – Gelb oder Blau – Blau – Weiß

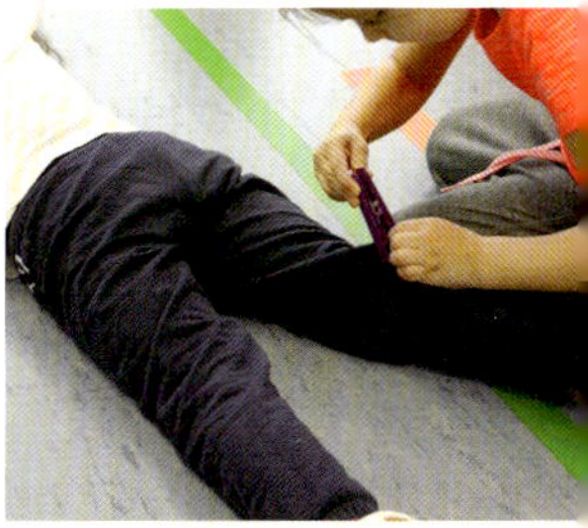

Jetzt ist Schlafenszeit! Hinter uns liegt ein langer anstrengender Tag. Jeder Igel sucht sich ein eigenes Blatt, kuschelt sich darin ein und träumt von einem erlebnisreichen Tag. Die Kinder nehmen sich ein Chiffontuch und decken sich damit zu.

Ein anderer Abschluss könnte sein: Ein Kind legt sich in die Mitte. Ein anderes Kind macht eine Wäscheklammer an einem Kleidungsstück fest. Nun soll das Kind erraten, wo die Wäscheklammer festgemacht wurde. Dann legt sich das nächste Kind in die Mitte, bis alle Kinder an der Reihe waren.

Freunde

Pro Kind 1 Stapelstein, kleine Softbälle

Habt ihr alle einen Freund? Wozu sind Freunde da? Was macht ihr mit euren Freunden? Die Kinder von ihren Erfahrungen erzählen lassen, was sie mit ihren Freunden erleben. **Lasst uns mal schauen, wie sich Freunde begrüßen können.** Die Stapelsteine werden im Raum verteilt. Alle Kinder laufen zur Musik um die Stapelsteine. Bei Musik-Stopp ruft die PF ein Körperteil. Die Kinder sollen sich nun immer mit ihren Freunden an einem beliebigen Stapelstein treffen und diesen Stein mit dem angesagten Körperteil berühren.

Variante: Zusätzlich zum Körperteil sagt die PF noch eine Farbe an. Die Kinder sollen sich dann mit ihren Freunden an dem richtigen Stapelstein treffen.

Wenn ich einen Freund habe, möchte ich am liebsten immer alles mit ihm zusammen machen. Jedes Kind sucht sich nun einen Stapelstein aus und geht mit einem Freund zusammen. Es können auch drei Kinder in einer Kleingruppe sein. **Probiert mal aus, was ihr alles mit euren Steinen zusammen machen könnt**. An dieser Stelle den Kindern viel Zeit zum Experimentieren lassen. Ideen der Kinder aufgreifen und die anderen Kinder motivieren, es ebenso auszuprobieren.

Nun versuchen wir, einen Ball mit unseren Steinen zu fangen. Ein Kind wirft den Softball mit der Hand und das andere Kind versucht, den Softball mit dem Stapelstein zu fangen.

Unsere Steine können wir auch hin und her rollen. Die Kinder versuchen, sich die Stapelsteine gegenseitig zuzurollen. **Könnt ihr auch zwei Steine gleichzeitig rollen?** Die Kinder stapeln die Steine und versuchen sie dann zu rollen.

Wenn wir etwas Schwieriges ausprobieren, kann uns unser Freund auch helfen. Zwei Stapelsteine zu einem Ball zusammenbauen. Ein Kind versucht, mit Hilfe des anderen Kindes darauf zu stehen.

Nun fahren wir noch eine Runde Karussell mit unseren Freunden. Ein Kind setzt sich in den Stapelstein, nimmt Hände und Füße nach oben und wird von den anderen Kindern gedreht.

Manchmal bekommen wir auch Streit mit unseren Freunden. Die Kinder laufen kreuz und quer durch den Raum und halten den Stapelstein vor ihren Körper. Immer wenn sie ein anderes Kind treffen, drücken sie dieses kurz mit dem Stapelstein weg. **Dabei wollen wir oft herausfinden, wie stark wir alle sind.** Immer zwei Kinder bleiben nun zusammen, halten die Stapelsteine vor ihrem Bauch mit der Rundung nach außen und versuchen, sich dann längere Zeit gegenseitig wegzudrücken.

Wir können auch gegeneinander kämpfen, ohne uns zu berühren. Alle verfügbaren Stapelsteine werden in eine lange Reihe mit Kurven gelegt. Die Kinder teilen sich in zwei Gruppen auf. Jeweils eine Gruppe steht an einem Ende der Reihe. Nun balancieren die ersten beiden Kinder los und treffen irgendwann unweigerlich aufeinander. Beide müssen nun auf einem Bein stehen. Das Kind, welches zuerst das Bein runternimmt, muss wieder zurück zu seiner Gruppe. Das Kind, welches gewinnt, balanciert weiter, während das nächste Kind der anderen Gruppe startet. Ziel ist es, auf der anderen Seite anzukommen. Das Spiel kann beliebig lange gespielt werden oder es endet, wenn eine Gruppe komplett auf der anderen Seite ist.

Variante: Jüngere Kinder können auch auf beiden Beinen stehen. Wenn sie dabei nicht ins Wackeln kommen, sollen sie die Augen schließen oder sich in den Zehenstand drücken.

Nach jedem Streit vertragen wir uns natürlich auch wieder. Und dann fallen uns die besten Sachen ein. Wir bauen aus allen Stapelsteinen gemeinsam etwas. Die Kinder haben nun die Möglichkeit, mit allen Stapelsteinen etwas zu bauen.

Im Hexenland

Pro Kind 1 Stab oder 1 kleine Schwimmnudel

Lasst uns heute als Hexe in das Hexenland fliegen und dort viele zauberhafte Dinge erleben. Hexen fliegen nur in der Nacht, um von den Menschen nicht gesehen zu werden. Heute ist Walpurgisnacht. Alle Hexen treffen sich an einem geheimen Platz, um gemeinsam ein Fest zu feiern. Kurz vor Mitternacht geht es los. Alle Hexen steigen auf ihren Besen und fliegen los. Jedes Kind nimmt sich einen Stab zwischen die Beine und bewegt sich nach Belieben durch den Raum.

Beispiele: schnell / langsam / rückwärts / springend etc.

Am geheimen Ort angekommen, entfachen alle Hexen um Punkt Mitternacht ein großes Lagerfeuer. Die Stäbe werden aufeinandergelegt. Die Kinder bewegen sich um die Stäbe durch die Halle. Jedes Kind darf eine Bewegung vorgeben, die alle Kinder ausführen.

Nachdem die Hexen getanzt haben, beginnen sie zu spielen. Die Kinder sitzen und halten den Stab mit beiden Händen fest. Die Beine werden nun abwechselnd darüber und darunter eingefädelt. Beide Beine werden möglichst gleichzeitig bewegt.

Die Kinder setzten sich auf die Knie. Den Stab bis zur Bauchlage auf dem Boden nach vorne rollen, danach den Stab kurz vom Boden anheben. Dann wird der Stab wieder abgelegt und die Kinder rollen ihn wieder mit beiden Händen zurück, bis sie in der Ausgangsposition sind.

Manche Hexen sind schon zu müde zum Fliegen, deshalb lassen sie sich bequem von einer anderen Hexe ziehen. Die Kinder gehen paarweise zusammen und nehmen jeweils ein Ende des Stabes in die rechte und ein Ende in die linke Hand. Ein Kind setzt sich auf den Boden und lässt sich ziehen. Das gezogene Kind kann sich auch in Bauchlage befinden.

Nachdem die Hexen wieder Kraft getankt haben, wollen sie die letzten Stunden der Walpurgisnacht noch richtig auskosten. Jede Hexe nimmt ihren Besen in die Hand und klopft ihn zu einem vorgegebenen Rhythmus der PF auf den Boden. Danach können neue Rhythmen von den Kindern eingebaut werden.

Um zu testen, ob die Zauberkräfte der Hexen noch ausreichend vorhanden sind, stellen sie ihren Besen senkrecht auf den Boden. Wie lange kann der Hexenbesen von alleine stehen? Kann die Hexe ihn fangen, wenn er umfällt? Die Kinder stellen ihren Stab auf den Boden und lassen diesen kurz los. Der Stab soll wieder gefangen werden, bevor er auf den Boden fällt.

Achtung: Die Kinder sollten nicht zu eng stehen, damit sie die Stäbe, die umfallen, nicht auf die Zehen bekommen.

Hört ihr den Kirchturm schlagen? Es ist Zeit, nach Hause zu fliegen, bevor es hell wird. Die Walpurgisnacht ist zu Ende. Alle Hexen steigen auf ihren Besen und fliegen so ungewöhnlich, wie sie hergeflogen sind (rückwärts, springend, schnell, langsam etc.), **nach Hause und legen sich dort gemütlich in ihr Bett.**

Im Obstgarten

Pro Kind 1 Sandsäckchen (Nähanleitung siehe Anhang S. 46) und 1 Flaschendeckel, verschiedenfarbige Reifen (Holzreifen können mit Chiffontüchern, Krepppapier oder Stoffresten farbig markiert werden), Matten, Bank

Welche Obstsorten kennt ihr? Und wo wächst dieses Obst?

Bevor ein Obstbaum überhaupt wachsen kann, muss der Samen in die Erde eingepflanzt werden. Jedes Kind bekommt einen Flaschendeckel (Samen) in die Hand und darf diesen an einer beliebigen Stelle im Raum auf den Boden legen (einpflanzen).

Danach wird jeder Samen gegossen, damit der Obstbaum schneller wachsen kann. So groß wie ihr soll er einmal werden. Wir können mit unseren Körperteilen gießen. Kinder laufen durch den Raum und berühren jeden Flaschendeckel z. B. mit der Hand / Po / Fuß etc.

Währenddessen legt die PF auf jeden Flaschendeckel ein Sandsäckchen.

Da wir uns gut um die Obstbäume gekümmert haben, sind sie nun groß und reif geworden, sodass wir das Obst pflücken können. Nach dem Pflücken wird das Obst sortiert. Alle Kinder sammeln die Sandsäckchen ein und sortieren diese nach Farben an einem vorgegebenen Ort oder werfen sie in die gleiche Reifenfarbe. Währenddessen werden die Flaschendeckel wieder eingesammelt.

Nachdem das Obst sortiert worden ist, wird es mit verschiedenen Walzen gewaschen. Die Säckchen werden auf eine Matte in einer Reihe gelegt. Je nach Anzahl der Kinder kann man mehrere Matten benutzen. Jedes Kind darf nun längs darüberrollen. Die Arme und Beine sollen dabei gestreckt sein.

Nach dem Waschen wird das Obst getrocknet. Die Kinder stellen sich paarweise gegenüber auf und werfen sich die Säckchen gegenseitig zu.

Danach wird das Obst in unser Lager transportiert und sortiert. Wir tragen unser Obst auf der Hand. In anderen Ländern wird das Obst auf dem Kopf getragen. Schafft ihr das auch?

Variante: Jeder Säckchenfarbe wird eine Transportmöglichkeit zugeordnet.

Beispiele: Rot: auf dem Kopf / Grün: auf der Schulter / Gelb: auf dem Fußrücken / Blau: auf dem Ellbogen

Die Säckchen werden wie beschrieben transportiert und in Reifen nach Farben sortiert. Rote Säckchen kommen in rote Reifen, blaue Säckchen kommen in blaue Reifen etc.

Nachdem wir das ganze Obst so gut sortiert haben, kommen große LKW, die das Obst abholen und zu den Lebensmittelläden fahren. Dort werden sie zum Verkauf schön ausgelegt. Die Kinder legen sich die Säckchen auf den Rücken und bewegen sich im Vierfüßlerstand vorwärts. Sie bringen die Säckchen z. B. zu einer Bank und legen sie dort ab. Die Säckchen können auch auf einem Kasten oder auf dem Boden schön ausgelegt werden.

Abschluss

Wir haben unser Obst verkauft und sind zufrieden. Alle Obstbauern machen jetzt noch ein gemeinsames Spiel „Obstsalat". Jedes Kind sucht sich ein Säckchen aus. Die Farbe bestimmt die Obstsorte.

Beispiele: „**Rot**": für Erdbeeren / „**Blau**": für Heidelbeeren / „**Grün**": für Trauben / „**Gelb**": für Bananen

Die Kinder stehen im Kreis. Nun ruft die PF eine dieser Obstsorten und die Kinder müssen sich so schnell wie möglich einen neuen Platz im Kreis suchen. Wenn die PF „**Obstsalat**" ruft, müssen sich alle Kinder einen neuen Platz im Kreis suchen. Dieses Spiel kann beliebig lang gespielt werden.

Inselurlaub

Pro 2 oder 3 Kinder 1 Matte, verschiedenfarbige Reifen (Holzreifen können mit Chiffontüchern, Krepppapier oder Stoffresten farbig markiert werden), Sandsäckchen (Nähanleitung siehe Anhang S. 46)

Im Raum werden die Turnmatten kreuz und quer auf den Boden verteilt. Dabei wird der Abstand zwischen den Matten so gewählt, dass die Kinder mit einem Sprung die nächste Matte erreichen können.

Heute sind wir im Urlaub. Nicht auf dem Bauernhof, nicht in den Bergen, nicht auf dem Campingplatz. Wir machen Inselurlaub und besuchen viele kleine Inseln. Ringsherum befindet sich Wasser. Viele Tiere schwimmen darin.

Welche Tiere könnten das sein?

Früh am Morgen ist das Wasser noch sehr kalt, deshalb bewegen wir uns erst einmal von Insel zu Insel. Die Kinder bewegen sich auf unterschiedliche Weise von Matte zu Matte.

<u>Beispiele</u>: mit großen Schritten von Insel zu Insel gehen / mit beiden Beinen von Insel zu Insel springen / rückwärts von Insel zu Insel gehen etc.

Wie kommen wir noch von einer Insel zur nächsten Insel? Ideen der Kinder mit aufgreifen und ausprobieren.

Wir wollen nun alle Inseln mit einem großen Schiff umfahren und uns die Inseln vom Wasser aus anschauen. Jedes Kind steigt in einen Reifen und hält ihn auf Bauchhöhe fest. Die Kinder stellen sich hintereinander auf und berühren dabei den Reifen ihres Vordermanns oder haken den Reifen beim Vordermann ein. Alle Kinder bewegen sich gleichzeitig durch den Raum. **Jeder möchte einmal Kapitän auf dem Schiff sein.** Auf ein Signal der PF löst sich das hinterste Kind aus der Schlange und geht mit seinem Reifen nach vorne an die Spitze. Dies wird so lange gespielt, bis jedes Kind einmal Kapitän sein durfte.

Nun haben wir alle Inseln besichtigt. Sucht euch eine Insel aus, wo ihr sein wollt. Unsere Füße sind vom Sand ganz dreckig geworden, deshalb möchten wir sie waschen. Die Kinder gehen in die Stützposition, dabei befinden sich die Hände der Kinder auf der Matte und die Füße auf dem Boden. In dieser Position laufen die Kinder einmal um die Matte herum.

Danach sind unsere Hände dran.
Die Position bleibt gleich, nur dieses Mal sind die Hände außerhalb der Matte und die Füße auf der Matte.

Plötzlich huschen kleine Krebse an uns vorbei. Auch wir möchten wie ein Krebs um unsere Insel krabbeln. Die Kinder bewegen sich im Krebsgang um die Matte herum.

Das Krabbeln als Krebs ist ganz schön anstrengend. Deshalb sucht sich jedes Kind einen Platz auf einer Insel zum Schlafen aus. Die Wellen im Meer schaukeln dabei die Insel hin und her, und deshalb rollen wir auch im Schlaf immer hin und her. Die Kinder liegen in Bauchlage quer auf der Matte und rollen sich um die Längsachse immer vom einen zum anderen Ende.

Währenddessen verteilt die PF Sandsäckchen und Reifen im Raum.

Nach einer unruhigen Nacht werden wir wieder wach, räkeln und strecken uns. Um wieder fit zu werden, springen wir immer wieder kurz in das kalte Wasser. Die Kinder springen von der Matte und wieder auf die Matte.

Seht ihr die verschiedenen Schatzkisten? (Reifen)

Wir sind fit und munter und schwimmen los. Wir suchen nach einem Schatz, den wir dann in die Schatztruhe legen. Die Kinder nehmen immer ein Sandsäckchen und legen es in die passende Reifenfarbe.

Variante: Es kann auch eine bestimmte Anzahl an Säckchen in den Reifen gelegt werden.

Jetzt schaffen wir die Schätze auf unsere Insel. Wir dürfen aber nicht unsere Hände dazu benutzen. Die Kinder transportieren die Sandsäckchen auf ihre Matte, ohne die Hände zu benutzen.

Von unserer Insel aus versuchen wir nun, die Schätze in die Schatzkisten auf dem Meer zu werfen. Die Kinder werfen die Säckchen von ihrer Matte in die Reifen.

Variante: Die PF ruft, wer werfen darf.

Beispiele: alle Kinder, die rote Sandsäckchen haben / alle Kinder, die weiße Schuhe anhaben etc.

Ein Sturm treibt alle unsere Inseln zusammen und wir haben auf einmal eine sehr große Insel in der Mitte. Die Kinder schieben alle Matten zu einer großen Fläche zusammen.

Nun haben wir viel Platz für uns alle und ruhen uns gemeinsam aus. Das war ein sehr spannender Inselurlaub. Jetzt brauchen wir dringend noch etwas Zeit zum Erholen. Es gehen immer zwei Kinder zusammen. Ein Kind legt sich auf den Bauch. Das andere Kind sitzt daneben und massiert das Kind mit einem Sandsäckchen.

Reifen, Reifen, Reifen

Pro Kind 1 Reifen in unterschiedlichen Farben (Holzreifen können mit Chiffontüchern, Krepppapier oder Stoffresten farbig markiert werden), Musik

Heute probieren wir aus, was wir alles mit unseren Reifen machen können. Jedes Kind bekommt einen Reifen und bewegt sich damit frei durch den Raum. Bei Musik-Stopp darf jedes Kind den eigenen Reifen auf den Boden ablegen und sich hineinstellen. Nun greift die PF Ideen der Kinder auf, die zuvor beobachtet wurden.

Beispiele: Wir springen in den Reifen hinein und wieder heraus / wir drehen den Reifen / wir balancieren auf dem Reifen vorwärts und rückwärts / wir haben die Füße im Reifen und gehen in der Liegestützposition mit den Händen um den Reifen etc.

Nach jeder angeleiteten Aufgabe wird die Musik wieder gestartet und jedes Kind darf mit dem Reifen frei experimentieren.

Jetzt schauen wir mal, welche Farben unsere Reifen haben. Die Reifen liegen verteilt auf dem Boden und die Kinder laufen zur Musik durch die Halle. Bei Musik-Stopp ruft die PF eine Farbe und die Kinder müssen in einem Reifen mit dieser Farbe stehen.

Variante 1: Die PF hält zur gerufenen Farbe beide Hände nach oben, die Kinder springen mit beiden Beinen in den Reifen rein und raus.

Variante 2: Die PF hält zur gerufenen Farbe eine Hand nach oben, die Kinder springen mit einem Bein in den Reifen rein und mit einem wieder raus.

Variante 3: Die PF hält zur gerufenen Farbe beide Hände nach oben und führt „Hackbewegungen" mit den Armen aus, die Kinder springen im Hopserlauf in den Reifen rein und raus.

Jetzt bestimmen die Farben der Reifen, was wir tun sollen. Je nach Alter der Kinder werden drei bis vier Farben benutzt.

Beispiele: drei rote Reifen / drei grüne Reifen / drei blaue Reifen / drei gelbe Reifen

Jeder Farbe wird eine Bewegung zugeordnet.

<u>Beispiele</u>: „**Gelb**“: auf einem Bein rein-/rausspringen / „**Rot**“: Liegestütze halten / „**Grün**“: rein-/rausspringen / „**Blau**“: seitlich rein-/rausspringen

Nun ruft die PF eine Farbe und die Kinder suchen den passenden Reifen und machen die angesagte Übung dazu.

Springstaffel

Die Kinder teilen sich in zwei Mannschaften auf. Die Reifen werden mit Abstand aneinandergelegt.

<u>Achtung</u>: Der Abstand darf nicht zu groß sein, da die Kinder sonst, wenn sie auf den Reifen treten, wegrutschen können.

Die Kinder laufen in eine Richtung durch die Reifen.

Das erste Kind springt einmal durch alle Reifen, läuft vorbei an den Reifen wieder zurück und klatscht das nächste Kind ab. Wer zuerst mit allen Kindern aus der Mannschaft die Reifen durchsprungen hat, hat gewonnen.

Reifenpendelstaffel

Die Reifen werden in zwei lange Reihen aneinandergelegt. Die Kinder bleiben in zwei Mannschaften aufgeteilt. Diese Mannschaften werden dann noch einmal aufgeteilt und je an den Anfang / das Ende der Reifenreihe gestellt. Nun beginnt das erste Kind, durch die Reifen zum gegenüberstehenden Kind zu laufen, es wird an den Händen abgeklatscht und das nächste Kind läuft los. Nach dem Abklatschen stellt sich das Kind jeweils wieder nach hinten in die Reihe. Gewonnen hat die Mannschaft, die zuerst wieder genau wie am Anfang steht.

<u>Varianten</u>: Die Kinder dürfen nur auf einem Bein springen / mit beiden Beinen springen / rückwärts springen etc.

Wieder bestimmen jetzt die Farben, was wir tun müssen. Die Reifenreihen werden so gelegt, dass sich immer nur zwei verschiedene Farben in jeder Reihe befinden.

Beispiel: drei rote Reifen / ein grüner Reifen / zwei rote Reifen / drei grüne Reifen etc.

Die Aufgabe ist nun, immer nach der Farbe zu springen.

<u>Beispiele</u>: in den roten Reifen mit beiden Beinen / in den grünen Reifen nur mit einem Bein springen etc.

Reifen drehen
Die Kinder drehen alle Reifen gleichzeitig. Nun wird gewartet, bis der letzte Reifen am Boden liegt. Das Drehen der Reifen muss ggf. vorab einmal von der PF gezeigt und erklärt werden.

Variante 1: Die Kinder schließen die Augen und dürfen sie erst wieder öffnen, wenn sie keinen Reifen mehr drehen hören.

Variante 2: Die Kinder schließen die Augen und müssen in die Richtung zeigen, in die der letzte Reifen gefallen ist.

Reise zu fernen Planeten

1 Schwungtuch, 1 Seil, verschiedene Bälle/Luftballons, ggf. 1 Eimer

Heute wollen wir eine Reise zu fernen Planeten unternehmen. Wir starten auf der Erde. Das Schwungtuch liegt auf dem Boden.

Achtung: Das Schwungtuch ist auf dem Boden rutschig.

Um mit unserer Rakete besser in das Weltall fliegen zu können, benötigen wir einen Startspruch:

Knall, Knall, Knall, wir fliegen jetzt ins All.

Mit den Händen dabei auf den Boden klatschen.

5,4,3,2,1 und looos geht's!

Aus der Hocke nach oben springen.

Verfasserin: Heidi Lindner

Die Kinder dürfen sich auf verschiedene Weise z. B. vor-/rückwärts / seitlich / auf Zehenspitzen oder Fersen etc. mehrere Runden durch den Raum bewegen.

Variante: Die PF ruft eine Farbe und die Kinder versuchen sich auf dem Schwungtuch auf dieser Farbe einzufinden. Dann bewegen sie sich mit der dementsprechenden Fortbewegungsart um das Schwungtuch herum, bis die PF eine neue Farbe ruft. Jeder Farbe wird eine Fortbewegungsart zugeordnet.

Beispiele: „**Rot**": laufen / „**Grün**": rückwärts / „**Gelb**": Hopserlauf / „**Blau**": auf Zehenspitzen gehen

Wir sind jetzt lange genug durchs All geflogen. Wir wollen auf den ersten Planeten fliegen. ***Startspruch*** und die Kinder laufen zwei Runden um das Schwungtuch.

Wir sind auf dem Wellenplaneten gelandet.
Alle Kinder halten sich am Schwungtuch fest und machen unterschiedlich große Wellen mit den Armen. Während die anderen Kinder Wellen machen, dürfen immer vier bis fünf Kinder auf dem Schwungtuch eine Runde krabbeln.

Danach erfolgen wieder der ***Startspruch*** und das Laufen der zwei Runden.

Jetzt sind wir auf dem Wechselplaneten gelandet. Alle Kinder halten sich wieder am Schwungtuch fest und bewegen es auf und ab. Wenn das Schwungtuch oben ist, nennt die PF z. B. eine T-Shirt-Farbe und die Kinder, die diese Farbe an sich tragen, wechseln unter dem Schwungtuch ihre Plätze.

Beispiele: alle Kinder, die ein Haustier haben / die gleiche Augenfarbe / schon mal mit dem Flugzeug geflogen sind / gerne Kartoffelpüree essen etc.

Startspruch und das Laufen der zwei Runden.

Nun sind wir auf dem Schlangenplaneten gelandet. Die PF legt ein Seil (Schlange) auf das Schwungtuch. Diese Schlange soll zurück in ihr Loch. Alle Kinder müssen das Tuch so hin und her bewegen, dass die Schlange in das Loch in der Mitte fällt.

Variante: Bei älteren Kindern kann zusätzlich noch ein Eimer unter das Tuch gelegt werden, in den das Seil fallen soll.

Startspruch und das Laufen der zwei Runden. Um Varianten einzubauen, können die Kinder in einer Schlange um das Schwungtuch laufen. Auf ein Signal der PF darf immer das letzte Kind nach vorne laufen und dann bis zum nächsten Signal die Schlange anführen. Oder die Kinder gehen rückwärts in der Schlange / machen sich ganz klein oder groß etc.

Startspruch und das Laufen der zwei Runden.

Jetzt sind wir auf dem Tanzplaneten gelandet. Bälle und/oder Luftballons werden auf das Schwungtuch gelegt. Durch verschieden große Wellen tanzen und fliegen die Bälle auf dem Tuch.

Startspruch und das Laufen der zwei Runden.

Es wird ganz rutschig. Dieser Planet ist wie eine Eisfläche. Die Kinder befinden sich auf dem Schwungtuch. Von außen rüttelt die PF leicht am Tuch. Zuerst sollen die Kinder über das Schwungtuch krabbeln, um sich an die rutschige Unterfläche zu gewöhnen. Dann können die Kinder auch versuchen, über das Tuch zu gehen.

Startspruch und das Laufen der zwei Runden.

Unser vorletzter Planet heißt Versteckplanet. Auf diesem Planeten ist kein einziges Kind zu sehen. Die Kinder halten sich am Tuch fest und das Tuch wird auf Kommando auf und ab bewegt. Bei „**3**" laufen alle Kinder unter das Tuch und ziehen es über den Kopf hinter den Rücken. Anschließend können sich die Kinder noch daraufsetzen, sodass ein Zelt entsteht.

Startspruch und das Laufen der zwei Runden.

Bevor wir zurück zur Erde fliegen, landen wir auf dem Drachenplaneten. Die Kinder halten sich am Tuch fest und bewegen es auf und ab. Bei „**3**" wird das Schwungtuch am höchsten Punkt von allen Kindern losgelassen. Das Tuch fliegt dann nach oben.

Dies kann mehrmals wiederholt werden.

Nun fliegen wir zurück zur Erde. Der ***Startspruch*** erfolgt. Die Kinder halten sich mit einer Hand am Tuch fest und laufen gemeinsam ein paar Runden in die gleiche Richtung.

Bei älteren Kindern kann auch während des Laufens ein fliegender Hand- und Richtungswechsel erfolgen.

Jetzt sind wir wieder sicher auf der Erde gelandet.

Alle Kinder legen sich auf das Tuch und schauen zum Himmel. **Seht ihr die vielen Planeten?**

Sternschnuppen

Pro Kind 1 Sternschnuppe (1 kleiner Ball in Chiffontuch gewickelt und mit lockerem Knoten fixiert oder selbstgebastelt – Bastelanleitung siehe Anhang S. 47), Material zum Hineinwerfen (z. B. Basketballkorb, Eimer, Reifen)

Vorbereitungen

Sternschnuppen vor der Stunde mit oder ohne Kinder basteln. Die Sternschnuppen sollten unterschiedliche Farben haben.

Einleitung

Nachts, meistens wenn wir schlafen, fliegen Sternschnuppen am Himmel. Wenn man eine sieht, darf man sich etwas wünschen. Was würdet ihr euch von einer Sternschnuppe wünschen? Jedes Kind darf einen Wunsch überlegen und diesen der Gruppe mitteilen.

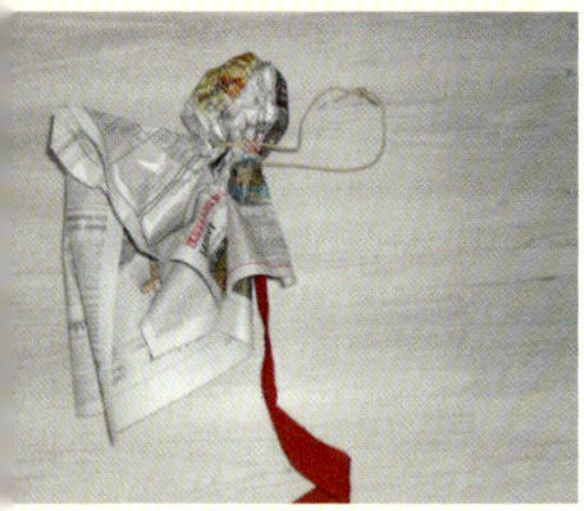

Da man nicht so einfach an Sternschnuppen herankommt, müssen sie erst am Himmel eingefangen werden. Es gibt je nach Gruppengröße einen oder mehrere Fänger. Jeder Fänger hält eine Sternschnuppe in der Hand. Die Kinder können gefangen werden, indem sie mit der Sternschnuppe des Fängers berührt werden. Alle Kinder, die gefangen wurden, dürfen sich bei der PF eine Sternschnuppe holen und werden somit auch zum Fänger. Haben alle Kinder eine Sternschnuppe in der Hand, ist das Spiel zu Ende.

Hauptteil

Jede Sternschnuppe kann etwas ganz Besonderes.

Die Kinder dürfen experimentieren, was sie alles mit der Sternschnuppe machen können. Die Ideen der Kinder aufgreifen und gemeinsam ausprobieren.

Für alle weiteren Aufgaben ist die Tuch- oder Bandfarbe ausschlaggebend.

Die Sternschnuppen fliegen nun ganz schnell durch unseren Raum. Die Kinder stellen sich nebeneinander an einer Seite des Raumes auf. Da alle Sternschnuppen unterschiedliche Farben haben, nennt die PF eine Farbe und die Kinder, die die vorgegebene Farbe an ihrer Sternschnuppe haben, dürfen auf die andere Seite des Raumes sprinten.

Im All gibt es Löcher, in denen die Sternschnuppen einfach manchmal verschwinden. Alle Kinder versuchen, ihre Sternschnuppe in verschiedene Gegenstände zu werfen.

<u>Beispiele</u>: Basketballkörbe / Eimer / Reifen / Kriechtunnel

Sternschnuppen fliegen nicht immer gleich am Himmel. Wir müssen aufpassen, denn sie stoßen ungern zusammen. Die PF stellt zu den entsprechenden Farben verschiedene Bewegungsaufgaben.

Beispiele: Blaue Sternschnuppen fliegen rückwärts / gelbe Sternschnuppen springen / rote Sternschnuppen krabbeln auf dem Boden etc.

Die Aufgaben wechseln, sodass jede Farbe drei bis vier verschiedene Bewegungen durchmacht.

Nicht jede Sternschnuppe ist gleich groß und fliegt gleich weit. Das wollen wir nun testen. Die Kinder stellen sich alle in einer Linie auf. Die PF gibt ein Kommando z. B. einen Pfiff / klatschen / „**Los**" rufen und alle Kinder werfen gemeinsam. Erst wenn alle Sternschnuppen geworfen wurden, dürfen sie wieder eingesammelt werden (mehrere Durchgänge möglich).

Das Kommando, bei dem die Kinder werfen oder loslaufen dürfen, bleibt gleich oder kann auch während des Spieles variiert werden.

Manche Sternschnuppen fliegen auch anders als andere. Die Sternschnuppen werden auf unterschiedliche Weise geworfen.

Beispiele:
über den Kopf nach hinten / zwischen den gegrätschten Beinen hindurch / so hoch wie möglich / auf den Boden schmettern, damit sie springt etc.

Wenn sich viele Sternschnuppen zusammenfinden, entsteht ein kunterbuntes Feuerwerk am Himmel. Die gesamte Gruppe bildet zusammen einen Kreis. Auf Kommando dürfen alle Kinder ihre Sternschnuppen in die Höhe werfen und nach oben schauen.

Unterwegs mit dem Piratenschiff

Pro Kind 1 Ball (es können auch verschiedene Bälle sein), Musik (evtl. Piratenmusik), Material zum Markieren (z. B. Hütchen, Bank, Seil)

Einleitung

In der heutigen Stunde befinden wir uns auf einem Piratenschiff. Wie sieht denn ein Piratenschiff aus?

Kommt, lasst uns den Piratentanz machen!

Die Kinder dürfen ihren eigenen Piratentanz zu passender Musik kreieren. Da Piraten oft eine Augenklappe haben, können sie versuchen, ein Auge zuzuhalten und dann zu tanzen.

Hauptteil

Wir Piraten müssen den Umgang mit den Kanonenkugeln üben. Dazu bekommt jedes Kind einen Ball und darf zunächst frei damit spielen.

Ideen der Kinder aufgreifen und/oder verschiedene Aufgaben mit einbringen.

<u>Beispiele</u>: prellen / rollen / kicken / werfen / nach hinten über den Kopf / sehr hoch werfen etc.

Wir versuchen, die Kanonenkugel mit unterschiedlichen Körperteilen zu bewegen.

<u>Beispiele</u>: Ellenbogen / Kopf / Knie / Füße / Beine etc.

<u>Variante</u>: Den Zahlen 1 bis 4 werden verschiedene Körperteile zugeordnet. Wenn die PF eine Zahl ruft, sollen die Kinder mit dem zugeordneten Körperteil den Ball bewegen.

<u>Beispiele</u>: „**1**": mit der Nase / „**2**": beide Beine / Ball hoch und tief (siehe Foto) / „**3**": Ellenbogen rechts/links schieben / „**4**": mit den Knien hochkicken

Jetzt versuchen wir, die Kanonenkugel einmal um uns herumzurollen. Der Ball wird im Grätschstand (stehend) um die Beine gerollt. Danach können die Kinder auch versuchen, den Ball im Sitzen um sich herumzurollen.

Nachdem der Umgang mit den Kanonenkugeln geübt wurde, müssen wir Piraten zählen, wie viele Kugeln wir haben. Die Kinder laufen zur Musik wild mit ihrem Ball in der Hand durcheinander.

Dann ruft die PF eine Zahl, z. B. „**4**“. Daraufhin finden sich vier Kinder in einer Gruppe zusammen. Stimmt die Anzahl, geht es weiter mit der nächsten Runde.

Nun bringen wir alle Kanonenkugeln in unser Lager.
Alle Bälle werden in einer Ecke oder einem von der PF vorgegebenen Bereich des Raumes gesammelt.

Die PF nimmt sich je nach Anzahl der Kinder für die nächste Aufgabe zwei bis drei Bälle aus dem Lager heraus.

Nun machen wir ein Wettspiel mit einzelnen Kanonenkugeln. Die Kinder stellen sich in einer Reihe hintereinander auf. Je nach Anzahl der Kinder kann es auch mehrere Reihen geben. Ein Ball wird von vorne nach hinten durchgegeben. Das hinterste Kind darf dann mit dem Ball nach vorne laufen. Es stellt sich vorne hin und gibt den Ball wieder nach hinten. Dies wird so lange gespielt, bis alle einmal an der Reihe waren. Dann geht es von vorne los, wobei die Bälle auf unterschiedliche Weise durchgegeben werden können.

Beispiele: durch die Beine rollen / über dem Kopf / rechts oder links / am Körper vorbei etc.

Plötzlich tobt ein Sturm über dem Meer. Er bringt unser Schiff so stark zum Schwanken, dass alle aufgeräumten Kanonenkugeln aus dem Lager fliegen. Die PF stellt sich in die Ecke und wirft oder rollt zügig die Bälle zu den Kindern. Diese versuchen, sie wieder zurück ins Lager zu bringen.

Nun hat sich der Sturm wieder beruhigt. Jeder Pirat hält eine Kanonenkugel fest. Eine Insel ist in Sicht. Könnt ihr sie auch sehen? Die Kinder bilden mit den Händen ein Fernrohr. Der Ball ist währenddessen zwischen den Beinen eingeklemmt.

Was seht ihr durch euer Fernrohr? Sind dort Menschen oder Tiere auf der Insel? Könnt ihr noch mehr auf der Insel entdecken? Die Kinder erzählen, was sie alles auf der Insel „sehen“ können. Einige Entdeckungen der Kinder können in Bewegungen mit dem Ball umgesetzt werden.

Um die Einwohner dort zu begrüßen, feuern wir die Kanonenkugeln in die Luft. Die Kinder werfen die Bälle in die Luft und lassen sie auf den Boden fallen. Diese Aufgabe kann mehrmals wiederholt werden. Man kann die Kinder auch motivieren, die Bälle wieder einzufangen, nachdem sie einmal auf dem Boden aufgeprallt sind.

Nach dieser langen Reise sind die Piraten müde und erschöpft.
Sie legen sich auf der Insel an den Strand. Die Kinder gehen paarweise zusammen. Ein Kind legt sich auf den Bauch, das andere bewegt den Ball über den Rücken. Danach wird gewechselt. Manche Bälle kitzeln, andere springen. Entsprechend der Vorgabe der PF führen die Kinder dies auf dem Rücken des Partners aus.

Weihnachten – Wir backen Plätzchen!

Vor-überlegungen

Die Stunde ist so ausgelegt, dass sie sowohl in der Sporthalle als auch im Bewegungs- oder Gruppenraum durchgeführt werden kann. Es müssen dann lediglich die Materialien angepasst werden (siehe Materialbalken der einzelnen Stationen).

Einleitung

Den Kindern wird folgende Bewegungsgeschichte erzählt.

Die Bewegungen werden dabei pantomimisch nachgemacht.

Geschichte vom Weihnachtsmann:
Der Weihnachtsmann liest euren Wunschzettel. Dann packt er die Geschenke ein und legt sie auf den Schlitten. Nun fliegt er auf seinem Schlitten durch die Luft. Dann schleicht sich der Weihnachtsmann auf Zehenspitzen zum Tannenbaum und legt die Geschenke ab. Während er durch die Wohnung schleicht, steigt ihm ein Geruch von Plätzchen in die Nase. Wir wollen dem Weihnachtsmann eine Freude machen und backen für ihn jede Menge Plätzchen. Nun müssen wir aber erst einmal unser Backblech sauber machen. Es ist noch voller Krümel vom letzten Backen. Aus vier Bänken oder anderen Begrenzungen (Seile / Schaumstoffelemente / Stühle) wird ein Viereck geformt, in dem sich viele Bälle befinden, die Krümel. Die Hälfte der Kinder geht „auf" das Backblech, die andere Hälfte steht außerhalb. Nun versuchen die Kinder „auf" dem Backblech, alle Krümel loszuwerden, und die Kinder außerhalb werfen sie wieder in das Viereck hinein. Nach einer bestimmten Zeit tauschen die Kinder die Aufgaben.

Hauptteil

Die Stationen mit den Kindern gemeinsam durchgehen und erklären. Danach können sie größtenteils allein bewältigt werden. Gut ist es, wenn die Kinder immer zu zweit die Stationen bewältigen.

1. Station: Teig kneten

Sporthalle: Kästen oder Kastenteile, Seile, verschiedene Materialien (Sandsäckchen, Tischtennisbälle, kleine Bälle)

Bewegungsraum: große Pappkartons mit rutschfester Unterlage (Gymnastikmatte), verschiedene Materialien (Sandsäckchen, Tischtennisbälle, kleine Bälle)

Gruppenraum: siehe Bewegungsraum, verschiedene Materialien (Sandsäckchen, Tischtennisbälle, kleine Bälle)

Die Kinder bekommen verschiedene Materialien angeboten, denen verschiedene Zutaten zugeordnet werden.

<u>Beispiele</u>: Tischtennisbälle: Mehl / Sandsäckchen: Mandeln / kleine Bälle: Schokolade etc.

Nun dürfen sie sich etwas aussuchen und dann versuchen, es in das umgedrehte Kastenteil/den Karton zu werfen. Mit einem Seil kann die Abwurfstelle markiert werden. Wenn ein Kind getroffen hat, darf es in den Kasten/Karton hineinsteigen und sich wie ein Rührgerät drehen.

2a. Station: Teig ausrollen

Sporthalle: Matte, Papprollen oder kleine Schwimmnudel, Bank

Bewegungs- und Gruppenraum: Gymnastikmatte oder Handtuch, Papprollen oder kleine Schwimmnudel, Bank

Die PF nimmt ein oder zwei Schwimmnudeln in die Hand und rollt diese bei den Kindern über den Körper. Ältere Kinder können sich auch in Bauchlage selbst darüberrollen oder die Kinder können sich gegenseitig „ausrollen". Danach kann der „Teig" noch ausgestochen werden, indem man die Papprolle oder die Schwimmnudel umdreht und Kreise aussticht. Um zu testen, ob der Teig flach genug ausgerollt wurde, können die Kinder unter einer Bank durchkriechen.

2b. Station: Teig ausrollen

Für alle Räume: 1 Matte mit 2 Reifen zur Rolle gerollt

Eine weitere Möglichkeit des Ausrollens ist eine zusammengerollte Matte. Die Kinder können sich hineinlegen und sich selbst rollen oder sie werden von einem anderen Kind gerollt.

3. Station: Backofen

Sporthalle: 2 kleine Kästen, 2 Matten, Schwungtuch, Rollbretter

Bewegungsraum: 1 Decke, 2 Schaumstoffelemente, Rollbretter

Gruppenraum: 1 Tisch, 1 Decke, Rollbretter

Aus den Matten und Kästen/Schaumstoffelementen wird ein Backofen gebaut. Auf den Rollbrettern fahren die Kinder in den Ofen hinein, und wenn sie fertig „gebacken" sind, wieder heraus.

4a. Station: Abkühlen

Für alle Räume: das „Backblech" vom Anfang der Stunde

Die Kinder springen auf dem „Backblech" so lange herum, bis sie „abgekühlt" sind.

4b. Station: Abkühlen

Für alle Räume: Schwungtuch

Kinder legen sich unter das Schwungtuch. Andere Kinder oder die PF schwingen das Schwungtuch hoch und runter.

5. Station: Zuckerstreusel

Für alle Räume: Handtuch oder Matte, Styroporschnipsel oder kleine Bälle, Seile, Chiffontücher

Die Kinder legen sich auf das Handtuch oder die Matte. Ein anderes Kind nimmt eine Handvoll Styroporschnipsel/Bälle etc. und verteilt diese über dem liegenden Kind. Auch Seile können als Dekoration verwendet werden. Sind die Plätzchen fertig dekoriert, wird alles abgeschüttelt und die Kinder tauschen den Platz. Dann beginnt wieder eine neue Runde.

Abschluss

Karton als Geschenk verpackt, kleines Glöckchen, ggf. Weihnachtsmütze

Nachdem wir so viele leckere Plätzchen für den Weihnachtsmann gebacken haben, verpacken wir sie als Geschenk und stellen es auf den Tisch. Ein Karton, als Geschenk verpackt, wird in die Kreismitte gestellt.

Alle Kinder legen sich nun auf den Bauch und schließen die Augen. Wenn alle Augen geschlossen sind, nimmt die PF den Karton aus der Mitte, zieht sich eine Weihnachtsmütze an, legt sich auf den Boden und stellt ein Glöckchen neben sich.

Von einem leisen Rascheln erwachen alle Kinder. Der Weihnachtsmann hat alle Plätzchen aufgegessen und ist dann mit vollem Magen eingeschlafen. Seht ihr das Glöckchen neben ihm? Wer ist mutig und versucht es wegzunehmen, ohne dass der Weihnachtsmann aufwacht? Ein Kind nimmt das Glöckchen und setzt sich wieder zurück an seinen Platz. Alle Kinder verstecken die Hände hinter dem Rücken.

Der Weihnachtsmann erwacht und erschrickt, als er die vielen Kinder sieht. Nun fragt er sich, wer sein Glöckchen genommen hat. Er hat drei Versuche, die einzelnen Kinder zu fragen. Diese öffnen ihm dann immer die Hand. Nun können die Kinder nacheinander den Weihnachtsmann spielen und das Glöckchen stehlen.

Winterolympiade

Diese Bewegungsideen sind für ca. 20 Kinder geplant. Die Ideen sind ab vier Jahren gut durchzuführen. Die Stationen sollten vorher aufgebaut werden. Jedes Kind bekommt einen Laufzettel (siehe Anhang S. 48), auf dem die Stationen abgestempelt werden können. An jeder Station steht ein Stempel bereit.

Willkommen bei unserer Winterolympiade! Heute versuchen wir uns in vielen Sportarten, die wir im Winter machen können. Schauen wir mal, ob der Winter schon bei uns angekommen ist.

Eine kleine „Wintergeschichte" wird zum Aufwärmen erzählt: **Heute hat es geschneit** (mit den Fingern zappeln, als ob Schnee fällt). **Große Flocken sind von weit oben aus den Wolken gefallen** (so weit nach oben strecken, wie es geht, und von ganz oben die Zappelfinger machen). **Alles ist voller Schnee. Die Bäume** (Arme nach oben und wie Bäume im Wind wiegen)**, die Wiesen** (große Bewegung mit den Armen, als ob man eine Wiese streichelt)**, die Berge** (auf die Zehenspitzen stellen und die Bergspitzen andeuten)**, die Blumen sind alle vom Schnee zugedeckt und schlafen** (ganz klein machen und so tun, als ob man schläft) **und die Dächer der Häuser sind auch voller Schnee** (mit den Armen ein Dach über dem Kopf bilden)**. Kalt ist es auch geworden** (mit den Armen „frieren" andeuten)**. Wir müssen uns erst einmal sehr warm anziehen. Zuerst eine lange Hose und einen Pullover** (Hose und Pullover überstreifen)**, große Stiefel, die man schnüren muss** (in die Hocke gehen und die schweren Stiefel überziehen und schnüren)**, eine dicke Jacke** (Jacke anziehen und dabei große Armbewegungen machen) **und die Mütze – oh, die liegt ganz oben auf dem Schrank** (nach oben strecken und springen)**. Außerdem brauchen wir natürlich noch einen Schal und Handschuhe** (Schal und Handschuhe anziehen)**. Wir gehen nach draußen. Oh, es ist schon sehr kalt geworden. Wir sehen unseren Atem** (ausatmen und nach oben schauen)**. Damit die Füße schnell warm werden, laufen und springen wir noch auf der Stelle** (schnelle Lauf- und Sprungbewegungen auf der Stelle machen)**. Jetzt sind wir bereit für unsere Winterolympiade!**

Nun werden die Kinder in Kleingruppen eingeteilt. Es sollten ca. zwei bis vier Kinder in einer Gruppe sein.

Skispringen

Sprossenwand, Bank, Weichbodenmatte, Teppichfliese

Die Bank wird in der Sprossenwand eingehängt, am unteren Ende liegt eine Weichbodenmatte, die Teppichfliesen liegen bereit.

Die Kinder klettern die Sprossenwand nach oben und versuchen, auf der Teppichfliese die Schanze (Bank) herabzufahren. Das Kind steht mit beiden Füßen und gebeugten Knien auf der Teppichfliese wie auf Skiern. An der Bank unten angekommen, springen sie ab. An dieser Station muss unbedingt Hilfestellung geleistet werden. Es ist gut, die Füße der Kinder zu halten und sie zu motivieren, in die Knie zu gehen. Am Anfang tun die Kinder sich noch schwer damit, dann wird es immer besser.

Biathlon

6-8 Teppichfliesen, Material zum Markieren der Strecke (z. B. Hütchen, Becher), Tennisbälle, Joghurtbecher, Bank

Es wird eine Strecke für die Strafrunde markiert. Die Joghurtbecher stehen auf der Bank.

Die Kinder nehmen die Teppichfliesen als Skier und sollen damit eine bestimmte Strecke bis zur Abwurfstation „fahren". Hier angekommen, bekommt jedes Kind fünf Tennisbälle, um drei Joghurtbecher abzuwerfen. Wenn ein oder mehrere Joghurtbecher stehen bleiben, müssen die Kinder auf eine Strafrunde gehen. Die Strafrunde wird vorher mit Hütchen markiert. Sie sollte nicht zu groß sein, da die Kinder sonst die Motivation verlieren.

Rennbob

Umgedrehter, kleiner Kasten, Seil, Material zum Markieren des Starts – und Wendepunkt (z. B. Hütchen, Seile, Bänke), Rollbrett (wenn kein Kasten verfügbar, kann das Rollbrett auch so genutzt werden)

Der umgedrehte kleine Kasten wird auf einem Rollbrett festgebunden.

In dem Kasten können ein bis zwei Kinder sitzen. Wenn man nur das Rollbrett zur Verfügung hat, kann es nur einen Einzelbob geben. Nun schieben die Kinder sich gegenseitig durch die Bobbahn, bis alle Kinder einmal dran waren.

Eisschnelllauf

Geschirrtücher, Material zum Markieren des Starts – und Wendepunkt (z. B. Hütchen, Seile, Bänke)
Die Geschirrtücher werden um die Füße gebunden.

Es laufen immer zwei Kinder gegeneinander. Am Startpunkt können die Kinder wie beim Eisschnelllauf eine Hand auf den Boden halten und dann „losfahren“.

Eishockey

Stäbe, Tennisringe oder Sandsäckchen (Nähanleitung siehe Anhang S. 46), Material zum Markieren des Slaloms (z. B. Hütchen, Becher, Flaschen)
Es wird ein Slalom gestellt, der etwa 2 bis 3 Meter vor der Wand als Abschlusspunkt endet.

Die Kinder nehmen einen Stab und versuchen, mit diesem einen Tennisring / ein Sandsäckchen durch den Slalom zu führen und am Ende diesen gegen die Wand zu schießen.

Skilift

Stäbe, Seile, Teppichfliesen, Sprossenwand oder Barren
Das Seil wird mittig an den Stab gebunden und das andere Ende des Seils um die Sprossenwand gelegt. Es sollten mindestens 2 bis 3 Skilifte gebaut werden.

Die Kinder nehmen den Stab mit Seil wie einen Skilift zwischen die Beine und stellen sich auf die Teppichfliese. Am Seilende ziehen sie sich zur Sprossenwand. Jüngere Kinder schaffen dies so noch nicht. Ihnen kann man das Seil um den Bauch binden, und dann ziehen sie sich in der Hocke oder im Sitz Richtung Sprossenwand.

Alle räumen gemeinsam auf und treffen sich dann mit den Laufkarten in der Mitte. Jedes Kind darf erzählen, welche Wintersportart am meisten Spaß gemacht hat.

Wo ist die Kokosnuss?

Pro Kind min. 1 Ball (wenn möglich, sollten es unterschiedliche Bälle sein)
Material zum Sortieren der Bälle (z. B. Reifen, Kartons)

Einleitung

Wir befinden uns auf einer einsamen Insel mitten im Meer. Um auf dieser Insel überleben zu können, müssen wir zu den tollsten und leckersten Kokosnüssen gelangen. Wir kämpfen uns durch Palmen, Sträucher und Büsche. Die Bewegungen können pantomimisch mit den Kindern dargestellt werden.

Hauptteil

Nachdem wir uns durch das Dickicht gekämpft haben, kommen wir auf eine Waldlichtung. Dort gibt es einen Tümpel mit vielen verschiedenen Seerosen. Gemeinsam durchqueren wir den Tümpel. Die Kinder legen sich auf den Bauch und robben über den Boden, es können auch Schwimmbewegungen dargestellt werden.

Unsere Tour geht weiter. Plötzlich tauchen wilde Tiere vor uns auf. Wir machen uns ganz klein und verstecken uns. Seht ihr die wilden Tiere? Die Kinder von den wilden Tieren erzählen lassen.

Nachdem wir das geschafft haben, schauen wir durch unser Fernglas die Palmen an und tatsächlich können wir die Kokosnüsse schon sehen. Jedes Kind bekommt einen Ball (Kokosnuss).

Wie bekommen wir jetzt die Kokosnüsse von den Bäumen? Wir versuchen kräftig zu rütteln und zu schütteln! Die Kinder bilden Bäume. Die Hände sind über dem Kopf und der Ball wird zwischen den Beinen festgehalten. Die PF oder andere Kinder schütteln ein wenig an den „Bäumen", diese sollen standhaft bleiben.

Auf einmal bläst ein heftiger Wind über die Insel. Vorsicht, wir müssen unseren Kopf schützen, denn alle Kokosnüsse prasseln auf uns herab. Die PF und die Kinder werfen gemeinsam die Bälle weit nach oben. Nachdem der Ball geworfen wurde, nehmen die Kinder ihre Hände über den Kopf.

Lasst uns nun alle Kokosnüsse einsammeln und in unser Lager bringen. Doch unsere Kokosnüsse sind schwer, deshalb können wir nur eine Kokosnuss transportieren. Die Kinder transportieren den Ball auf unterschiedliche Weise.

Beispiele: auf dem Kopf und dabei mit den Händen festhalten / immer zwei Kinder klemmen sich den Ball zwischen den Bauch / die Kinder nehmen den Ball zwischen die Knie und versuchen zu springen etc. Der Platz, zu dem die Bälle transportiert werden, wird von der PF vorgegeben.

Bei unterschiedlichen Bällen:
Nun müssen wir unsere gesammelten Kokosnüsse sortieren, denn nicht alle sehen gleich aus. Die Kinder sortieren die Bälle nach Farbe und Größe.

Bei einheitlichen Bällen:
Nun müssen wir unsere gesammelten Kokosnüsse sortieren, denn nicht alle sehen gleich aus. Es gibt mehrere Reifen oder Kartons im Raum. Pro Reifen oder Karton eine andere Anzahl an Bällen.

Nachdem alle Kokosnüsse eingesammelt und sortiert sind, bekommen wir großen Hunger. Jeder darf sich eine Kokosnuss zum Essen aussuchen. Anschließend können die Schalen weggeworfen werden, denn andere Tiere freuen sich darüber. Die Kinder dürfen pantomimisch ihre Kokosnuss essen und den Ball danach wegwerfen. Diese Aufgabe kann mehrmals wiederholt werden.

Wir haben eine große Unordnung hinterlassen. Die Tiere möchten es auch schön haben, deshalb räumen wir unsere Kokosnussschalen noch auf einen Haufen.

Bälle werden gemeinsam aufgeräumt.

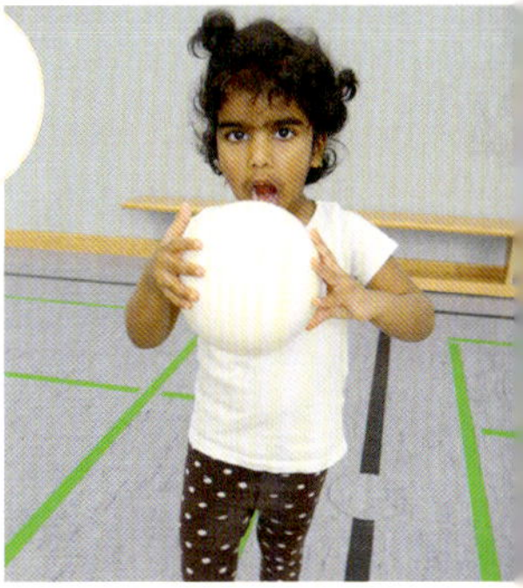

Auf hoher See

Musik, Schwungtuch, 6 Matten, Gefühlskarten (siehe Anhang S. 12)

Einleitung

Heute gehen wir auf eine große Reise. Wir wollen viele verschiedene Inseln und Länder besuchen. Dazu müssen wir lernen, wie man sich dort begrüßt. Bevorzugt werden Sprachen benutzt, die in der Einrichtung gesprochen werden. Die Kinder sollen zur Musik durch den Raum laufen und bei Musik-Stopp rufen alle zusammen folgenden Vers:

Wir sagen uns HALLO und rufen es uns zu,
zuerst in Englisch und jetzt kommst du! – Hello!
Beim nächsten Musik-Stopp folgt:
Wir sagen uns HALLO und rufen es uns zu,
nun in Türkisch und jetzt kommst du! – Merhaba!

Weitere Beispiele für Begrüßungen:

Französisch: Bonjour oder Salut / Spanisch: Hola / Italienisch: Ciao oder Buongiorno / Russisch: Dobryj djen / Arabisch: Marhabaan

Hauptteil

Auf dem Meer, auf dem wir jetzt unterwegs sind, gibt es hohe Wellen. Die gehen hoch und tief, hoch und tief etc. Das Schwungtuch wird auf dem Boden ausgebreitet. Die Kinder halten sich alle am Schwungtuch fest und imitieren die Wellen.

<u>Variante 1</u>: Die PF ruft eine Farbe und ergänzt entweder „**Über die Wellen!**" oder „**Unter die Wellen!**"

Alle Kinder, die die gerufene Farbe an ihrer Kleidung haben, dürfen nun über oder unter die Wellen krabbeln/gehen.

Ablauf bei „unter die Wellen": Alle Kinder, die die Farbe nicht auf ihrer Kleidung tragen, heben das Schwungtuch weit nach oben, damit die anderen Kinder unter dem Schwungtuch zu einem anderen Platz wechseln können.

Ablauf bei „über die Wellen": Alle Kinder, die die Farbe nicht auf ihrer Kleidung tragen, gehen in die Hocke und machen kleine Wellenbewegungen, während die anderen Kinder über die Wellen krabbeln und zu einem anderen Platz wechseln.

Die anderen Kinder müssen schnell reagieren und das Schwungtuch nach unten nehmen und nur noch sehr kleine Wellen imitieren oder weit nach oben halten. Wenn die PF z. B. **grün, unter die Wellen** ruft, dürfen die Kinder mit der angesagten Farbe unter dem Schwungtuch durchlaufen und wechseln zu einem anderen Platz.

Die verbliebenen Kinder müssen schnell reagieren und das Schwungtuch nach oben nehmen.

<u>Beispiele</u>: Rot: über die Wellen / Gelb: unter die Wellen / Blau: über die Wellen etc.

<u>Variante 2</u>: Die PF ruft nicht nur Farben, sondern noch andere Merkmale.

<u>Beispiele</u>: wer eine Schwester hat, unter die Wellen / wer ein Haustier hat, über die Wellen / wer gerne Fisch isst, unter die Wellen etc.

Wir sehen auch Fischer auf dem Meer. Die Kinder stehen an einer Seite des Bewegungsraumes und auf der anderen Seite steht die PF. Die Kinder rufen: **Fischer, Fischer, wie tief ist das Wasser?** Der Fischer (PF) antwortet: **Einhundert Meter tief!** (Hier kann auch jede andere Zahl eingesetzt werden.) Die Kinder rufen: **Wie kommen wir hinüber?** Die PF überlegt sich eine Fortbewegungsart z. B. **Auf einem Bein hüpfen!** Die Kinder müssen nun auf die andere Seite wechseln und dabei auf einem Bein hüpfen.

Wenn das Spiel bekannt ist, kann auch ein Kind die Rolle des Fischers übernehmen. Es bestimmt dann nach einer Runde, wer der nächste Fischer sein darf. So kann jedes Kind einmal an der Reihe sein.

Viele Inseln liegen hier im Meer. Wir wollen die Menschen auf den Inseln besuchen. Die Matten werden im ganzen Raum verteilt. Auf jeder Matte liegt eine Gefühlskarte. Die Karten sollten vorher mit den Kindern angeschaut und besprochen werden. **Die Menschen auf diesen Inseln verhalten sich ganz unterschiedlich. Manche sind fröhlich und lachen die ganze Zeit, andere sind müde und wollen nur schlafen. Wenn wir auf so einer Insel ankommen, werden wir sofort angesteckt und verhalten uns genau wie diese Menschen.** Die Kinder laufen zur Musik durch den Raum. Bei Musik-Stopp suchen sie sich eine Insel und versuchen sich genauso zu verhalten, wie die Karte es anzeigt. Wenn die Musik wieder startet, laufen alle wieder los.

Abschluss

Unsere Reise ist zu Ende. Wir verabschieden uns wieder in unterschiedlichen Sprachen wie am Anfang.

Wir sagen uns TSCHÜSS und rufen es uns zu,
zuerst in Englisch und jetzt kommst du! – Bye!
Wir sagen uns TSCHÜSS und rufen es uns zu,
nun in Türkisch und jetzt kommst du! – Allaha ısmarladık!

<u>Weitere Beispiele für Verabschiedungen</u>:
Französisch: Au revoir / Spanisch: Adiós / Italienisch: Ciao / Russisch: Dasswidan'ja / Arabisch: Wadā'an

(Aus: Zimmer, 2016, S. 223)

Auf Kreuzfahrt

Pro Kind 1 Reifen, 3 Bälle, Musik, Matten, Gefühlskarten in doppelter Ausführung (siehe Anhang S. 12), viele verschiedene Materialien aus der Einrichtung (nicht vorgegeben), 2 Bänke

Einleitung

Wie schon bei „Auf hoher See" begrüßen wir uns in verschiedenen Sprachen. Bevorzugt werden Sprachen benutzt, die in der Einrichtung gesprochen werden. Die Kinder sollen zur Musik durch den Raum laufen und bei Musik-Stopp rufen alle zusammen folgenden Vers:

Wir sagen uns HALLO und rufen es uns zu,
zuerst in Englisch und jetzt kommst du! – Hello!
Beim nächsten Musik-Stopp folgt:
Wir sagen uns HALLO und rufen es uns zu,
nun in Türkisch und jetzt kommst du! – Merhaba!

Weitere Beispiele für Begrüßungen:
Französisch: Bonjour oder Salut / Spanisch: Hola / Italienisch: Ciao oder Buongiorno / Russisch: Dobryj djen / Arabisch: Marhabaan

Hauptteil

Wir fahren nun mit unseren Schiffen los.
Jedes Kind nimmt sich einen Reifen und hält ihn wie einen Schiffsbauch um den Körper. **Die Schiffe müssen sich an die Kommandos eines Schiffslotsen halten.** Die PF – später kann diese Rolle auch ein Kind übernehmen – ruft verschiedene Aufgaben.

Beispiele: die Schiffe fahren sehr langsam / die Schiffe fahren rückwärts / es gibt hohe Wellen und die Schiffe bewegen sich auf und ab / die Schiffe fahren ganz schnell / nun müssen die Schiffe durch eine schmale Schleuse fahren und machen sich ganz dünn / es sind viele Menschen auf dem Schiff und das Schiff ist ganz schwer etc.

Es sind Piraten unterwegs, die unsere Schiffe entern wollen.
Die Kinder halten immer noch die Reifen wie einen Schiffsbauch. Zwei bis drei Kinder legen ihren Reifen auf dem Boden ab und bekommen einen Ball. Nun müssen sie versuchen, die Kinder mit den Reifen zu treffen. Als Treffer gilt, wenn der Ball von oben durch den Reifen geworfen wurde. Wurde ein Kind so getroffen, sinkt der Reifen zu Boden und das Kind muss sich schnell einen neuen Reifen suchen. Das Spiel wird beliebig lange gespielt. Die Fänger können nach einiger Zeit gewechselt werden.

Variante: Die abgeworfenen Kinder dürfen von den anderen Kindern mit in ihr „Schiff" genommen werden. Es können bis zu vier Kinder in einem Reifen sein.

Von jeder Reise bringt man auch etwas mit. Wir wollen nun von allen Inseln, die wir sehen, ein Souvenir aussuchen. Es werden sechs Matten im Raum verteilt. Auf jeder Matte liegen jeweils eine Gefühlskarte und viele unterschiedliche Materialien.

Beispiele: Lego®-Steine / Bauklötze / Tassen aus der Puppenecke / Gummitiere / Kuscheltiere etc.

Die Kinder werden in zwei Mannschaften aufgeteilt. Jede Mannschaft stellt sich auf eine Bank, welche das Schiff darstellt. Jeder Matrose auf dem Schiff bekommt eine Zahl zugeteilt.

Diese Zahl müssen die Kinder sich gut merken. Die PF ruft eine Zahl und hält eine der Gefühlskarten nach oben. Das Kind mit der gerufenen Zahl startet zu der angezeigten Insel, schnappt sich dort ein Souvenir und nimmt es mit auf sein Schiff. Dann wird die nächste Zahl gerufen und eine andere Karte nach oben gehalten. Dies wird so lange gespielt, bis auf keiner Matte mehr etwas liegt. Da es immer weniger Materialien werden, wird das Spiel am Ende zu einem Wettspiel.

Der, die oder das – wo passt was? Wir wollen nun unsere Geschenke anschauen. Was haben wir gesammelt? Ein Kind wählt einen Gegenstand aus und gemeinsam überlegen die Kinder mit Hilfe der PF, welcher Artikel der Richtige für diesen Gegenstand ist und sagen zusammen:

Der, die oder das? Vor diesem Ding steht jetzt was?
Ist es der – wie der Ball?
Ist es die – wie die Sonne?
Ist es das – wie das Auto?
Es ist … (hier wird nun der passende Artikel für den ausgesuchten Gegenstand genannt)

Beispiel: Der, die oder das? Vor diesem Ding steht jetzt was?
Ist es der – wie der Ball?
Ist es die – wie die Sonne?
Ist es das – wie das Auto?
Es ist der – der Affe!

Die Reise ist zu Ende. Wir verabschieden uns wieder in unterschiedlichen Sprachen.

Wir sagen uns TSCHÜSS und rufen es uns zu,
zuerst in Englisch und jetzt kommst du! – Bye!
Wir sagen uns TSCHÜSS und rufen es uns zu,
nun in Türkisch und jetzt kommst du! – Allaha ısmarladık!

Weitere Beispiele für Verabschiedungen:
Französisch: Au revoir / Spanisch: Adiós / Italienisch: Ciao / Russisch: Dasswidan'ja / Arabisch: Wadāʿan

(Aus: Zimmer, 2016, S. 223)

Bei der Feuerwehr

Pro Kind 1 Stapelstein, evtl. Feuerwehrmusik, 1 Kreiselstein

Einleitung

Heute besuchen wir die Feuerwehr. Seid ihr schon mal in einem echten Feuerwehrhaus gewesen? Die Kinder erzählen von ihren Erfahrungen. **Was müssen Feuerwehrmänner alles gut können?** Mit den Kindern werden verschiedene Eigenschaften gesammelt. **Sie müssen schnell sein, gut klettern können, sie sollten mutig sein etc.**

Wenn es brennt, sollten alle Feuerwehrmänner schnell im richtigen Auto sitzen. Jedem Kind wird eine Farbe der Stapelsteine zugeordnet. Die Stapelsteine liegen verteilt im Raum. Zur Musik laufen die Kinder durch den Raum. Bei Musik-Stopp ruft die PF eine Zahl von 1 bis 4. Je nachdem, welche Zahl sie gerufen hat, müssen von der gleichen Farbe Stapelsteine zusammengestellt werden, um ein Feuerwehrauto zu bauen. Alle Kinder, die die gleiche Farbe haben, müssen nun zusammen auf den Stapelsteinen sitzen oder stehen. Kein Kind soll außerhalb des Feuerwehrautos sein.

Hauptteil

Wisst ihr, wie man früher das Feuer gelöscht hat? Bevor es so tolle, große Feuerwehrautos mit Wasserschläuchen gab? Man musste eine lange Schlange bilden und immer die vollen Eimer weitergeben. Wir versuchen es mal! Die Kinder werden in zwei Mannschaften aufgeteilt. Die Stapelsteine werden zu gleichen Teilen an die beiden Mannschaften verteilt. Die Kinder einer Mannschaft stehen in einer Reihe. Die Stapelsteine befinden sich am Ende dieser Reihe. Nun nimmt ein Kind am Ende der Reihe einen Stapelstein und gibt ihn an das nächste Kind weiter. Dabei soll der Stapelstein so gehalten werden, als ob sich in ihm Wasser befinden würde. Die PF gibt folgende Aufgaben dazu: **obendrüber / untendurch / an euch vorbei.** Zur visuellen Unterstützung kann sie mit Handzeichen angeben, wo der Stapelstein weitergegeben werden soll. Das letzte Kind stapelt die Stapelsteine auf seiner Seite der Reihe.

Variante für ältere Kinder:
Der Stapelstein wird umgedreht auf einen anderen Stapelstein gelegt und muss so am Ziel ankommen.

Heute kann die Feuerwehr viel schneller das Feuer löschen. Sie muss nur genau wissen, wo es brennt. Mal sehen, wie schnell wir die richtigen Häuser finden. Die Kinder werden in zwei bis drei Mannschaften aufgeteilt, je nach Anzahl der Kinder. Es sollten nicht mehr als fünf Kinder in einer Mannschaft sein. Vor jeder Gruppe liegen vier Stapelsteine im Abstand von ca. 2 Metern in den vier verschiedenen Farben. Die Kinder stehen jeweils in ihrer Mannschaft in einer Reihe. Nun ruft die PF zwei Farben, die nacheinander berührt werden müssen. Das erste Kind in der Reihe läuft los und versucht, die Aufgabe zu lösen.

Die PF ruft pro Kind eine neue Abfolge der Farben. Die Schwierigkeit kann gesteigert werden, indem die PF drei oder vier Farben nacheinander ruft. Wenn ein Kind dran war, stellt es sich wieder hinten in der Reihe an.

Wenn es in einem Haus brennt, müssen die Feuerwehrleute genau schauen, wo sie sich noch im Haus bewegen können. Es ist gefährlich, manche Stellen im Haus zu betreten. Die Stapelsteine werden in einer Reihe direkt aneinandergelegt. Dabei sollten keine gleichen Farben nebeneinanderliegen. Die Kinder sollen nun von einer Seite auf die andere Seite balancieren. Dabei dürfen sie aber manche Farben auf keinen Fall berühren. Dies verändert sich auch, während die Kinder auf den Stapelsteinen unterwegs sind. Die PF ruft die jeweils gesperrte Farbe.

Variante 1: Die Kinder krabbeln im Vierfüßler über die Stapelsteine, die Knie berühren dabei die Stapelsteine nicht. Die angesagte Farbe darf weder mit den Füßen noch mit den Händen berührt werden.

Variante 2: Wie Variante 1, aber die Aufgaben der PF werden schwieriger, z. B. auf Rot nur die Hände, auf Grün nur Füße, linke Hand nie auf Blau, rechter Fuß nie auf Gelb etc.

Wenn die Feuerwehrleute im Feuerwehrhaus alle zusammensitzen und gerade nichts zu löschen oder zu retten haben, spielen sie manchmal lustige Spiele, um sich die Zeit zu vertreiben. Eines dieser Spiele heißt Wickel-Wackel-Zappel. Die Kinder stehen im Kreis auf den Stapelsteinen. In der Mitte steht ein Kind auf dem Kreiselstein. Dieses Kind sagt folgenden Spruch:

Ich wickel, ich wackel,
ich zucke und zappel.
Doch plötzlich halt ich still
und ruf, welche Farbe ich will!

Dann ruft das Kind eine oder zwei Farben. Alle Kinder, die auf den gerufenen Farben stehen, müssen nun schnell den Platz tauschen. Das Kind, welches in der Mitte ist, versucht sich schnell auf einen der freien Stapelsteine zu stellen. Das Kind, welches keinen Stapelstein ergattern konnte, darf dann in die Mitte. Das Spiel kann beliebig lange gespielt werden.

Herbstlaub

Bunte Chiffontücher, Schwungtuch, Tasche für Chiffontücher

Einleitung

Wir singen zu Beginn das Lied „Ihr Blätter wollt ihr tanzen!" (falls nicht bekannt: Liedtext siehe Anhang S. 49). Mit den Chiffontüchern kann dazu getanzt werden. Dabei stellen die Chiffontücher die Blätter dar.

Nun wollen wir selbst den Herbstwind spielen. Wir schütteln alle Blätter von den Bäumen und verteilen sie überall. Die Kinder verteilen alle Chiffontücher im ganzen Raum. **Jetzt wollen wir die Blätter auch richtig tanzen lassen.** Die Kinder laufen durch die Tücher, nehmen im Vorbeigehen immer eines auf und werfen es in die Luft. **Wir hören den Wind, wie er durch die Blätter pustet!** Die PF und die Kinder machen Windgeräusche.

Wie können wir die Blätter noch zum Fliegen bringen?

Beispiele: mit dem Fuß nach oben kicken / nach oben werfen und pusten / mit dem Ellbogen hochwerfen etc.

Die Tücher sind je nach Boden sehr rutschig.

Hauptteil

So viele Blätter liegen hier nun auf dem Boden. Da muss der Laubbläser kommen. Wir wollen einen großen Laubhaufen machen. Die Laubbläser pusten alle Blätter in die Mitte. Die Chiffontücher werden alle zur Mitte gepustet. Dabei sollen die Kinder selbst herausfinden, wie dies am besten geht. Bei jüngeren Kindern ist es hilfreich, wenn die Kinder zu zweit oder zu dritt das Tuch pusten.

Wir haben einen tollen Laubhaufen gemacht! Nun können wir die Blätter noch besser tanzen lassen. Aber wir brauchen einen großen Windmacher dazu. Die PF holt das Schwungtuch und alle legen die Chiffontücher hinein.

Bevor es einen richtigen Sturm gibt, beginnt ein schwacher Wind zu wehen. Der wird immer stärker und stärker und stärker. Bis wir einen Sturm haben, der die Blätter wild tanzen lässt. Das Schwungtuch wird erst ganz wenig bewegt. Dann wird mehr und mehr geschwungen. Die Chiffontücher fangen an zu tanzen. **Wir hören, wie der Wind immer lauter wird! Hört ihr ihn auch? Pffffffff!** Die Kinder werden animiert, Windgeräusche zu machen.

Das Schwungtuch wird so lange geschüttelt, bis alle Chiffontücher rausgeflogen sind. Bei kleinen Schwungtüchern kann das recht schnell gehen. Das Spiel kann beliebig oft wiederholt werden.

Alle Blätter sind wieder durcheinandergeflogen. Wir wollen sie schnell wegräumen. Sie kommen in diesen Laubsack, damit der Wind sie nicht wieder wegpustet. Die Tasche für die Chiffontücher wird geholt. **Die Blätter haben unterschiedliche Farben. Wir wollen jede Farbe anders zu unserem Laubsack transportieren.** Zu jeder Farbe wird eine Aufgabe genannt, wie die Tücher transportiert werden sollen.

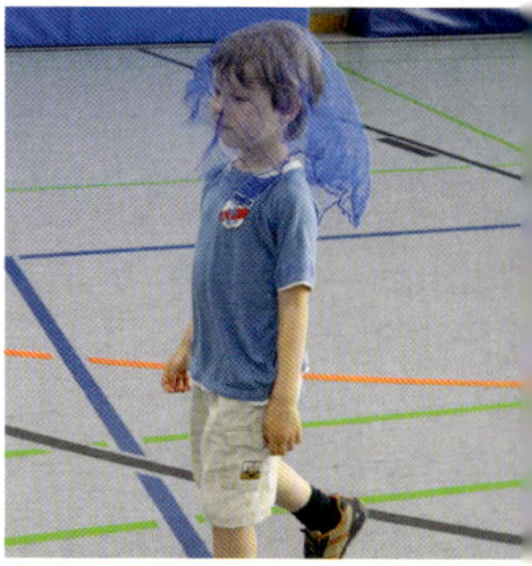

Beispiele: Blau wird auf dem Kopf transportiert / Rot auf den Fuß gelegt / Gelb wird auf der Schulter getragen etc.

Der Wind ist müde geworden. Er weht nur noch ganz schwach. Wir wollen den Wind nun spüren. Es legen sich zwei bis drei Kinder auf oder unter das Schwungtuch.

Die Kinder dürfen das selbst entscheiden. Wenn die Kinder liegen, beginnen alle anderen Kinder, das Schwungtuch zu bewegen.

Dazu kann folgender Spruch gesagt werden:

Die Bäume sind leer, der Wind wird leiser –
er weht nur noch langsam um unsere Häuser.
Wir spüren ihn sacht auf unserer Haut,
er kitzelt, er streichelt und ist nicht mehr laut.

Nun sind auch wir alle vom vielen Pusten und Windmachen müde geworden. Wir legen uns alle unter ein großes Blatt und spüren, wie es uns zudeckt. Gemeinsam wird bis drei gezählt und dann das Schwungtuch über den Kopf nach hinten geführt. Wie ein Zelt geht es über alle Kinder und die PF und die Kinder legen sich gemütlich hin. **Hört ihr draußen den Wind? Oder ist es ganz windstill?** Am besten kippt man vorher ein Fenster, um die Möglichkeit zu haben, den Wind auch zu hören. Wenn kein Wind weht, hören die Kinder vielleicht andere Geräusche.

Nun krieche ich unter dem Blatt hervor. Es wird wieder ein leichter Wind kommen. Und ganz langsam verlässt euch das Blatt. Wenn ihr es nicht mehr spürt, dürft ihr euch ganz leise hinsetzen. Die PF zieht ganz langsam das Schwungtuch von den Kindern weg. Die Kinder, die nicht mehr unter dem Tuch sind, dürfen sich leise aufsetzen.

Im Urwald

Einleitung

Zauberschnur, 1-2 Bänke, 4 Matten, Chiffontücher in Rot und Grün, Pfeife

Heute wollen wir einen Ausflug in den Urwald unternehmen. Welche Tiere leben dort? Kinder erzählen von den Tieren im Urwald. **Bevor wir aber losziehen, benötigen wir noch die passende Ausrüstung und Kleidung. Welche Dinge fallen euch ein?** Die Kinder nennen ein Kleidungsstück, welches pantomimisch angezogen wird.

Beispiele: Schuhe / Hose / Jacke / Rucksack / Hut / Fernglas

Nun kann es losgehen. Wir schleichen durch Büsche, steigen über Baumstämme und stampfen durch Pfützen und Schlammlöcher. Die Bewegungen werden pantomimisch nachgestellt. **Könnt ihr auch etwas auf unserem Weg entdecken?** Ideen der Kinder werden aufgegriffen und in eine Bewegung umgesetzt.

Beispiele: Schlange: auf dem Boden kriechen / Affen: Kletterbewegungen machen / Sumpf: so gehen, als ob die Füße stecken bleiben würden etc.

Hauptteil

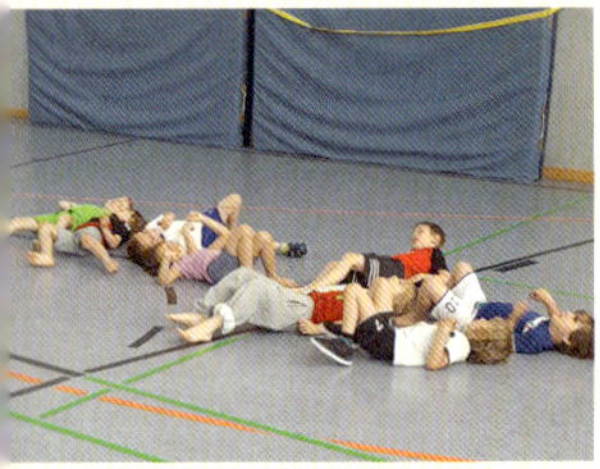

Oh, eine Schlange liegt hier mitten im Weg. Sie schläft. Die Zauberschnur befindet sich in der Raummitte. Sie kann entweder von zwei PF festgehalten oder an einem Ende an einer Sprossenwand oder am Fenstergriff etc. befestigt werden. Während der Geschichte laufen die Kinder immer von einer zur anderen Seite. Es empfiehlt sich auch, mehrere Durchgänge pro Aufgabe zu machen.

Wir möchten die Schlange nicht aufwecken und springen obendrüber. Die Kinder springen über die noch liegende Zauberschnur. **Huch, nun hat uns die Schlange doch bemerkt. Sie hebt langsam Ihren Kopf.** Die Zauberschnur wird etwas vom Boden abgehoben. **Sie hat uns noch nicht gesehen, wir können noch mal versuchen, obendrüber zu springen.** Die Kinder springen nun über die etwas höhere Zauberschnur. **Jetzt hat sie uns bemerkt. Sie krabbelt ein Stück den Baum hinauf. Damit sie uns nicht sehen kann, kriechen wir unter der Schlange auf dem Bauch hindurch.** Die Kinder kriechen unter der Zauberschnur durch. **Um die Schlange von unten besser zu beobachten, schieben wir uns auf dem Rücken unter der Schlange hindurch.** Die Kinder gehen in Rückenlage und schieben sich unter der Zauberschnur durch. **Die Schlange hat genug von dem Spiel und verschwindet im Dickicht.**

Wir laufen noch tiefer in den Urwald hinein. Unterwegs begegnen uns Tiere. Nehmt einmal euer Fernglas in die Hand! Pantomimisch wird mit den Händen ein Fernglas geformt. Die Kinder dürfen Tiere benennen, die dann gemeinsam in Bewegung und Geräuschen nachgemacht werden.

Beispiele: Affe springt und ruft: **Uh, uh, uuuhhhh** / Frosch springt im Froschsprung und macht: **Quak, Quak** / Schlange kriecht auf dem Boden und macht: **Zschhhh** / Papagei fliegt und ruft ganz laut: **Kra, kra, kra** / Krokodil robbt über Boden und macht sein Maul weit auf und zu / Tiger geht auf allen vieren und faucht / Spinne geht im Spinnengang und zischt

Im Urwald gibt es oft auch viele Baumstämme, die kreuz und quer liegen. Manchmal muss man obendrüber, manchmal untendurch. Eine oder zwei Bänke werden in die Mitte des Raumes gestellt. An einer Seite des Raumes liegen vier Matten mit etwas Abstand zur Wand.

Die Kinder teilen sich in vier Gruppen auf und stehen hintereinander hinter den vier Matten. Die PF steht auf der anderen Seite des Raumes mit den Chiffontüchern und der Pfeife.

Variante 1: Die PF hält die beiden Chiffontücher in der Hand. Wenn sie eines fallen lässt, darf das erste Kind loslaufen, über die Bank springen und außenherum zurück.

Variante 2: Jedem Chiffontuch wird eine Aufgabe zugeordnet. Lässt die PF das rote Tuch fallen, soll auf der Matte vor dem Loslaufen eine Rolle vorwärts gemacht werden. Wenn das grüne Tuch fällt, soll vor dem Loslaufen auf beiden Beinen über die Matte gesprungen werden. Dann laufen die Kinder los, springen über die Bank und außenherum zurück.

Variante 3: Wie Variante 2, aber wenn die PF zusätzlich pfeift, sollen die Kinder nicht über die Bank springen, sondern unter der Bank durchkriechen. Wenn die PF nicht pfeift, während sie das Tuch fallen lässt, sollen die Kinder über die Bank springen.

Nun machen wir uns auf den Rückweg. Vorsicht, da vorn ist ein großes Spinnennetz! Die Kinder finden sich in einem Kreis zusammen und setzen sich auf den Boden. Jedes Kind bekommt einen Teil der Zauberschnur in die Hand, diese wird kreuz und quer an die Kinder verteilt. So entsteht ein Netz. **Schafft ihr es, durch das Spinnennetz hindurchzukommen? Mal seid ihr unter dem Netz oder über dem Netz. Ihr steht auch manchmal zwischen den gesponnenen Fäden.** Je nach Anzahl der Kinder darf immer ein Kind entweder über das Netz laufen oder darunter hindurchkrabbeln.

Wir sind ein kleiner Luftballon

1 kurze Schwimmnudel, Musik, Zauberschnur

Einleitung

Wir pusten uns heute einmal einen Luftballon auf. Alle holen einen imaginären Luftballon aus der Hosentasche und tun so, als ob sie ihn aufpusten würden.

Pfffffff...pfffffffff...pffffff

Die Nadel spricht	Ein Finger zeigt die Nadel an,
zum Luftballon,	die andere Hand hält den Luftballon,
du bist rund	einen Luftballon in die Luft malen,
und ich bin spitz.	und den spitzen Finger hochhalten.
Komm, wir machen mal einen Witz:	
Ich kenne ein lustiges Schnettereteng,	
ich mach pieks	Finger sticht den Luftballon,
und du machst peng!	laut in die Hände klatschen.

(Aus: Suhr, 2015, S. 45)

Hauptteil

Wir sind heute auch alle Luftballons und fliegen wild durcheinander in unserer Halle umher. Aber Vorsicht! Eine freche Stechmücke ist unterwegs. Alle Kinder laufen durch die Halle. Ein Kind wird vorher als Fänger ausgesucht. Dieses Kind ist dann die „Stechmücke" und bekommt die Schwimmnudel als „Stachel". Wenn der Fänger ein Kind „sticht", ruft er „**Pieks**". Das Kind, das gepiekst wurde, macht entweder „**Pfffff**" oder „**Peng**" und geht langsam zu Boden.

Es kann aber von den anderen Kindern wieder erlöst werden. Dazu muss ein Kind hinter dem am Boden liegenden Kind knien und die Hände zu einem Ventil formen und Pustegeräusche machen, bis das Kind wieder aufsteht und „losfliegt". Es „pustet" den Luftballon wieder auf.

(Aus: Zimmer, 2016, S. 216)

Jetzt verwandeln sich unsere Luftballons entweder in Mäuse oder Häuser. Manchmal werden sie auch zu einem großen Mann, der Klaus heißt. Oder sie wollen ganz schnell rausfliegen. Bei Musik-Stopp ruft die PF ein Kommando und alle Kinder führen die Bewegungen dazu aus.

Die Kommandos sind:
Maus: Wir machen uns ganz klein.
Haus: Wir formen ein Dach aus Händen über unserem Kopf.
Klaus: Wir imitieren einen großen Mann.
Raus: Wir laufen alle zur Türe.

Die Wörter unterscheiden sich nur in ihren Anlauten. Damit schulen wir die Lautwahrnehmung.

Wir wollen nun alle zusammen einen ganz großen Luftballon aufpusten. In einem großen Kreis nehmen alle Kinder die Zauberschnur in die Hand. Die PF sollte die beiden Enden halten. **Nun beginnen wir zu pusten.** Alle machen Pustegeräusche und blasen die Backen auf und gehen dabei langsam rückwärts nach hinten. **Achtung! Wir lassen die Luft wieder heraus.** Alle machen **Pffffff** ... und gehen wieder Richtung Kreismitte.

Der Luftballon kann auf verschiedene Art und Weise aufgepustet werden.

Beispiele: Wir pusten nur einen kleinen Luftballon auf / wir pusten einen ganz großen Luftballon auf / wir pusten mal ganz schnell und lassen schnell die Luft wieder raus / wir pusten ganz laut oder ganz leise etc.

Jetzt geht es drunter und drüber für uns Luftballons. Die PF bindet die Zauberschnur an geeigneter Stelle fest, z. B. an der Sprossenwand, und hält sie am anderen Ende gut in der Hand. Sie gibt immer jeweils folgende Kommandos:

Untendurch oder **obendrüber**. Die Kinder bewegen sich entweder untendurch oder obendrüber. Je nachdem, was die PF als Kommando gibt. Dies kann erweitert werden durch Bewegungsaufgaben.

Beispiele: rückwärts obendrüber / auf einem Bein obendrüber / mit vier Körperteilen am Boden untendurch / untendurch rollen / obendrüber auf allen vieren

Die Luftballons sind müde geworden. Sie legen sich auf den Boden. Da liegen sie ganz ruhig. Nur manchmal kommt ein kleiner Windstoß und dreht sie einmal um. Dann liegen sie wieder ganz ruhig. Die Kinder legen sich mit dem Rücken auf den Boden. Die PF geht um die Kinder herum und pustet immer wieder ein Kind an. Dieses Kind dreht sich dann einfach vom Rücken auf den Bauch und bleibt dann so liegen.

Ausflug in die Berge

1 langes Seil (oder viele Seile aneinandergebunden)

Einleitung

Heute wollen wir in die Berge. Zuerst einmal müssen wir unseren Rucksack packen. Was soll alles in den Rucksack rein? Mit den Kindern wird besprochen, was alles in den Rucksack gepackt werden soll.

Hauptteil

Jetzt geht es los! Alle laufen gemeinsam los. Dabei können verschiedene Aufgaben gestellt werden:

Beispiele: große Schritte machen / über einen umgefallenen Baumstamm springen / schleichen / klettern etc.

Wir sind nun hoch oben auf dem Berg angekommen. Hier müssen wir uns anseilen. Alle Kinder halten sich an einem Seil fest und gehen so zusammen durch den Raum. **Zwischendurch legen wir das Seil ab und springen darüber.** Die Kinder springen über das Seil. **Wir können auch auf dem Seil balancieren.** Die Kinder versuchen, über das Seil zu balancieren. Die Ideen der Kinder aufgreifen und zwischendurch immer wieder gemeinsam mit dem Seil durch den Raum gehen.

Auf dem Berg angekommen, sehen wir viele Löcher. Darunter leben Murmeltiere in ihren Höhlen. Wir legen einen großen Kreis aus dem Seil. **Die Murmeltiere haben es dort warm und kuschelig. Sie sind aber auch sehr neugierig und gehen oft nach draußen auf Entdeckungstour.** Zu folgendem Spruch gehen die Kinder aus dem Kreis heraus und laufen oder krabbeln drumherum.

Das Murmeltier springt mutig aus dem Loch,
läuft drumherum und springt ganz hoch,
dann möcht' es wieder Heim
und springt schnell ins Loch hinein.

Die Kinder springen alle wieder in den Kreis hinein.

Abschluss

Schön war der Ausflug in die Berge. Jetzt gehen wir wieder nach Hause. Die Kinder gehen wieder am langen Seil. Dies kann genutzt werden, um den Übergang vom Bewegungsraum in den Gruppenraum zu gestalten.

Bälle, Bälle, Bälle U3

Pro Kind 1 Softball, 1 Wasserball, Musik, 1 Krabbeltunnel, Schaumstoffbauelement: Treppe, 1 Rampe, 1 Bank

Einleitung

Heute landen ganz viele Bälle bei uns.
Die Kinder bewegen sich zur Musik im Raum und die PF rollt die Bälle in den Raum hinein, bis jedes Kind sich einen Ball geschnappt hat. Nun dürfen die Kinder erst einmal mit den Bällen frei spielen. Es ist wichtig, die Kinder lange mit den Bällen experimentieren zu lassen.

Was kann euer Ball alles?
Die Ideen der Kinder können nacheinander aufgegriffen werden.

Beispiele: rollen / springen / fliegen / gegen die Wand springen / an der Wand entlangrollen etc.

Hauptteil

Wir versuchen mal, den Ball vorwärtszubewegen. Wie können wir das tun? Die Kinder probieren es aus und die PF greift verschiedene Ideen auf.

Beispiele: mit der Hand rollen / mit dem Fuß kicken / mit der Nase anstupsen / werfen etc.

Wie spielen die Tiere mit einem Ball?
Gemeinsam überlegen die Kinder sich Tiere und versuchen, den Ball wie diese Tiere zu bewegen.

Beispiele: Der Hund spielt mit der Nase / der Pinguin mit den Füßen / die Kuh mit den Hinterbeinen / der Vogel mit den Flügeln (Ellbogen) / der Affe mit dem Kopf / die Giraffe macht sich ganz groß mit dem Ball etc.

Da ist ein ganz großer Ball! Wir wollen auch ihn zum Rollen bringen. Die Kinder versuchen, mit ihrem Ball den Wasserball zu treffen. Die Kinder sollen animiert werden, ihren Ball tatsächlich auf den Wasserball zu werfen und ihn nicht nur damit anzustupsen.

Es können noch verschiedene kleine Stationen aufgebaut werden. Die Stationen sollen noch mehr eigene Bewegungserfahrungen mit dem Ball bieten:

Wer trifft ins Loch? Wir versuchen, hoch in das Loch zu werfen. Ganz schön weit oben ist das! Ein Krabbeltunnel wird aufgestellt und mit einem Seil, z. B. an der Sprossenwand oder Türklinke angebunden. Die Kinder versuchen, den Ball von oben hineinzuwerfen.

Hier kommt unser Ball immer wieder die Treppe herunter. Je höher wir ihn werfen, umso weiter kann er die Treppe herunterspringen. Das Schaumstoffbauelement Treppe wird an einer Wand aufgestellt. Die Kinder werfen ihren Ball die Treppe hinauf und können beobachten, wie er wieder zu ihnen zurückkommt.

Jetzt kann unser Ball über eine Brücke gehen. Er darf auf keinen Fall herunterfallen. Die Kinder rollen ihren Ball über eine aufgestellte Bank.

Schaut mal, hier haben wir eine ganz schnelle Rutsche für unsere Bälle. Ganz oben setzen wir sie hin und dann geht es los! Schnell, versucht mal, den Ball wieder unten aufzufangen. Die Kinder lassen ihren Ball oben an der Rampe los und beobachten, wohin er rollt. Dann sollen sie den Ball wieder einfangen.

Abschluss

Unsere Bälle wollen uns nun kennenlernen. Sie spazieren über unseren Rücken und den Po und auch über unsere Beine. Immer ein Kind legt sich auf den Bauch und ein anderes setzt sich daneben. Das Kind massiert das liegende Kind mit dem Ball.

Bei den wilden Tieren

U3

Pro Kind 1 Seil

Einleitung

Heute wollen wir dort hinfliegen, wo viele wilde Tiere wohnen. Tiger, Elefanten, Affen und Schlangen. Wo könnte das sein? Die Kinder erzählen lassen. Ideen der Kinder aufgreifen, z. B. Afrika, Dschungel, Wüste etc., und beschreiben lassen, wie es dort aussieht.

Dann fliegen wir genau dorthin und jetzt geht es los. Die Kinder breiten die Arme aus und spielen Flugzeug.

Hauptteil

Jetzt sind wir bei den wilden Tieren gelandet. Zuerst sehen wir ganz viele Schlangen über den Boden kriechen. Jedes Kind bekommt ein Seil und versucht es über den Boden schlängeln zu lassen. **Hört ihr die Schlangen auch zischen?** Die Kinder versuchen, Zisch-Laute zu machen.

Schaut mal in die Bäume, ein Affe! Affen haben einen langen Schwanz, damit sie sich von Ast zu Ast schwingen können. Die Kinder stecken sich das Seil in die Hose und dürfen sich wie Affen durch den Raum bewegen.

Die Affen können auch über ihre Schwänze springen. Die Kinder springen entweder über ihr eigenes Seil oder über das Seil eines anderen Kindes.

Seht ihr da hinten die Tiger schleichen?

Die Kinder bewegen sich wie ein Tiger durch den Raum.

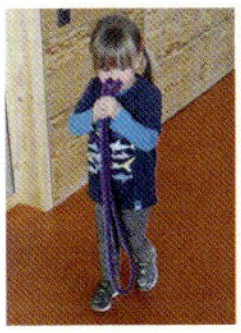

Dahinten können wir auch große, dicke, graue Elefanten sehen. Sie haben einen langen Rüssel. Die Kinder nehmen das Seil doppelt und halten es sich an die Nase. **Elefanten stampfen und schwenken dabei ihren Rüssel hin und her.**

Wir kommen an einen Fluss. Hier sind viele Krokodile unterwegs. Die Kinder legen sich auf den Bauch und kriechen auf dem Boden in Bauchlage vorwärts.

Manche Krokodile können auch rückwärts kriechen. Die Kinder schieben sich in Bauchlage mit den Armen rückwärts.

Abschluss

Jetzt fliegen wir wieder zurück nach Hause. Die Kinder laufen mit ausgebreiteten Armen durch den Raum.

Eine runde Sache

U3

Pro Kind 1 Reifen in unterschiedlichen Farben (Holzreifen können mit Chiffontüchern, Krepppapier oder Stoffresten farbig markiert werden)

Einleitung

Schaut mal, jeder von euch bekommt heute so einen großen Reifen. Jedes Kind bekommt einen Reifen und bewegt sich damit frei durch den Raum. Bei Musik-Stopp soll jedes Kind den eigenen Reifen schnell ablegen und sich hineinsetzen. Nun greift die PF Ideen der Kinder auf, die sie zuvor im Freispiel beobachtet hat.

Beispiele: Wir springen rein und raus / wir balancieren auf dem Reifen vorwärts und rückwärts / wir lassen unseren Reifen tanzen / wir setzen uns hinein und machen uns ganz klein / nur der Po darf im Reifen sein etc.

Nach jeder angeleiteten Aufgabe starten wir wieder die Musik und jedes Kind darf mit dem Reifen experimentieren.

Hauptteil

Jetzt schauen wir mal, welche Farben unsere Reifen haben. Wieder laufen die Kinder zur Musik durch die Halle. Bei Musik-Stopp ruft die PF eine Farbe und die Kinder müssen schnell in einen Reifen mit dieser Farbe springen. Dabei können viele Kinder in einem Reifen Platz finden.

Wir verwandeln uns in Tiere, die sich um unsere Reifen bewegen. Immer wieder springen sie in den Reifen hinein. Bei folgendem Spruch springen die Kinder in den Reifen:

Wir verwandeln uns in ein Tier,
… (Beispiel: Elefant) nennen es wir.
Erst raus, rundherum und wieder rein –
im Reifen machen wir uns dann ganz klein!

Dies kann beliebig oft wiederholt werden.

Jetzt verwandeln wir uns in Kängurus, die durch die Reifen springen. Die Reifen werden in eine lange Reihe gelegt. Dann dürfen die Kinder von einem Reifen zum nächsten springen. Dabei rufen die Kinder die Farben der Reifen, die sie schon kennen. Kinder, die die Farben noch nicht können, werden durch die PF sprachlich begleitet.

Abschluss

Zum Abschluss lassen wir einen Reifen Karussell fahren. Die Kinder und eine PF legen sich auf den Bauch mit einem Reifen in der Mitte. Nun halten sich alle Kinder und die PF an diesem Reifen fest. Der Reifen soll nun in eine Richtung gedreht werden.

Tierfamilien

U3

Pro Kind 1 Stapelstein, Bilder von Tierfamilien (siehe Anhang S. 50-52), Tesa oder Kreppklebeband, 1-3 Badeentenfamilien, Wasser

Die Bilder der Tierfamilien werden unter den Stapelsteinen versteckt.

Wir haben alle eine Familie. Eine Mama, einen Papa, vielleicht eine Oma und einen Opa und vielleicht sogar Geschwister. Die Kinder von ihrer Familie erzählen lassen. **Unser Papa und unsere Mama sind ganz groß.** Wir strecken uns alle weit nach oben. **Und unsere Oma und unser Opa sind schon ein bisschen älter und haben schon Falten im Gesicht.** Wir ziehen Grimassen mit vielen Falten im Gesicht. **Und die Babys in einer Familie sind noch ganz klein und können noch gar nicht laufen, sondern robben und krabbeln.** Wir imitieren die Fortbewegungsmöglichkeiten von Babys.

Und wisst ihr, auch alle Tiere haben eine Familie.

Bei uns haben sich ganz viele Tierfamilien versteckt. Wir machen uns mal auf die Suche danach. Die Kinder laufen durch den Raum und suchen unter den Stapelsteinen die Tierfamilien. Immer wenn eine gefunden wurde, schauen wir die Familie gemeinsam an, benennen die Familie und hängen sie an die Wand.

Wenn alle Tierfamilien gefunden wurden, führen wir die passenden Bewegungsaufgaben dazu aus:

Schaut mal, hier haben wir eine Känguru-Familie. Die Känguru-Mama trägt ihr Baby in einem Beutel am Bauch. Wir nehmen den Stapelstein und halten ihn vor uns an den Bauch. **Die Kängurus machen riesige Sprünge.** Die Kinder springen wie ein Känguru durch den Raum.

Und hier sehen wir die Schildkröten. Sie haben alle einen Panzer auf dem Rücken und einen auf dem Bauch. Die Schildkröte liegt auf ihrem Panzer auf dem Bauch und streckt alle viere von sich. Alle Kinder legen sich auf einen Stapelstein auf den Bauch. Dann versuchen die Kinder, Arme und Beine anzuheben und wieder abzusenken.

Eine Katzenfamilie haben wir auch auf den Bildern. Alle können schon besonders gut über das Dach schleichen. Aus den Stapelsteinen wieder eine lange Reihe legen. Alle Kinder krabbeln nacheinander über die Stapelsteine.

Eine Entenfamilie schwimmt hier durch einen Teich. Die Enten können aber auch gut über die Steine am Seeufer watscheln. Die Kinder watscheln über die Stapelsteine, die nacheinander aufgereiht sind.

Abschluss

Und hier sehen wir noch eine Käferfamilie. Die Käfer flitzen ganz schnell durch unseren Raum. Die Kinder schubsen die Stapelsteine kreuz und quer durch den Raum.

Unserer Entenfamilie fehlt das Wasser. Lasst sie uns schnell in einen Teich setzen. Nun werden mehrere Stapelsteine mit Wasser gefüllt. In die mit Wasser gefüllten Stapelsteine werden die Enten gesetzt.

Variante für den Abschluss:
Schaut mal, hier kommt eine Sonnenkäferfamilie. Sie spazieren über unsere Gartenbank. Aus den Stapelsteinen wird eine lange Reihe gelegt. Die Kinder werden in Sonnenkäfer-Papa, Sonnenkäfer-Mama und Sonnenkäfer-Kinder aufgeteilt. Immer wenn die Kinder an der Reihe sind, krabbeln sie über die Stapelsteine. **Nun sprechen oder singen wir zusammen „Die Sonnenkäferfamlie":**

1. *Erst kommt der Sonnenkäfer-Papa,*
dann kommt die Sonnenkäfer-Mama!
Und hinterdrein, ganz klitzeklein
die Sonnenkäfer-Kinderlein,
und hinterdrein, ganz klitzeklein,
die Sonnenkäfer-Kinderlein.

2. *Sie haben rote Röckchen an*
mit kleinen schwarzen Pünktchen dran.
So machen sie den Sonntagsgang
auf unsrer Gartenbank entlang.
So machen sie den Sonntagsgang
auf unsrer Gartenbank entlang.

3. *Erst kommt der Sonnenkäfer-Papa,*
dann kommt die Sonnenkäfer-Mama!
Und hinterdrein, ganz klitzeklein
die Sonnenkäfer-Kinderlein,
und hinterdrein, ganz klitzeklein,
die Sonnenkäfer-Kinderlein.

(Text: Else Marie Bülau)

Wir fahren Karussell U3

1 Schwungtuch, leichte Bälle (z. B. Bälle aus dem Bällebad) oder Luftballons

Heute fahren wir Karussell. Ich habe ein großes buntes mitgebracht. Wir haben alle Platz darauf. Alle Kinder halten sich am Rand des Schwungtuches fest. Dann singen wir das Lied:

Auf der grünen Wiese, da steht ein Karussell.
Fängt sich an zu drehen, erst langsam und dann schnell.
Einsteigen, losfahren!
Dumdideldum, das Karussell fährt rum,
alle Kinder drehen sich im Kreis herum.
Anhalten!

(mündlich überliefert)

Die Kinder laufen mit dem Schwungtuch im Kreis. Erst langsam und dann immer schneller. Am Ende halten sie an. Dieses Lied wird auch im Hauptteil immer wieder zwischen den einzelnen Aufgaben wiederholt.

Auf unserem Karussell sind auch Schiffe. Die fahren über das Meer durch die Wellen. Die Kinder setzen sich auf den Boden und machen große Wellen mit dem Tuch. Es dürfen immer ein paar Kinder auf dem Schwungtuch eine Runde durch die Wellen krabbeln.

Achtung: Das Schwungtuch auf dem Boden ist rutschig!

Wir fahren wieder alle eine Runde mit dem Karussell. Das Lied wird wiederholt.

Auf unserem Karussell tanzen auch viele bunte, lustige Bälle. Bälle/Luftballons werden auf das Schwungtuch gelegt. Durch verschieden große Wellen tanzen und fliegen die Bälle/Luftballons auf dem Tuch. Es kann immer so lange geschüttelt werden, bis kein Ball/Luftballon mehr auf dem Tuch ist.

Wir fahren wieder alle eine Runde mit dem Karussell. Das Lied wird wiederholt.

Kommt, wir verstecken uns! Wir schlüpfen einfach unter das Karussell. Das Tuch wird auf Kommando auf und ab bewegt. Bei „3" laufen alle Kinder unter das Tuch und ziehen es über den Kopf hinter den Rücken. Anschließend können sich die Kinder noch daraufsetzen, sodass ein Zelt entsteht. Erfahrungsgemäß muss dies öfter wiederholt werden, bis es klappt.

Abschluss

Jetzt haben wir uns gut versteckt. Wir sind mal ganz leise. Das Karussell dreht sich auch nicht mehr. Ganz langsam fliegt es einfach davon. Die PF geht nach außen und lässt das Tuch sanft auf und ab in kleinen Wellen über die Kinder bewegen. Am Ende zieht die PF das Tuch langsam über die Kinder weg.

Alle Kinder werden dabei wieder aufgedeckt. Die Kinder werden dabei motiviert, so lange liegen zu bleiben, bis das Schwungtuch sie nicht mehr berührt.

Wir fahren mit unserem Rutschauto

U3

Pro Kind 1 Rutschauto (diese können von zu Hause mitgebracht werden), Musik, Seile/Krawatten, Chiffontücher, Pappröhren, 3 Matten, 1 Bank

Es werden verschiedene Stationen aufgebaut. Wenn genug Platz ist, können die Stationen schon vorher aufgebaut werden.

Alle haben ihr Rutschauto mitgebracht. Welche Farbe hat euer Rutschauto? Jedes Kind darf sein Rutschauto zeigen und erzählen, welche Farbe es hat oder was es für ein Auto ist.

Wir fahren nun alle los. Natürlich müssen wir aufpassen, dass wir nicht aneinanderstoßen. Wenn ihr keine Musik mehr hört, sollt ihr eure Bremsen testen. Die Kinder fahren mit ihrem Rutschauto kreuz und quer durch den Raum. Bei Musik-Stopp sollen alle sofort anhalten.

Wir schauen mal, was unser Rutschauto alles kann.

Das Rutschauto kann durch ganz schmale Straßen fahren. Aus Seilen/Krawatten wird eine enge Straße gelegt. Die Kinder versuchen, innerhalb der Seile/Krawatten zu fahren. **Durch kurvige Straßen muss unser Rutschauto ganz vorsichtig fahren.** Einige Seile/Krawatten kurvenförmig auf den Boden legen.

Die Straßen sind ganz dreckig und unser Rutschauto jetzt auch. Es muss gewaschen werden! Wir fahren damit durch die Waschanlage. An einem Seil werden Chiffontücher aufgehängt. Durch diese können die Kinder durchfahren.

Der Tank ist leer. Hier können wir tanken.

An ein Seil wird die Papprolle gebunden. Das Seil wird irgendwo an der Wand befestigt (Sprossenwand, Türklinke). Hier können die Kinder ihr Auto betanken.

In einem Tunnel klingt unsere Hupe besonders laut.

Drei Matten werden mit Hilfe der Bank und einer Wand zu einem Tunnel aufgestellt. Hier können die Kinder durchfahren und dabei ihre Hupe betätigen.

Jetzt fahren wir alle hintereinanderher und parken unsere Autos in einem großen Parkhaus. Alle Kinder fahren die Autos dorthin, wo sie bis zur Abholzeit stehen bleiben sollen.

Kita-Raum

Kita-Raum – *Bewegungsideen im Kita-Gruppenraum*
Das Mobiliar des Kita-Gruppenraumes verwandelt sich hier in einen begehbaren Riesen, in ein großes Piratenschiff u. v. m. Zusätzlich gibt es Bewegungsideen zum Thema Entspannung/Atmung und Beweglichkeit, die in den Kita-Alltag integriert werden können.

Kita-

Kita-

m

*

-Rau

Als Katze auf Mäusejagd

Pro Kind 1 Seil oder Band, 2 Tische, 2 Stühle, Sandsäckchen (Nähanleitung siehe Anhang S. 46) oder Luftpolsterfolie, 5 Hütchen, 1 Krabbeltunnel oder 3 aneinandergestellte Stühle mit 1 Fallschirm bedeckt, Tennisbälle, 2 Behälter zum Sammeln

Einleitung

Heute spielen wir Katze und Maus.
Die Kinder bewegen sich zu verschiedenen Anweisungen wie eine Katze durch den Raum.

<u>Beispiele</u>: miauen / schnurren / springen / schleichen / Buckel machen / schlafen / fauchen etc.

Da wir heute als Katze auf Mäusejagd sind und wir schon eine Katze waren, möchten wir nun testen, wie es sich anfühlt, eine Maus zu sein. Die Mäuse machen ein lustiges Spiel mit ihrem Mäuseschwanz. Jedes Kind steckt sich ein Seil so in die Hose, dass es für alle sichtbar herausschaut. Gegenseitig stehlen sich nun die Kinder ihr Seil aus der Hose. Haben sie ein Seil geschnappt, stecken sie es sich selbst in die Hose. Während sie sich das erbeutete Seil in die Hose stecken, darf kein Seil gestohlen werden. Hat ein Kind kein Seil mehr, stiehlt es sich wieder eins von einem anderen Kind.

Hauptteil

Nun sind wir wieder eine Katze und suchen die Mäuse.
Verschiedene Stationen werden mehrmals durchlaufen.

Zuerst steigen wir über eine Brücke.
Ein Stuhl wird je vor und hinter einen Tisch gestellt. Die Kinder krabbeln darüber.

Dann schleichen wir über Pflastersteine.
Ein umgedrehter Tisch wird mit Sandsäckchen oder Luftpolsterfolie belegt. Die Kinder schleichen hindurch.

Da stehen viele Menschen. Wir laufen im Slalom um sie herum. Aus Hütchen wird eine Slalomstrecke aufgestellt. Die Kinder laufen im Slalom um die Hütchen.

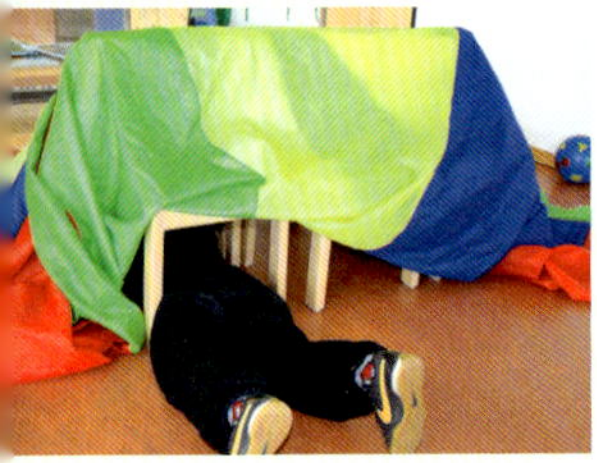

Vielleicht haben sich die Mäuse in dieser Höhle versteckt. Wenn wir sie dort finden, fangen wir uns eine Maus und bringen sie in unseren Katzenkorb! Ein Krabbeltunnel (Alternativaufbau siehe Foto) wird auf den Boden gelegt. Die Kinder krabbeln hindurch. Am Ende des Krabbeltunnels steht ein Behälter mit Tennisbällen. Die Kinder nehmen einen Tennisball aus dem Behälter und bringen diesen zum zweiten Behälter. Dann geht es wieder von vorne los.

Es laufen noch so viele Mäuse herum. Die Katze möchte sie alle fangen. Die Kinder stellen sich im Kreis mit gegrätschten Beinen (Mauseloch) auf. Es gibt eine Katze und eine Maus. Beide befinden sich außerhalb des Kreises.

Die Katze versucht, die Maus zu fangen. Bevor diese gefangen wird, kann sie sich in Sicherheit bringen, indem sie durch ein Mauseloch krabbelt. Nun wird die Katze zur Maus, das „Mauseloch" wird zur Katze und die geflohene Maus setzt sich in den Kreis und macht es sich gemütlich. Dies geht so lange, bis alle Kinder sitzen. Wird die Maus von der Katze gefangen, tauschen sie die Rollen.

Als Osterhase unterwegs

Musik, 7 Stühle, 3 Tische, 1 Krabbeltunnel oder 1 Tisch mit 1 Schwungtuch abgedeckt, Chiffontücher/Bälle, 2 Seile, 2 Behälter zum Sammeln, Materialien zum Transportieren (z. B. Lego®-Steine, Puzzleteile, Spielfiguren), Behälter mit verschiedenen Materialien, die mit Ostern zu tun haben (z. B. Plastikeier, kleine Hasenfiguren, Pinsel)

Heute wollen wir dem Osterhasen helfen. Er bringt den Kindern viele tolle Geschenke. Doch zuvor muss er unterschiedliche Hürden nehmen und Aufgaben erledigen. Jetzt springen wir erst einmal wie ein Hase durch den Raum.

Die Kinder springen zur Musik durch den Raum.

Stationen werden im Vorfeld alleine oder zeitgleich mit folgenden Stationserläuterungen gemeinsam mit den Kindern aufgebaut, bevor sich die Kinder selbstständig daran bewegen:

Osterhasen klettern und springen gerne.
Von einem Stuhl auf einen Tisch klettern und wieder herunterspringen.

Manchmal muss sich der Osterhase auch durch wildes Gestrüpp kämpfen. Über einen umgedrehten Tisch krabbeln, auf dem Chiffontücher/Bälle liegen.

Die Osterhasen graben gerne lange Tunnel.
Durch einen Tunnel hindurchkriechen.

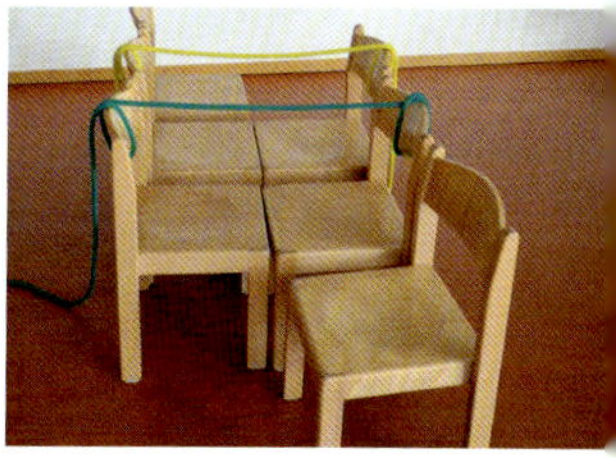

Am liebsten springt der Osterhase über große Baumstämme. Auf einen Tisch steigen, sich darüberbewegen und hinten wieder herunterspringen.

Oder er muss über umgeworfene Bäume und viele Äste steigen. Über sechs Stühle steigen, von denen vier sich mit der Stuhlkante berühren und mit einem Seil als Hindernis verbunden sind.

Die Kinder nehmen sich einen Gegenstand aus einem Behälter. Sie bewältigen mit diesem Gegenstand den Parcours, bevor sie ihn am Ende in einen anderen Behälter legen oder werfen.

Die Stationen können nach Belieben verändert/ergänzt werden.

Nun dürft ihr wie der Osterhase viele Dinge verstecken.
Die Kinder werden in zwei Gruppen aufgeteilt. Eine Gruppe darf sich jeweils einen Gegenstand aus dem Behälter nehmen, in dem sich die Ostergegenstände befinden.

Während diese Gruppe die Gegenstände versteckt, halten sich die anderen Kinder die Augen zu. Nach der Suche erfolgt ein Wechsel.

Es können die Spiele „Verrückte Ostereiersuche“ oder Ostereierstaffel aus dem Modul „Spiele für draußen“ mit eingebaut werden.

Atmet aus! Eine Pusteblume fliegt umher

Wenn vorhanden, Matten oder Decken, Chiffontücher, wenn vorhanden, Kuscheltiere (alternativ: zusammengerolltes Chiffontuch)

Wenn vorhanden, mit den Kindern Matten auf dem Boden verteilen.

Wer von euch weiß, was eine Pusteblume ist? Wie sieht eine Pusteblume aus? Woraus entsteht eine Pusteblume? Warum fliegen die Samen mit einem Fallschirm umher? Zur Einstimmung wird gemeinsam mit den Kindern eine Beschreibung der Blume und deren Vermehrung durch Windausbreitung kurz erörtert.

Ich erzähle euch heute eine Geschichte von der Pusteblume und welche Abenteuer sie auf ihrer Reise erlebt. Die Kinder setzen sich auf eine Matte oder den Boden.

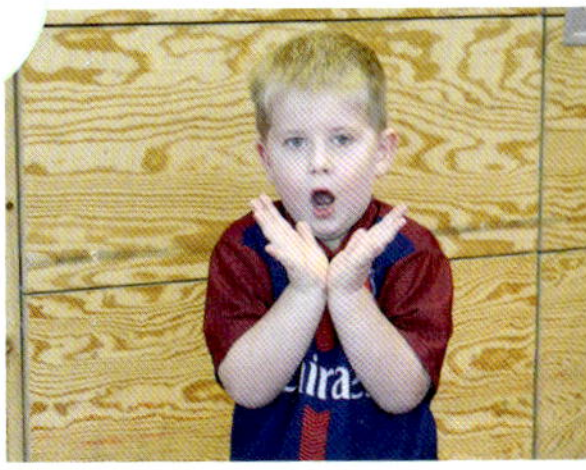

Am Anfang ist jede Pusteblume erst mal ein Löwenzahn. Wenn es Tag wird, öffnen sich die gelben Blütenblätter; wenn es Nacht wird, schließt sich die Blume wieder. Die Kinder imitieren folgende Hand- und Atembewegung der PF: Die Hände werden vor der Brust zusammengeführt und leicht gespreizt, die Finger zeigen nach oben, wobei sich beide Daumen, Zeigefinger etc. berühren. Beim Einatmen öffnen sich die innen liegenden Finger, beim Ausatmen werden sie wieder zusammengeführt. Dreimal wiederholen.

Jetzt schicken wir die Pusteblume auf die Reise! Die Pusteblume fliegt besonders weit, wenn man ganz lange gegen sie pustet. Die Kinder pusten mehrere Male gegen die imaginäre Pusteblume. Die PF achtet darauf, dass die Kinder dabei nicht mehrmals schnell und kurz, sondern langsam und lange ausatmen.

Unsere Pusteblume fliegt immer höher und höher in die Luft, bis wir sie kaum noch sehen können. Damit wir sie nicht aus den Augen verlieren, fliegen wir einfach hinter ihr her. Wir breiten unsere Arme aus und bewegen sie auf und ab wie ein Vogel. Vor Freude machen wir noch die Vogellaute nach. Wenn wir die Arme hochnehmen, machen wir „kriiii", und wenn wir die Arme wieder runternehmen, „kraaaa". Beim „Kriiii" atmen die Kinder automatisch ein, beim „Kraaaa" atmen sie aus. Die PF animiert die Kinder dazu, das „Kraaaa" besonders lange zu sprechen.

Wir folgen der Pusteblume und sehen ihr dabei zu, wie sie über Bäume, Wiesen und Felder hinwegfliegt. Sie kommt an einen Fluss und fliegt so lange am Fluss entlang, bis er zu einem großen See wird. Hier sinkt sie und nähert sich der Wasseroberfläche. Wir müssen wieder pusten, damit sie höher steigen kann und nicht ins Wasser fällt! Die PF spricht diese Textpassage langsam und macht beim Erzählen der Geschichte immer kleine Sprechpausen. Die Kinder pusten am Schluss mehrmals gegen ihre Hand, damit sie ihren Atem spüren können.

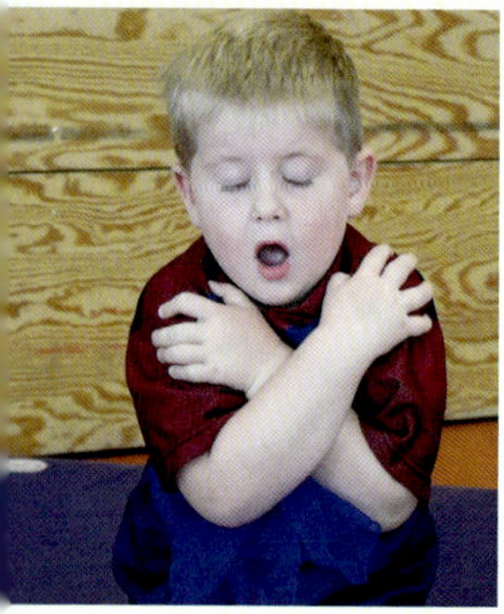

Durch unser Gepuste sind auf dem See kleine Wellen entstanden, die wir von oben im Flug beobachten. Wir lassen den See hinter uns und fliegen hinter der Pusteblume her, die jetzt zu den Wolken am Himmel aufsteigt. Doch die Wolken werden immer dunkler und es beginnt zu regnen. Wir schützen die Pusteblume, indem wir wie ein Regenschirm über ihr fliegen. Die Kinder breiten ihre Armen aus.

Als die Wolken wieder heller werden, entdecken wir einen Regenbogen. Die Pusteblume fliegt direkt darauf zu und wir hinterher. Wir atmen die Farben des Regenbogens durch die Nase ein und sehen dabei zu, wie sie beim Ausatmen wieder aus dem Mund herausfliegen. Erst Rot, dann Gelb, Grün und Blau. Die PF macht nach jeder Farbennennung eine Pause, die sie mit Atemgeräuschen füllt – durch die Nase ein-, durch den Mund ausatmen und dabei innerlich bis fünf zählen.

Der Regenbogen verschwindet und wir fliegen weiter, bis wir auf einem Berg ein Schloss entdecken. Die Pusteblume fliegt über die Schlossmauer hinweg, durch das Schlosstor direkt in ein offenes Fenster hinein und landet auf der Fensterbank. Wir sehen uns im Zimmer um. Da es langsam schon dunkel wird, können wir ein paar Gespenster sehen, die uns aus dem Schloss wieder vertreiben wollen, indem sie laut „Buuuu" rufen. Die PF legt den Kindern ein Chiffontuch über den Kopf. Die Kinder atmen durch die Nase ein und mit einem langen „Buuuu" mit dem Mund aus, sodass sich ggf. sogar das Tuch vom Mund wegbewegt.

Vor lauter Schreck fliegt die Pusteblume vom Fenster und segelt langsam herab. Der Wind bläst sie durch ein anderes Fenster in ein Schlafzimmer hinein. Wir sind von dem langen Flug so müde geworden, dass wir noch dreimal gähnen und uns strecken und uns neben die Pusteblume auf das Bett setzen. Dort liegt ein Kuscheltier, das wir ganz fest umarmen. Die Kinder imitieren folgende Hand- und Atembewegung der PF: Arme verschränken und die Hände auf die diagonale Schulter legen, die Ellenbogen leicht gegen die Brust pressen und den Kopf leicht vorneigen und dabei ausatmen. Druck der Ellenbogen lösen und einatmen. Dreimal wiederholen.

Abschluss

Wir legen uns auf den Rücken und das Kuscheltier setzen wir auf unseren Bauch. Wir wiegen das Kuscheltier sanft in den Schlaf, indem wir unseren Bauch anheben und wieder senken. Der Bauch wird ein großer Berg, wenn wir einatmen, und wieder klein, wenn wir ausatmen. Wenn wir ausgeatmet haben, flüstern wir unserem Kuscheltier noch ganz leise „Schlaf" zu. Den Kindern ein Kuscheltier auf den Bauch legen und zu langen und tiefen Atemzügen animieren.

Jetzt sind wir selbst fest eingeschlafen und träumen davon, welche Abenteuer die Pusteblume morgen erleben wird. Die Kinder können die Augen schließen und einen Moment in Ruhe verweilen.

Auf dem Piratenschiff

2 Tische, 1 Gummitwistband, Seile, 9 Stühle, 6 Reifen, 6 Chiffontücher, ggf. Zeitung/Papier und eine Wanne für die Piratenschiffe

Vorüber-legungen

Je nach Gruppengröße kann entweder vorab oder währenddessen mit den Kindern ein Papierschiff gebastelt werden. In letzterem Fall wird die Gruppe aufgeteilt: Ein Teil der Gruppe bastelt das Piratenschiff und die anderen Kinder bewegen sich solange an den Stationen. Sie klettern über die Stühle und Tische, kriechen unter ihnen durch und springen in die Reifen. Danach erfolgt ein Wechsel. Anschließend ggf. die gebastelten Schiffe draußen in einer mit Wasser gefüllten Wanne schwimmen lassen.

Vor-bereitungen

Sollte genug Platz vorhanden sein, kann der unter Vorbereitungen erläuterte Schiffsaufbau bereits vor der Einleitung aufgebaut werden.

Einleitung

Heute sind wir als Piraten auf unserem Piratenschiff unterwegs. Doch bevor wir ein neues Schiff erobern können, müssen wir noch lernen, schnell auf Kommandos zu reagieren! Die Kinder bewegen sich frei im Kita-Raum und die PF gibt verschiedene Kommandos:

<u>Beispiele</u>: unter einen Tisch oder Stuhl auf den Bauch legen / zwischen zwei Stühlen auf den Boden setzen / in einem Reifen auf einem Bein stehen / über einen Tisch klettern / mit dem Rücken an eine Wand stellen / hinter einem Stuhl verstecken etc.

Je schneller die Kommandos aufeinanderfolgen, desto größer ist der Spaß.

Hauptteil

Nachdem nun alle Piraten die Kommandos kennen, ist es Zeit, unser Piratenschiff zu erobern. Es werden Stationen aufgebaut, die miteinander verbunden ein Schiff ergeben. Anschließend erfolgt die Stationserläuterung, bevor sich die Kinder selbstständig darauf bewegen:

Hier befindet sich die Kommandozentrale.
Ein Tisch in der Mitte des Aufbaus.

Um die Segel nach oben zu ziehen und anzubinden, gibt es viele Taue auf unserem Schiff. Einen weiteren Tisch nutzen und zwischen den beiden Tischen ein Gummitwistband oder Seile spannen.

Damit bei starkem Wellengang niemand ins Meer stürzt, gibt es eine Reling. Zwischen mehreren Stühlen werden Seile gebunden. Zusätzlich werden Reifen und Seile als Reling an den Rand gelegt.

Manchmal müssen sich die Piraten auch ausruhen. Dafür haben sie ihre Kajüten. Reifen zwischen zwei Stühlen einklemmen. An die Reifen werden Chiffontücher als Vorhänge gebunden.

Abschluss

Zum Ende wird es auf dem Piratenschiff ganz stürmisch.
Alle Kinder sitzen in einer Reihe hintereinander. Die PF hat das Gesicht zu den Kindern gerichtet. Alle bewegen ihre Oberkörper gleichzeitig von rechts nach links oder von vorn nach hinten. Beim Kommando „alle kentern" fallen.

Bunte Fische

Pro Kind 1 Fisch (siehe Bastelanleitung im Anhang S. 53-54), Kissenbezug mit Luftballons/Bällen, 11 Stühle, 2 Reifen, 4 Chiffontücher, 1 Schwungtuch, 1 Tisch, Papierschnipsel und Klebstifte oder Stifte zum Ausmalen

Vorbereitungen

Mit den Kindern werden im Vorfeld die Fische und ggf. Fischschuppen gebastelt.

Einleitung

Wir spielen nun Fische fangen.
Die Kinder bewegen sich als Fische frei durch den Raum. Die PF spielt den Hai und fängt die Kinder. Ist ein Kind gefangen, setzt es sich auf den Boden und kann von den anderen Fischen durch Rubbeln an den Schuppen wieder befreit werden.

Hauptteil

Aufbau einer Meereslandschaft mit anschließender Stationserläuterung:

Auf dem Meer gibt es große Wellen.
Ein Kopfkissenbezug wird mit nicht ganz prallen Luftballons oder Bällen gefüllt und die Kinder krabbeln darüber.

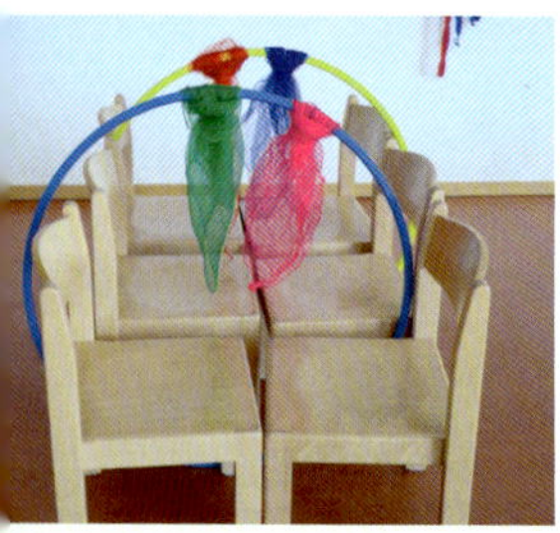

Durch die Schlingpflanzen können wir schwimmen.
Es werden jeweils dreimal zwei Stühle mit der Sitzfläche gegeneinandergestellt und dazwischen jeweils Reifen mit angebundenen Tüchern geklemmt. Die Kinder krabbeln über die Stühle durch die Reifen.

Unter Wasser gibt es auch Höhlen.
Es werden jeweils zweimal zwei Stühle mit der Stuhllehne gegeneinandergestellt und ein Schwungtuch darübergelegt. Die Kinder können sich nun einen Ein- bzw. Ausgang aus der Höhle aussuchen.

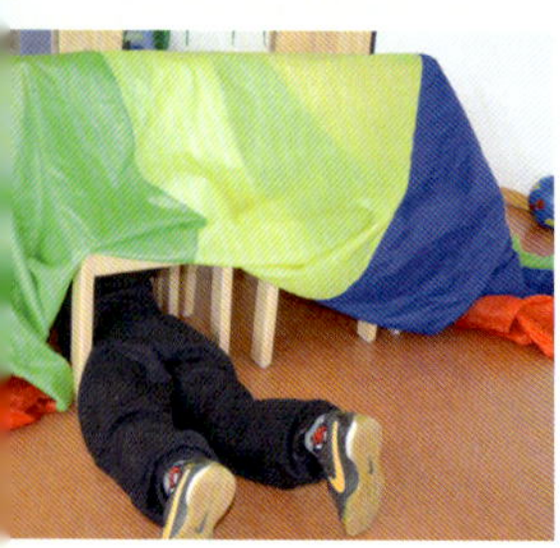

Können unsere Fische auch weit aus dem Wasser springen?
Die Kinder klettern über einen Stuhl auf den Tisch und springen am anderen Tischende auf den Boden.

Je nach Anzahl der Kinder werden Stationen ggf. doppelt aufgebaut oder mit eigenständigen Ideen erweitert.

Die selbstgebastelten Fische werden auf einen Tisch gelegt oder an eine Pinnwand gehängt. Jedes Mal, wenn die Kinder eine Runde im Parcours bewältigt haben, dürfen sie ein bis zwei Schuppen aus Papierschnipseln an den Fisch kleben. Alternativ kann der gebastelte Fisch auch jedes Mal ein bisschen mehr angemalt werden.

Wir verabschieden uns nun von unseren Fischen. Wenn die Fische fertig sind, dürfen sie mit dem Kind eine Runde durch den Parcours schwimmen und werden anschließend auf dem Boden verteilt. Jedes Kind läuft von Fisch zu Fisch und sagt ihm Tschüss. Die PF ändert nach kurzer Zeit die Bewegungsaufgabe:

Beispiele: Jeder Fisch wird sachte mit der Hand berührt / mit der Nasenspitze angestupst / mit den Zehenspitzen angetippt etc.

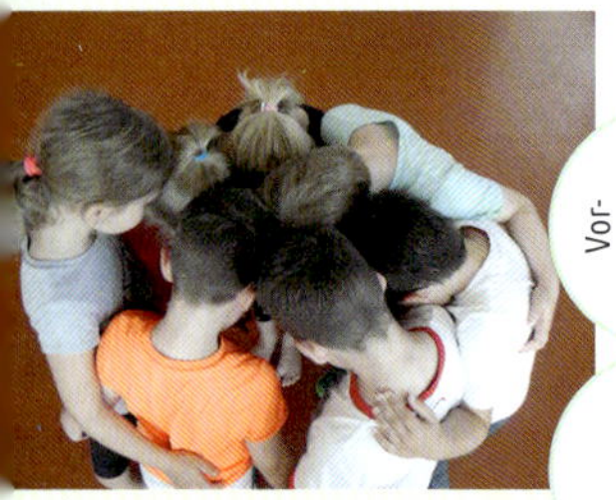

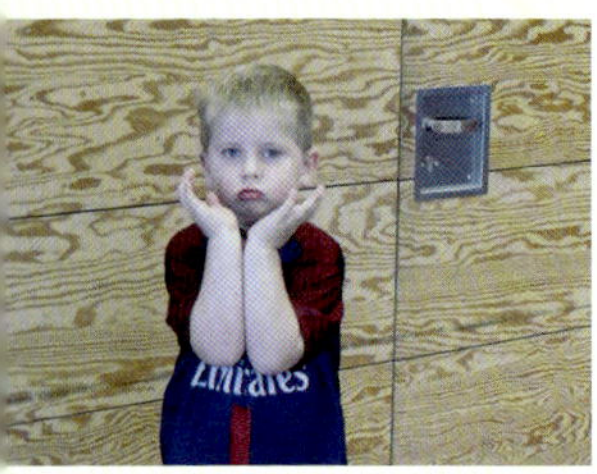

Dehn dich wie die Tiere!

Vorbereitungen

Wenn vorhanden, Matten oder Decken

Wenn vorhanden, mit den Kindern Matten auf dem Boden verteilen.

Einleitung

Heute lernt ihr ein paar Tiere kennen, die ganz verrückte Bewegungen machen.

Hauptteil

Pinguin:
Wenn Pinguinen kalt ist, kuscheln sie sich alle ganz eng zusammen und können dann nur noch den Kopf bewegen. Die Kinder laufen wie ein Pinguin mit nach außen gedrehten Füßen und an den Körper angelegten Armen eng zusammen. Lediglich die Hände sind vom Körper weggestreckt, wobei die Handinnenfläche zum Boden zeigt. Die PF leitet die Kopfbewegung wie folgt an:

Alle Pinguine drehen den Kopf nach rechts/links, um ihren Nachbarn zu begrüßen. Alle Pinguine schauen zu den Sternen am Himmel / zu ihren Pinguineiern am Boden. Alle Pinguine versuchen sich, ohne ihre Arme am Ohr zu kratzen, indem sie den Kopf zur Seite in Richtung Schulter neigen.

Gedehnte Muskulatur: Nacken, Hals und Schulter

Schwan:
Wenn Schwäne losfliegen, breiten sie ihre Flügel weit aus und bewegen sie vor und zurück. Die Kinder winkeln die Arme auf Schulterhöhe U-förmig an, sodass ein 90°-Winkel entsteht. Die Daumen sollen weit nach hinten zeigen. Diese Dehn-Position kurz halten und dann die Arme vor dem Körper zusammenführen, sodass sich die Ellenbogen berühren. Mehrmals wiederholen.

Gedehnte Muskulatur: Brust, Schulter und oberer Rücken

Elefant:
Will sich ein Elefant am Rücken kratzen, macht er dies mit seinem Rüssel. Die Kinder strecken den linken Arm nach vorne, ziehen ihn mit dem anderen Arm am Oberarm nach rechts zum Körper hin und greifen sich an die Nase. Einige Sekunden halten, dann den Arm wechseln.

Gedehnte Muskulatur: Oberarm, Schulter

Esel:
Esel können ganz toll mit ihren langen Ohren wackeln.
Die Kinder bilden über ihrem Kopf mit einem Ellenbogen die Ohrspitze. Mit der anderen Hand ziehen sie am Ellenbogen zur Seite. Einige Sekunden halten, dann den Arm wechseln.

Gedehnte Muskulatur: Oberarm, Schulter

Krokodil:

Manche Krokodile lassen sich die Zähne von Vögeln sauber machen. Dafür müssen sie ihr Maul etwas öffnen und ganz stillhalten. Die Kinder strecken einen Arm nach vorne, sodass die Handflächeninnenseite nach oben zeigt.

Dann winkeln sie die Handfläche nach unten ab und fixieren diese Position mit der anderen Hand, sodass ein Krokodilmaul entsteht. Einige Sekunden halten, dann den Arm wechseln.

Gedehnte Muskulatur: Unterarm

Affe:

Affen haben sehr lange Arme. Die brauchen sie auch, um an die Bananen unter den Palmenblättern zu kommen. Sie klettern auf die Bananenblätter und greifen mit dem Arm ganz weit nach unten zu den Bananen. Doch Vorsicht, wenn sie sich nach vorne oder hinten lehnen, fallen sie vom Baum! Die Kinder stellen sich ganz gerade hin und versuchen, mit einem Arm so weit wie möglich in Richtung Boden zu kommen, indem sie sich zur Seite neigen. Die PF achtet darauf, dass sie sich dabei weder nach vorne noch nach hinten beugen.

Gedehnte Muskulatur: seitliche Rumpfmuskulatur

Vogel Strauß:

Der Vogel Strauß steckt seinen Kopf in den Sand, um ihn zu kühlen, wenn ihm zu heiß wird. Die Kinder schließen möglichst ihre Beine im Stand, beugen sich mit rundem Rücken nach vorne und versuchen, mit ihren Fingerspitzen und Handflächen den Boden zu berühren.

Gedehnte Muskulatur: Oberschenkelrückseite, Rücken und Nacken

Frosch:

Frösche können den ganzen Tag bequem im Froschsitz verbringen. Findet ihr diese Haltung auch bequem? Die Kinder gehen in eine tiefe Hockhaltung und lassen dabei die Fersen fest auf dem Boden. Zu Beginn dieser Übung können sich die Kinder bei Gleichgewichtsschwierigkeiten auch gegenseitig die Hände geben.

Gedehnte Muskulatur: Oberschenkelrückseite, Gesäß und Waden

Schmetterling:

Wenn Schmetterlinge einen Spielkameraden suchen, setzen sie sich auf eine Blume und breiten ihre Flügel ganz weit aus, damit dieser sie im Vorbeifliegen auch sehen kann. Die Kinder sitzen auf dem Boden und führen die Fußsohlen zusammen. Dann lassen sie die Knie langsam nach unten sinken. Unten angekommen, können sie sie sanft auf und ab bewegen.

Gedehnte Muskulatur: Oberschenkelinnenseite

Muschel:
Es gibt Muscheln, die bewegen sich fort, indem sie ihre Schale schnell zusammenklappen. Könnt ihr euch auch so eng zusammenklappen wie eine Muschel? Die Kinder sitzen wie beim Schmetterling, beugen den Oberkörper nach vorne und versuchen, mit der Stirn die Füße zu berühren. Diese Position einige Sekunden halten.

Gedehnte Muskulatur: Rücken, Oberschenkelinnenseite

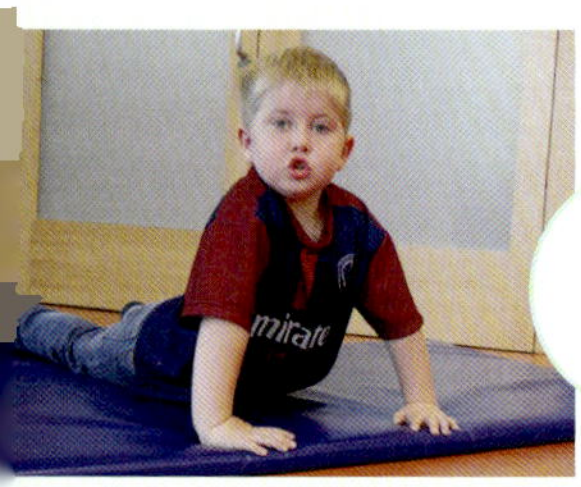

Schlange:
Einige Schlangen strecken ihren Kopf weit nach oben, wenn sie sich angegriffen fühlen, und zischen mit der Zunge. Die Kinder legen sich auf den Bauch und stellen die Hände neben die Schulter. Dann drücken sie sich nach oben, indem sie die Arme strecken. Die Hüfte bleibt am Boden.

Gedehnte Muskulatur: Bauch

Ein Tag als Auto

6 Hütchen, 3 Tische, Chiffontücher, 1 Seil, 1 großes Handtuch

Heute sind wir alle Autos. Was für ein Auto wollt ihr gerne sein? Die Kinder beschreiben, wie ihr Auto aussieht.

Zuerst machen wir eine Probefahrt und testen, ob alle Autos auch einsatzbereit für den Straßenverkehr sind. Die Kinder laufen frei durch den Raum. Die PF gibt Anweisungen, bei denen die Kinder die folgenden Bewegungen ausführen:

„**Blinker rechts/links**“: Die Kinder halten den rechten/linken Arm nach oben.

„**Scheibenwischer**“: Die Kinder wedeln mit beiden Armen über dem Kopf hin und her.

„**Bremsentest**“: Alle Kinder müssen stehen bleiben.

„**Gas geben**“: Die Kinder starten (nach Bremsentest) oder laufen etwas schneller.

„**Hupen**“: Alle Kinder dürfen kräftig schreien.

Stationsaufbau mit oder ohne Kinder und anschließende Stationserläuterung:

Wir fahren eine kurvige Straße entlang.
Aus Hütchen wird ein Slalom aufgebaut. Die Kinder gehen rückwärts/vorwärts/seitlich durch den Slalom.

Es geht durch einen Tunnel.
Zwei Tische werden hintereinander aufgestellt. Die Kinder schieben sich auf dem Bauch nur mit den Händen unter den Tischen hindurch.

Hier ist es ganz matschig. Unser Auto wird komplett dreckig. Die Kinder rollen auf dem Boden um die Längsachse.

Das Auto muss nun in die Waschanlage.
Chiffontücher werden an ein Seil gebunden und an die Tischbeine gehängt. Nun krabbeln / rollen / ziehen / schieben sich die Kinder untendurch.

Nach der Waschanlage müssen die Autos getrocknet werden. Die PF nimmt das Handtuch und wedelt die Kinder trocken.

Schaut mal, da steht ein Verkehrspolizist. Er kann nur mit Handzeichen zeigen, was wir tun sollen. Alle Kinder stehen vor der PF. Diese gibt per Handzeichen Anweisungen, was die Kinder machen sollen.

Beispiele: PF hebt rechten Arm, daraufhin heben die Kinder ihren rechten Arm / PF winkt mit den Händen zu sich her, daraufhin kommen die Kinder näher / PF schiebt mit den Händen von sich weg, daraufhin laufen die Kinder zurück etc.

Freibadtag

Pro Kind 1 Handtuch, 1 Seil, Chiffontücher, 8 Stühle, Zahlenkarten von 1-3, Material zum Markieren (z. B. Seile, Becher, Hütchen), 2 Tische, 3 Matten, 1 schiefe Ebene (z. B. Holzkeil, Schaumstoffkeil)

Lasst uns heute ins Freibad gehen! Doch dort hinzulaufen ist uns viel zu weit und zu anstrengend. Deshalb lassen wir uns ziehen. Die Kinder gehen paarweise zusammen und bekommen jeweils ein Handtuch. Ein Kind setzt sich darauf und lässt sich von seinem Partner ziehen.

Es werden verschiedene Stationen aufgebaut.

Im Freibad soll man immer erst duschen. Es werden mehrere Tücher an einem Seil befestigt, das zwischen zwei Stühlen angebunden ist. Die Kinder krabbeln untendurch.

Jetzt springen wir vom Startblock und schwimmen schnell los. Es werden drei Stühle als Startblöcke nebeneinandergestellt und mit Nummern versehen. Als Schwimmbecken kann eine blaue rutschfeste Matte dienen. Das Beckenende wird mit dem Markierungsmaterial gekennzeichnet. Für jeden Startblock gibt es nach dem Sprung ins Becken eine andere Aufgabe.

Beispiel:
Startblock Nr. 1: bis zum Beckenende krabbeln
Startblock Nr. 2: rückwärts zum Beckenende laufen
Startblock Nr. 3: auf dem Bauch zum Beckenende rutschen

Noch höher als die Startblöcke sind die Sprungbretter. Ein Stuhl wird mit der Lehne bündig an einen Tisch gestellt. Am anderen Tischende liegt eine Matte. Die Kinder klettern vom Stuhl auf den Tisch und springen auf die Matte herunter. Bei kleinen Kindern kann durch Handreichung beim Springen geholfen werden.

Und in unserem Freibad gibt es auch ein Wellenbad. Unter einen umgedrehten Tisch werden drei Handtuchrollen oder dünne zusammengerollte Matten gelegt. Auf den umgedrehten Tisch werden mehrere Chiffon- oder Handtücher gelegt. Maximal drei Kinder setzen sich oder knien auf dem Tisch und bringen diesen zum Wippen. Der Tisch kann zusätzlich von einer PF hin und her geschaukelt werden.

Sehr viel Spaß macht die Wasserrutsche. Es werden zwei Stühle zusammengestellt. Als Rutsche kann ein Keil aus Holz oder Schaumstoff verwendet werden.

Nun legen wir uns noch auf die Wiese. Hier spielen wir Verstecken. Jedes Kind sucht sich mit seinem Handtuch einen Platz und schließt die Augen.

Die PF sucht sich ein Kind aus, tippt es an und dieses darf sich unter seinem Handtuch verstecken. Die anderen Kinder dürfen anschließend erraten, wer unter dem Handtuch versteckt ist.

Heute regnet es!

Watte, pro Kind 1 Teppichfliese, 9 Stühle, 4 Seile, 4 Chiffontücher, 5 Reifen, 1 Schwungtuch oder großes Tuch

Einleitung

Wir haben richtiges Aprilwetter draußen. Ständig verändert sich das Wetter. Alle Kinder bewegen sich frei oder nach Bewegungsanweisung zur Musik durch den Raum.

Beispiele: springen / rückwärtsgehen / große Schritte / Seitgalopp etc.
Bei Musik-Stopp ruft die PF einen Begriff:
„**Wasser**“: Alle Kinder suchen sich etwas, worauf sie sich stellen können (Stuhl, Tisch).
„**Donner**“: Kinder gehen in die Hocke und machen sich klein.
„**Sonne**“: Kinder legen sich auf den Rücken und strecken den Bauch in die Sonne.
„**Hagel**“: Kinder trommeln mit den Fäusten auf den Boden.

Hauptteil

Die Stationen werden mit oder ohne die Kinder aufgebaut und anschließend in Form einer Geschichte mit den Kindern besprochen/erklärt, bevor sich die Kinder selbstständig darauf bewegen:

Wenn wir über Wolken krabbeln, kitzelt es diese. Die Kinder krabbeln über Watte, die sich auf Teppichfliesen befindet.

Vor lauter Lachen fangen die Wolken an zu regnen. Die Kinder gehen unter Chiffontüchern hindurch, die mit einem Seil zwischen zwei Stuhllehnen befestigt sind.

Auf der Straße entstehen Pfützen, durch die wir springen. Reifen werden aneinandergelegt und die Kinder springen unterschiedlich hindurch.

Beispiele: auf einem Bein / mit beiden Beinen / seit- oder rückwärts

Lasst uns noch durch das Flussbett gehen, bevor der Regen daraus einen reißenden Fluss macht! Stühle werden mit unterschiedlichen Abständen hingestellt und darüber ein Schwungtuch gelegt. Die Kinder können vorsichtig durch den Zwischenraum der Stühle laufen oder krabbeln.

Es hört gar nicht mehr auf zu regnen und die Bäche und Täler laufen allmählich mit Wasser voll. Um vor dem Hochwasser im Flussbett zu flüchten, klettern wir nach oben. Das Schwungtuch entfernen und zwischen die zusammengeschobenen Stühle Seile hängen, worüber die Kinder steigen sollen.

Abschluss

Nachdem der Regen nachgelassen hat und das Wasser etwas zurückgegangen ist, tauchen kleine Inseln auf. Wir springen von Insel zu Insel und wollen vom Fänger nicht gefangen werden.

Im Raum werden die Teppichfliesen als Inseln verteilt. Ein Kind wird als Fänger ausgesucht. Die anderen Kinder springen von Insel zu Insel und dürfen das „Wasser“ nicht berühren. Der Fänger darf durch das „Wasser“ laufen.

Im Wald

Luftpolsterfolie (am besten eignen sich große Luftpolster), 20 Korken, 8 Stühle, 1 Krabbeltunnel oder 1 Tisch mit 1 Schwungtuch abgedeckt, ggf. großes Plakat und Klebestifte/Stifte und Papier

Vorbereitungen

Plakat mit Baum und ggf. Blättern / Vögeln / Äpfeln bemalen oder einzelne Blätter / Vögel / Äpfel ausschneiden, die später von den Kindern aufgeklebt werden. Alternativ: ausreichend Stifte zum Ausmalen für die Kinder bereitlegen.

Einleitung

Heute wollen wir in den Wald gehen. Dort gibt es viele Tiere. Welche Waldtiere kennt ihr? Ideen der Kinder aufgreifen und die einzelnen Tiere gemeinsam pantomimisch darstellen.

Hauptteil

Aufbau einer Waldlandschaft mit anschließender Stationserläuterung, bevor sich die Kinder selbstständig darin bewegen:

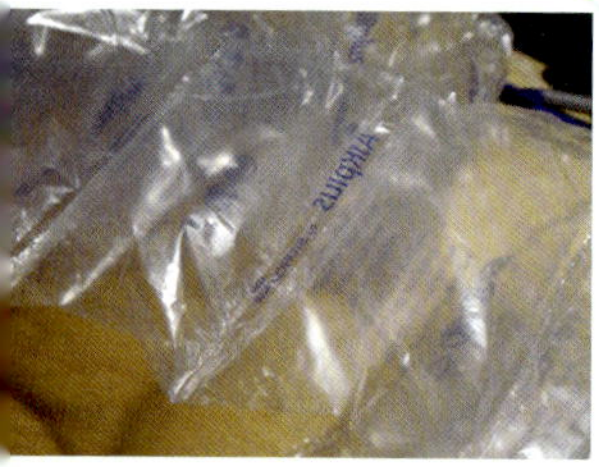

Im Wald gibt es viel Moos.

Die Luftpolsterfolie auf den Boden legen. Die Kinder laufen vorwärts/rückwärts vorsichtig über das Moos. Barfuß oder mit Anti-Rutsch-Socken ist es für die Kinder einfacher.

Bei großen Luftpolstern den Kindern mit einer oder beiden Händen Hilfestellung geben und sie darauf hinweisen, dass die Luftbereiche evtl. platzen können.

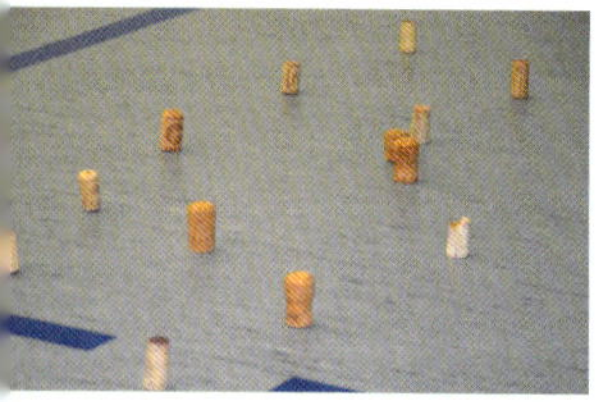

Schaut mal, es gibt auch Pilze hier im Wald. Vorsichtig wollen wir drumherumgehen. Auf dem Boden werden Korken verteilt. Die Kinder sollen um die Korken laufen, ohne diese umzuwerfen.

Hier liegt ein hohler Baumstumpf. Wir können hinein- und hinauskriechen. Es werden vier Stühle und ein Krabbeltunnel im Kreis aufgestellt. Die Kinder krabbeln durch den Krabbeltunnel, schauen nach oben in den Himmel und krabbeln zwischen den Stuhlbeinen wieder heraus.

Über diesen Baumstumpf können wir balancieren.

Es werden vier Stühle nebeneinandergestellt, worüber die Kinder balancieren können.

Pro Runde, die geschafft wurde, kann je nach Jahreszeit, ein Blatt, Apfel, Vogel oder sonstiges an einen Baum geklebt werden, der auf ein Plakat gemalt wurde. Es besteht auch die Möglichkeit, schon aufgezeichnete Blätter anzumalen oder den Namen hineinzuschreiben.

Ein wilder Zwerg läuft durch den Wald und möchte die Kinder fangen. Ihr könnt dies aber verhindern. Die PF oder ein Kind versucht, die Kinder zu fangen. Bevor die Kinder gefangen werden, nennen sie ein Tier, das im Wald lebt, und können somit nicht mehr gefangen werden.

Wer ein Tier genannt hat, muss in die Hocke gehen und kann erst befreit werden, wenn es von einem anderen Kind berührt wurde. Wenn man gefangen wurde, wird man zum Fänger. Der bisherige Fänger ist dann kein Fänger mehr.

Ponyland

4 Hütchen, 7 Seile, 3-5 Reifen, Krabbeltunnel oder 1 Tisch mit 1 Schwungtuch abgedeckt, ggf. zusätzliche Seile als Zügel (alternativ: jedes Kinderpaar ist durch Handfassung verbunden), wenn vorhanden, Bürsten zur Massage

Einleitung

Heute sind wir zu Besuch auf einem Ponyhof und dort gibt es viel zu entdecken. Kennt ihr den Unterschied zwischen einem Pferd und einem Pony? Was können wir auf dem Ponyhof alles sehen? Gemeinsam mit den Kindern werden Begriffe gesammelt.

Beispiele:
Ställe, Sättel und Zaumzeug zum Reiten, Striegel und Hufkratzer zum Putzen, Heuballen, Tränken, Koppeln, Pferdeanhänger

Wir springen, laufen und galoppieren wie die Ponys über eine große Wiese. Alle Kinder dürfen sich nach Belieben durch den Raum bewegen.

Jetzt steht Hindernisreiten auf dem Programm.

Hauptteil

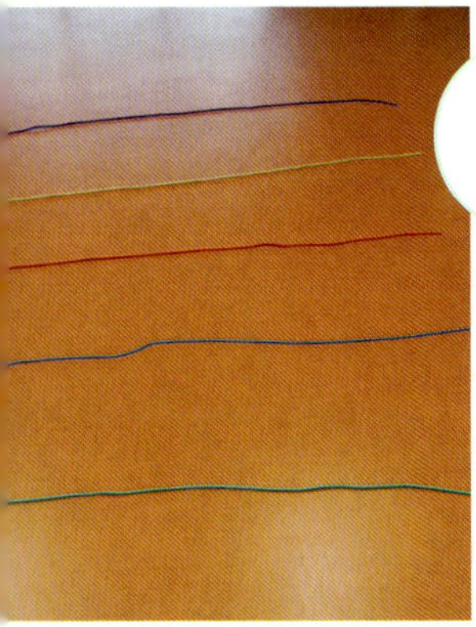

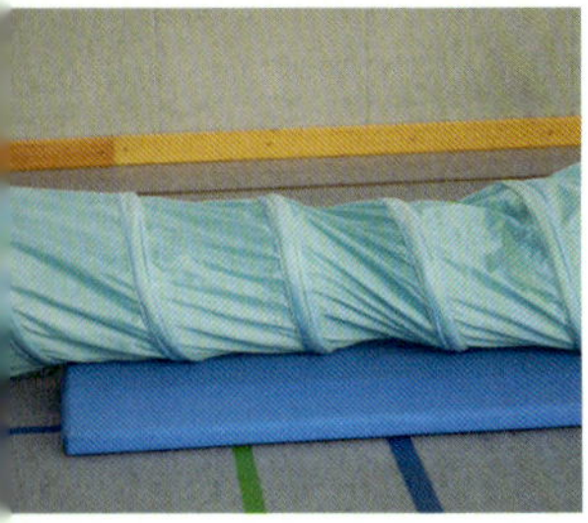

Stationen werden im Vorfeld alleine oder zeitgleich mit folgenden Stationserläuterungen gemeinsam mit den Kindern aufgebaut, bevor sich die Kinder selbstständig daran bewegen:

Hindernis 1: Einzelne Reifen auf den Boden legen, in welche die Kinder hineinspringen oder auf dem Rand balancieren.

Hindernis 2: Ein Seil über je zwei Hütchen legen, über das die Kinder springen oder unten hindurchkrabbeln.

Hindernis 3: Fünf Seile auf dem Boden, über die gesprungen wird oder um die Slalom gelaufen wird.

Hindernis 4: Ein Krabbeltunnel, durch den die Kinder hindurchkrabbeln.
Die Stationen können nach Belieben verändert/ergänzt werden.

Variante: Die Kinder finden sich paarweise zusammen. Ein Kind bekommt das Seil um den Bauch gelegt, das andere hält beide Seilenden als Zügel in den Händen. Die Hindernisse werden gemeinsam als Paar mehrere Runden lang überwunden, dann erfolgt ein Wechsel.

Abschluss

Nun müssen die Ponys noch gestriegelt werden. Wer weiß von euch, wie das geht? Die Kinder bleiben als Paar zusammen und bürsten sich gegenseitig kräftig aus. Wenn keine Bürsten vorhanden sind, können einfach auch beide Hände genommen werden.

Probier's mal mit Beweglichkeit!

Kein Material nötig

Heute ist ein schöner Tag zum Spazierengehen. Lasst uns losgehen! Die Kinder gehen hinter der PF im Raum umher und bleiben immer kurz stehen, wenn die PF etwas Interessantes entdeckt.

Da oben sitzt eine Eule. Sie kann ihren Kopf fast komplett nach hinten drehen. Wie weit könnt ihr euren Kopf drehen? Die PF leitet die Bewegung wie folgt an: **Dreh deinen Kopf langsam zur einen Seite so weit, wie du kannst. Wenn du nicht mehr weiterkommst, drehst du den Kopf zur anderen Seite. Kommst du dort genauso weit? Wir wechseln den Kopf dreimal hin und her!**

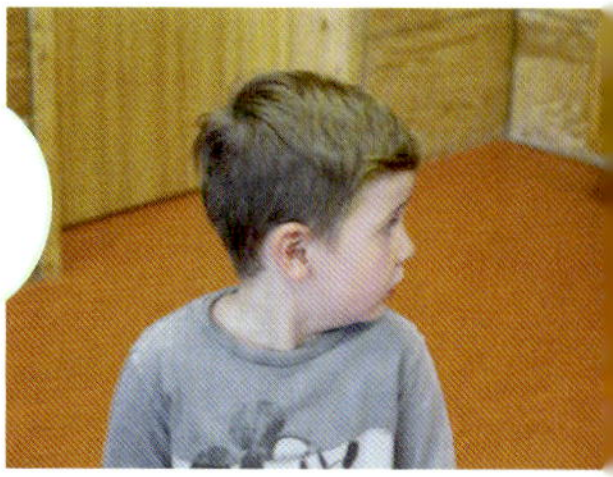

Mobilisierte Region: Halswirbelsäule

Da vorne ist eine Pferdekoppel. Die Pferde nicken uns zu, indem sie ihren Kopf weit nach unten und nach oben strecken, um uns zu begrüßen. Könnt ihr genauso mit dem Kopf nicken wie die Pferde? Die PF macht die Bewegungsausführung wie folgt vor: Das Kinn wird langsam zur Brust gesenkt und anschließend wird der Kopf in den Nacken genommen, bis die Nasenspitze zur Decke zeigt. Dies wird dreimal wiederholt.

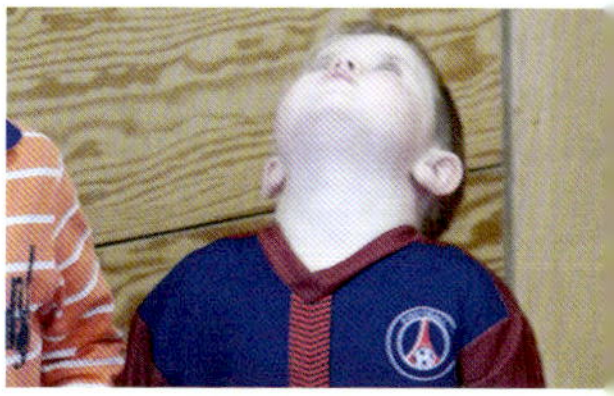

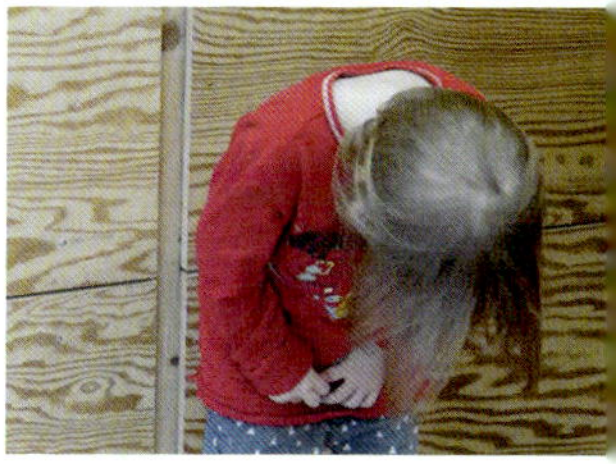

Mobilisierte Region: Halswirbelsäule

Auf einem Stein am Wegrand steht ein Waschbär, der mit den Schultern Kreise macht. Können wir das auch? Die PF leitet die Bewegung wie folgt an: **Zuerst machen wir einen halben Kreis, indem wir die Schulter nach vorne, dann nach oben und weit nach hinten bewegen und wieder zurück. Wir machen drei weitere Halbkreise. Jetzt machen wir einen ganzen Kreis. Erst einen kleinen Kreis und dann immer größer und größer.**

Mobilisierte Region: Schultergürtel

Dort steht eine Windmühle. Wenn wenig Wind ist, dreht sie sich langsam. Wenn der Wind stärker wird, dreht sie sich immer schneller. Wie schnell können sich unsere Arme am Ende drehen? Die Kinder suchen sich einen festen, aufrechten Stand und lassen die Arme erst langsam, dann immer schneller werdend vorwärts, rückwärts und gegengleich kreisen.

Mobilisierte Region: Schultergürtel

Über uns fliegt ein Flugzeug vorbei. Wenn Flugzeuge eine Kurve fliegen, dann bewegen sich die Flügelklappen hoch oder runter. Die Kinder behalten den aufrechten und sicheren Stand bei, breiten die Arme zur Seite aus und folgen der Bewegungsanweisung der PF: **Drehe eine Handfläche nach oben und schau zu dieser Hand. Jetzt drehst du die Handfläche wieder nach unten, schaust zu deiner anderen Hand und drehst diese nach oben.**

Diese Drehbewegung wird pro Seite dreimal ausgeführt. Mit etwas Übung kann die Bewegung immer schneller nacheinander ausgeführt werden.

Mobilisierte Region: Ellenbogen

Auf dem Feld steht eine Vogelscheuche, die vom Wind hin und her bewegt wird. Wie weit lässt sich euer Oberkörper drehen? Die Kinder bleiben im aufrechten Stand und drehen den Oberkörper so weit zur rechten und linken Seite, wie sie können. Der Kopf wird dabei in Verlängerung der Wirbelsäule mitgenommen.

Mobilisierte Region: Brust- und Lendenwirbelsäule

Oje, mein Schlüssel ist in ein tiefes Erdloch gefallen. Wir versuchen, ihn wieder aus dem kleinen Loch zu holen. Die Kinder imitieren folgenden Bewegungsablauf der PF: Hinknien und mit den Händen unter der Schulter am Boden stützen (Bankposition). Den rechten Arm anheben, den Handrücken vor dem linken Knie auf den Boden legen und so weit zur Seite führen, bis die rechte Schulter fast den Boden berührt. Nach drei Ausführungen den Arm wechseln.

Mobilisierte Region: Brustwirbelsäule

Wir kommen an einem Bauernhof vorbei. Dort laufen uns viele Tiere über den Weg. Die Katze wacht gerade auf und macht einen Katzenbuckel. Das Hängebauchschwein grunzt uns munter zu. Die Kinder bleiben in der Bankposition und werden von der PF wie folgt angeleitet: **Wie die Katze drückt ihr euren Rücken so weit nach oben zur Decke, wie ihr könnt. Dann lasst ihr euren Bauch wie beim Hängebauchschwein etwas nach unten hängen.** Die beiden Positionen werden dreimal wiederholt.

Mobilisierte Region: Wirbelsäule

Der Bauernhofhund trottet fröhlich an uns vorbei und wackelt mit seinem Schwänzchen hin und her. Die Kinder bleiben in der Bankposition und schauen im Wechsel über die linke und rechte Schulter zum Gesäß, welches sich ebenfalls zur gleichen Seite bewegt. Jede Seite dreimal wiederholen.

Mobilisierte Region: Wirbelsäule

Wir laufen an der Straße weiter und sehen einen Kreisverkehr. Wer kann auf einem Bein stehen und mit seinem Bein einen Kreis in die Luft malen? Die Kinder starten mit einem kleinen Kreis, der immer größer wird. Wenn das gut klappt, können sie eine Acht in die Luft zeichnen. Dasselbe mit dem anderen Bein durchführen lassen.

Mobilisierte Region: Hüfte

Unsere Füße sind so müde vom vielen Laufen, dass sie eine Pause brauchen. Wir legen uns auf die Wiese und lassen unsere Beine wie die Grashalme vom Wind hin und her baumeln.

Die Kinder liegen auf dem Rücken und strecken die Beine mit angewinkelten Knien in die Luft. Die PF gibt folgende Bewegungsanweisungen: **Schwingt eure Füße abwechselnd hoch und runter, gemeinsam hin und her und zum Schluss im Kreis herum! Der Wind hat sich gedreht und die Füße schwingen in die andere Richtung.**

Mobilisierte Region: Knie

Ein Käfer hat es sich auf unserem Fuß gemütlich gemacht. Wir schütteln ihn vorsichtig ab, indem wir unsere Füße kreisen lassen. Die PF gibt mehrere Male einen Richtungswechsel an.

Mobilisierte Region: Füße

Regenbogenwelt

4 bunte Seile, 16 verschiedenfarbige Reifen, 12 verschiedenfarbige Chiffontücher, Bälle, 1 Behälter zum Sammeln der Bälle

Kunterbunt sieht es bei uns aus. Wir schauen mal, welche Farben wir finden können. Die Kinder bewegen sich nach Belieben oder nach Vorgabe der PF durch den Raum.

Beispiele: Jeder berührt einen gelben Gegenstand / alle Kinder, die ein blaues T-Shirt anhaben, gehen in die Hocke etc.

Stationen werden im Vorfeld alleine oder zeitgleich mit folgenden Stationserläuterungen gemeinsam mit den Kindern aufgebaut, bevor sich die Kinder selbstständig daran bewegen:

Hier werden wir vor ein Farbenrätsel gestellt.
Auf die linke Seite werden vier verschiedenfarbige Chiffontücher gelegt. Auf der rechten Seite liegen etwas entfernt vier Reifen mit identischen Farben wie die Chiffontücher. Jedes Kind nimmt sich ein Seil und verbindet die jeweils passenden Farben miteinander.

Wer trifft mit einem Ball die Farben?
Es werden verschiedenfarbige Reifen und/oder Tücher auf den Boden gelegt. In einem Behälter befinden sich ein paar Bälle. Die Kinder versuchen, mit einem Ball jede einzelne Farbe zu treffen, und benennen diese dabei.

Hier springen wir in die Farben hinein. Aber aufgepasst! Für jede Farbe gibt es eine andere Aufgabe. Die Kinder haben eine begrenzte Fläche zur Verfügung. Innerhalb dieses Bereichs liegen verschiedenfarbige Reifen auf dem Boden. Die Kinder springen von Reifen zu Reifen und sollen in jeder Farbe eine andere Aufgabe erledigen.

Beispiele: Grün: 180°-Drehung / Rot: auf der Stelle joggen / Gelb: auf dem Rand entlang balancieren / Blau: auf einem Bein stehen und bis fünf zählen

Die Stationen können um weitere Ideen ergänzt werden.

Abschluss

Zum Schluss versuchen wir uns einen eigenen Regenbogen einzusammeln. Jedes Kind darf sich ein Chiffontuch seitlich oder hinten in die Hose stecken. Es muss für alle Kinder sichtbar aus der Hose herausschauen. Alle Kinder laufen durch den Raum und versuchen, jeweils die Tücher der anderen Kinder zu stehlen. Haben sie ein Tuch geschnappt, stecken sie es sich selbst in die Hose. Während sie sich das erbeutete Tuch in die Hose stecken, darf kein Tuch gestohlen werden.

Die Tücher dürfen nicht festgehalten werden. Hat ein Kind kein Tuch mehr, stiehlt es sich wieder eins von einem anderen Kind.

Variante: Die PF ruft eine Farbe und nur diese darf gestohlen werden.

Sachen suchen

Mind. 12 Stapelsteine, bunte Bierdeckel in Rot, Gelb, Grün und Blau, mehrere Alltagsgegenstände, die einfach zu malen sind (z. B. Teller, Becher, Bauklotz, Buntstift, Sandschaufel, Zahnbürste, Löffel, Wolle, kleiner Ball, Puzzleteil, Taschentuch, Schlüssel etc.), 4 Stofftaschen, 1 Matte, Material zum Markieren des Slaloms (z. B. Hütchen, Joghurtbecher), Buntstifte, Papier

Heute sind wir Sachensucher. Vieles ist bei uns versteckt und alles ist total durcheinandergekommen. Zuerst suchen wir passende Farben. Die Kinder sitzen auf der einen Seite des Raumes. Sie teilen sich in Gruppen auf, je drei bis vier Kinder sitzen hintereinander, mit Blick in Richtung Stapelsteine. Auf der anderen Seite des Raumes liegen die Stapelsteine kreuz und quer verteilt mit der Wölbung nach oben. Jede Gruppe bekommt sechs bis acht Bierdeckel. Wenn das Spiel zum ersten Mal gespielt wird, beginnt man mit zwei Farben. Jeder Farbe wird eine Berührung zugeteilt.

Beispiel:
Rot: rechte Schulter
Grün: unterer Rücken
Gelb: Kopf
Blau: ein Ohr

Die Bierdeckel liegen in einem Stapel hinter dem letzten Kind in der Reihe. Dieses Kind schaut sich den obersten Bierdeckel an und gibt die passende Berührung weiter. Das berührte Kind gibt die Berührung weiter usw., bis das vorderste Kind berührt wird. Das vorderste Kind läuft los zu den Stapelsteinen und muss sich mit einem Bein (jüngere Kinder mit beiden Beinen) auf den passenden Stapelstein stellen. Das hinterste Kind kontrolliert, ob es die richtige Farbe gesucht hat, und gibt dementsprechend ein Handzeichen, z. B. Daumen hoch oder Daumen runter. Wenn es stimmt, darf das gelaufene Kind nach hinten in der Reihe sitzen und den nächsten Bierdeckel umdrehen. Wenn es nicht stimmt, muss das Kind wieder vorne in der Reihe sitzen und die Berührung wird noch einmal nach vorne gegeben.

Das Spiel endet, wenn alle Bierdeckel aufgedeckt sind.

Nun haben wir schon viele Farben gefunden. Wir wollen noch andere Sachen finden.
Die Alltagsmaterialien werden in die Stofftaschen gelegt. Es sollten nicht mehr als vier Teile in einer Stofftasche sein. Die Stofftaschen werden im Raum aufgehängt.

Die Stationen können im Vorfeld alleine oder zeitgleich mit folgenden Stationserläuterungen gemeinsam mit den Kindern aufgebaut werden. Danach bewegen sich die Kinder selbstständig an den Stationen.

Wir schauen unseren Raum von oben an und klettern den Tisch hoch. Aus sechs Stapelsteinen wird vor einem Tisch eine Treppe gebaut. Die Kinder steigen nach oben, gehen über den Tisch und springen auf die Matte hinter dem Tisch.

Wir versuchen, den Raum mit Hilfe der Stapelsteine zu durchqueren, ohne mit den Füßen den Boden zu berühren. Es liegen zwei Stapelsteine bereit. Die Kinder versuchen damit vorwärtszukommen, ohne den Boden zu berühren. Dabei legen sie einen Stein vor den anderen Stein.

Diesen Slalom müssen wir mit viel zu großen Schuhen hinter uns bringen. Die Kinder stehen in den zwei umgedrehten Stapelsteinen und versuchen damit durch den Slalom zu kommen.

Bei dieser Station müssen wir einen Stapelstein balancieren. Ein Stapelstein wird mit der Wölbung nach oben gehalten. Der andere Stapelstein wird mit der Wölbung nach unten auf den anderen Stapelstein gelegt. Nun muss das Kind eine vorher bestimmte Strecke ablaufen (z. B. um einen Tisch herum), ohne den oberen Stapelstein zu verlieren.

Nach jeder Station dürfen die Kinder in einer Stofftasche einen Alltagsgegenstand fühlen. Wenn sie eine Vorstellung davon haben, sollen sie diese auf ein Papier malen.

Abschluss

Gemeinsam schauen wir die gemalten Bilder an. Die Kinder erzählen, was sie erfühlt haben. Danach schauen wir die Alltagsgegenstände aus den Stofftaschen an.

Unsere Körperteile

Musik, 4 Stühle, 2 Tische, 5 Stäbe oder 4 Handtuchrollen, Chiffontücher oder/und Sandsäckchen (Nähanleitung siehe Anhang S. 46), Reifen oder Kartons, verschiedene Materialien (z. B. Bälle, Seile, Teppichfliesen), pro Kind 1 leeres Papier oder Ausmalbild (Druckvorlage siehe Anhang S. 55-56) und 1 Stift

Einleitung

Heute wollen wir unsere Körperteile besser kennenlernen. Welche Körperteile kennt ihr schon?

Musik-Stopp-Spiel: Die Kinder bewegen sich zur Musik zu verschiedenen Bewegungsanweisungen durch den Raum.

Beispiele: vor-/rückwärtsgehen / springen / Hopserlauf / laufen / Seitgalopp / seitwärts gehen und die Beine überkreuzen

Stoppt die Musik, nennt die PF ein Körperteil und eine Bewegungsanweisung dazu.

Beispiele: Legt euch auf den Bauch / setzt euch auf den Po / streckt die Arme weit nach oben / hebt ein Bein in die Luft etc.

Mit den Kindern wird gemeinsam aus Tischen, Stühlen und anderen Materialien ein Mensch (Riese) gebaut (Aufbaubeispiel siehe Bilder). Dabei werden den Kindern die Körperteile nochmals erläutert.

Linkes und rechtes Bein: jeweils ein Tisch und zwei Stühle

Bauch: Umgedrehter Tisch mit Stäben oder Handtuchrollen darunter. Bei Stäben als Untergrund sollte die PF den Tisch am Tischbein festhalten, damit dieser nicht zu weit wegrollt. Chiffontücher darauflegen.

Arme: Die Arme mit Reifen oder Kisten gestalten. Sie können mit verschiedenen Materialien gefüllt werden.

Kopf: ein Reifen, zwei Bälle als Augen, Seile als Mund und Haare

Diese Bewegungsidee ist mit 12 bis 16 Kindern gut durchzuführen. Die Körperteile können auch je nach räumlichen Gegebenheiten umgestaltet oder der Körper zweimal aufgebaut werden. Zusätzlich wird für jedes Kind ein leeres Blatt im Raum aufgehängt oder auf den Boden gelegt. Hat das Kind eine Runde auf dem Riesenmenschen geschafft, darf es ein Körperteil von sich auf das Blatt malen.

Variante: Jedes Kind erhält ein Körper-Ausmalbild (siehe Anhang) und malt pro Runde ein Körperteil aus.

Alle Kinder bewegen sich wieder zur Musik durch den Raum. Bei Musikstopp gibt es verschiedene Aufgaben.

Beispiele: Linke Hand und rechter Fuß berühren den Boden / der Po und die rechte Hand berühren den Boden / Hände und Bauch berühren eine Wand etc.

Von der Raupe zum Schmetterling

Grünes Transparentpapier, Kreppklebeband, 10 Stühle, 2 Seile, Hütchen, 1 Tisch, Handtuchrollen / Stäbe / Matten, ggf. Material für Bastelanleitung Raupe (siehe Anhang S. 57), Chiffontücher, Stühle / Schaumstoffbauelemente / kleiner Kasten

Vorbereitungen

Das Transparentpapier in Schnipsel reißen (kann auch mit den Kindern gemacht werden). Einen Teil der Schnipsel an die Wand oder an Schränke o. Ä. kleben.

Einleitung

Heute sind wir alle eine kleine Raupe, die endlich zum Schmetterling werden möchte. Dafür muss sie fressen, fressen und noch mehr fressen! Aber was mag so eine kleine Raupe am allerliebsten? Die Kinder von ihren Vermutungen erzählen lassen. **Wisst ihr, die Raupe frisst am liebsten frische, grüne Blätter. Wir machen uns mal auf die Suche danach.** Die Kinder sollen sich wie eine Raupe durch den freien Raum bewegen. Entweder auf dem Bauch und dabei vorwärtsrobben oder sie schieben im Vierfüßler die Arme nach vorne und ziehen die Knie nach. **Die Raupe sucht hier und dort, kriecht hin und her. Aber sie kann einfach keine Blätter finden. Sie muss sich woanders auf die Suche machen.**

Hauptteil

Stationsaufbau mit oder ohne Kinder und anschließende Stationserläuterung. Die Transparentpapierschnipsel werden jeweils an den Stationen verteilt:

Die Raupe kriecht durch das hohe Gras. Es werden vier Stühle hintereinandergestellt. Die Kinder krabbeln zwischen den Stuhlbeinen hindurch. Unter den Stühlen liegen Transparentpapierschnipsel.

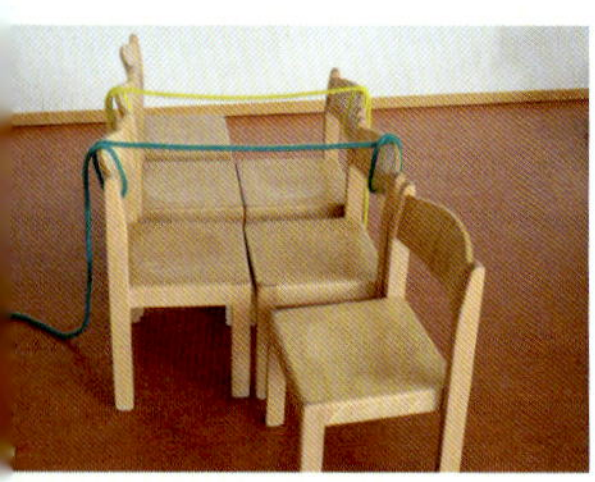

Auch im Dickicht findet die Raupe eine paar leckere Blätter. Die Kinder halten sich entweder an den Schultern fest oder laufen dicht hintereinander, sofern möglich, durch Seile und Hütchen im Slalom und unter einem Tisch hindurch oder über und unter aufgestellten Stühlen mit Seilen als Hindernis. Auch hier sind Transparentpapierschnipsel zum Einsammeln.

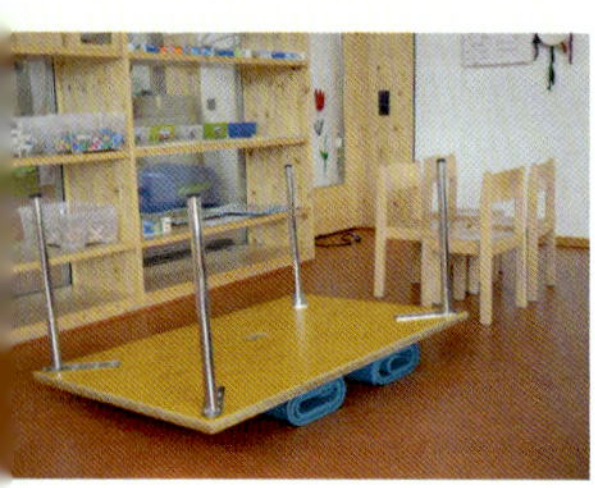

An einem kleinen Teich entdeckt die Raupe ein großes Blatt. Das ist doch ein gemütliches Plätzchen zum Schaukeln. Der Wind (PF) schaukelt sie sanft hin und her. Unter einem umgedrehten Tisch werden Handtücher / Stäbe / Matten gelegt. Drei bis vier Kinder sitzen auf dem Tisch, der von der PF zum Wippen gebracht wird.

Natürlich kann die Raupe vor allem auf einem Baum viele Blätter finden. Mit Stühlen / Schaumstoffelementen / kleinem Kasten eine Möglichkeit bauen, um an die gerissenen und angeklebten Transparentschnipsel zu gelangen.

Die Kinder laufen diesen Parcours mehrmals ab. Bei Bedarf und ausreichend Platzangebot können Stationen doppelt aufgebaut werden. Die gesammelten Schnipsel bringen die Kinder an einen davor abgesprochenen Platz.

Pro Runde, die von den Kindern bewältigt wird, kann auf eine Schnur eine Perle aufgefädelt werden. Daraus wird am Ende der Bewegungseinheit eine Raupe, die ggf. noch angemalt oder verziert wird.

Nun hat die Raupe sehr viele Blätter gefressen. Sie verpuppt sich nun und man sieht nur noch den Kokon. Alle Kinder werden von der PF mit zwei Chiffontüchern zugedeckt. **Nun müssen die Raupen sehr geduldig sein und warten und warten und warten. Bis sie endlich zu einem wunderschönen Schmetterling werden!** Alle Kinder nehmen die beiden Chiffontücher und fliegen wie ein Schmetterling durch den Raum.

Wie Morgenmuffel entspannt fit werden

Ggf. 1 Kissen

Bei vielen Kindern helfen die Frühaufsteher der PF, die Morgenmuffel zu wecken, und tauschen danach die Rollen.

Wisst ihr, was ein Morgenmuffel ist? Seid ihr selbst ein Morgenmuffel oder ein Frühaufsteher? Gemeinsam wird erörtert, was einen Morgenmuffel ausmacht (will lange im Bett liegen bleiben, gähnt viel, ist am Frühstückstisch noch müde und hat schlechte Laune). Danach darf jedes Kind reflektieren, ob er zu den Morgenmuffeln oder zu den Frühaufstehern gehört.

Heute spielen wir, dass wir alle Morgenmuffel sind. Wir kuscheln uns in unser Bett und schließen die Augen. Einige Morgenmuffel hört man auch schnarchen. Die Kinder suchen sich eine bequeme Schlafposition.

Morgenmuffel weckt man am besten von unten nach oben, also erst die Zehen und zum Schluss den Kopf. Die PF wackelt an den Zehen der Kinder und streicht über deren Fußsohle.

Die Knie erwachen, wenn man ein wenig an ihnen rüttelt. Die PF nimmt beide Knöchel der Kinder in die Hand und bewegt die Unterschenkel auf und ab.

Die Schultern werden munter, wenn man sie auf und ab bewegt. Die PF greift von unten an die Schulterblätter der Kinder und hebt diese abwechselnd an.

Die Arme werden wach, wenn man sie mehrmals überkreuzt. Die PF verschränkt die Arme der Kinder vor der Brust und zieht sie anschließend wieder weit auseinander. Drei- bis viermal wiederholen.

Den Kopf zu wecken ist am schwierigsten. Zuerst pustet man vorsichtig ins Gesicht. Wenn das nicht hilft, kitzelt man an der Nase. Die PF pustet sanft über das Gesicht. Bleiben die Augen geschlossen, wird an der Nase gekitzelt.

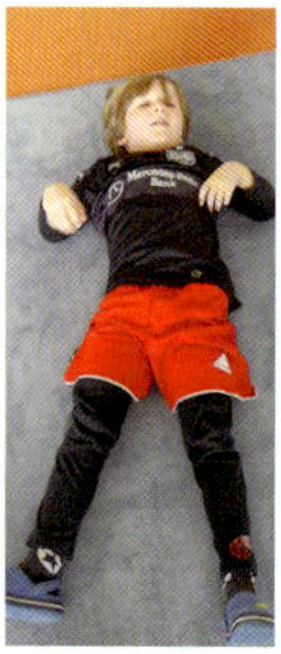

Jetzt haben alle Morgenmuffel die Augen geöffnet. Und nun fängt der Körper an, sich im Liegen zu bewegen. Zuerst wackeln die Zehen, dann die Knie, der Po, der Rücken, die Schultern, beide Hände und der Kopf. Dann strecken wir die Arme nach hinten und alle Morgenmuffel machen sich im Bett so groß wie möglich. Doch plötzlich fallen wir wieder ganz schlapp ins Bett zurück, weil unsere Muskeln wieder eingeschlafen sind. Zuerst werden die Körperteile, die die Kinder bewegen sollen, von der PF zügig nacheinander benannt. Dann vier- bis fünfmal den Wechsel von strecken (Anspannung) und schlapp werden (Entspannung) vollziehen lassen.

Da der Kopf bei Morgenmuffeln besonders schwer ist, ist es gut, wenn ihnen jemand hilft, sich hinzusetzen. Die Kinder werden an den Händen in den Sitz gezogen.

Auch im Sitzen recken die Morgenmuffel ihre Hände noch mal ganz nach oben. Doch auch die Arme sind noch zu müde und fallen wieder schlapp auf den Boden. Wir klatschen alle ganz laut, damit die Arme munter werden und probieren es dann noch einmal – so lange bis die Arme nicht mehr schlapp werden. Die PF leitet den Wechsel von An- (recken und klatschen) und Entspannung an. Beim Entspannen fallen nicht nur die Arme, sondern der gesamte Oberkörper in Richtung Boden.

Dann boxen wir mit unseren geballten Fäusten in die Luft, um den Schlaf endgültig zu vertreiben. Zur Unterstützung kann die PF die Kinder gegen ihre offenen Hände oder in ein Kissen boxen lassen.

Wir vertreiben den Schlaf auch mit unseren Füßen, indem wir in die Luft treten. Darauf achten, dass nicht in Richtung der Kinder getreten wird.

Nun vertreiben wir die Müdigkeit noch aus unserem Gesicht, indem wir viele verschiedene Grimassen schneiden. Die PF macht Grimassen vor, bei denen bestenfalls alle Gesichtsmuskeln angespannt werden – immer gefolgt von einem entspannten Gesichtsausdruck.

Morgenmuffel müssen ganz langsam aufstehen. Am Anfang sind wir so klein wie ein Zwerg. Die Kinder nehmen über den Füßen eine Hockposition ein.

Zuerst werden die Beine ganz lang. Dann rollen wir den Rücken Stück für Stück nach oben – so wie ein Schwan seinen Hals aus dem Wasser erhebt. Der Kopf schaut dabei so lange wie möglich zum Boden. Die PF macht das langsame Aufrichten des Körpers vor.

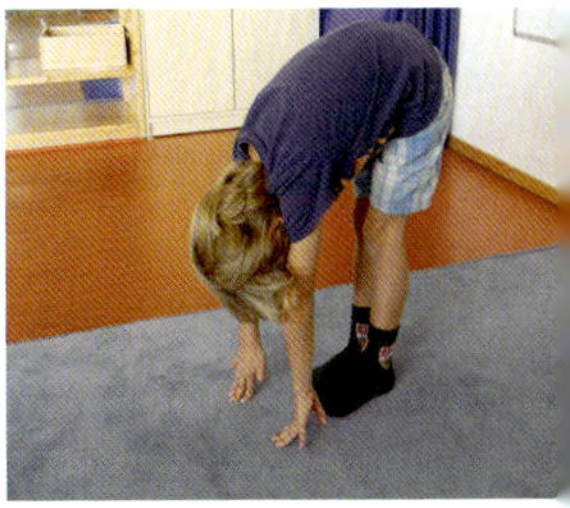

Alle Morgenmuffel machen sich zuerst so groß und dann so breit wie möglich. Doch immer wieder fällt unser Oberkörper zum Boden zurück. Die Kinder stellen sich auf die Zehenspitzen und strecken ihre Hände zur Decke. Dann lassen sie ihre Arme und den Oberkörper zum Boden sinken. Anschließend werden Beine und Arme zur Seite gespreizt, bevor sie auch wieder in Richtung Boden sinken. Mehrmals wiederholen.

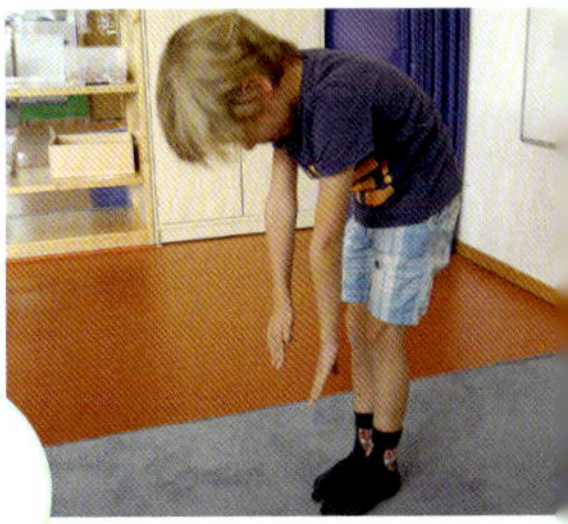

Richtig fit werden Morgenmuffel, wenn sie aus dem Bett springen. Die Kinder springen in die Luft.

Gute Laune bekommen Morgenmuffel, wenn sie gemeinsam ein Lied singen. Doch vorher müssen wir die Stimme noch aufwecken. Die PF gibt verschiedene Laute vor, die die Kinder nachmachen.

Beispiele: ffff / ssss / sch / mmmm / wwww / mi-mi-mi-mi-mi / mo-mo-mo-mo-mo / la-la-la-la-la / lu-lu-lu-lu-lu / sch-sch-sch

Anschließend wird ein Lied gesungen, zu dem auch getanzt werden darf.

Jetzt haben alle Morgenmuffel wieder gute Laune und zeigen dies, indem sie ganz laut lachen.

Wir lernen Gegensätze kennen

1 Tisch, 9 Stühle, 1 Schwungtuch, Reifen, Musik, Bilder von Gegensätzen (siehe Anhang S. 58)

Heute lernen wir etwas über Gegensätze. Kennt ihr schon Gegensätze? Bilder von den einzelnen Gegensätzen werden gezeigt und evtl. noch zusätzliche Gegensätze gesammelt.

Beispiele: schnell – langsam / hell – dunkel / hoch – tief / laut – leise / fest – wackelig etc.

Jetzt lernen wir die verschiedenen Gegensätze an uns selbst kennen. Alle Kinder bewegen sich zur Musik durch den Raum. Bei Musik-Stopp gibt die PF einen Gegensatz vor z. B. hoch – tief. Die Kinder stellen sich auf Zehenspitzen und machen sich anschließend ganz klein. Diese Bewegungsaufgaben sind mit allen oben aufgeführten Gegensätzen möglich.

Stationsaufbau zu den unterschiedlichen Gegensätzen. Die Anzahl der Stationen kann von der PF frei gewählt werden.

Hell – dunkel:
Ein Tisch wird mit einem Schwungtuch zugedeckt. In der Höhle ist es dunkel, draußen ist es hell. Die Kinder können hindurchkrabbeln.

Hoch – tief:
Es werden fünf Stühle benötigt. Die Stühle werden mit etwas Abstand zueinander aufgestellt. Die Kinder krabbeln unter dem Stuhl durch und über nächsten Stuhl drüber etc.

Laut – leise:
Es werden vier Stühle nebeneinandergestellt. Die Kinder dürfen auf den ersten Stuhl laut mit den Händen trommeln, beim nächsten Stuhl leise daraufsteigen und runterhüpfen, lautes bzw. leises Stampfen ist beim dritten Stuhl möglich und beim vierten wird mit den Fingerspitzen leise getippt etc.

Fest – wackelig:
Es werden Reifen nebeneinandergelegt. Die Kinder laufen oder hüpfen in die verschiedenen Reifen. Dann balancieren sie auf dem Rand der Reifen entlang. Im Reifen kann man fest auf den Boden treten, das Balancieren auf dem Reifen ist wackelig.

Abschluss

Das Schwungtuch wird so ausgebreitet, dass sich alle Kinder daran festhalten können. Nun können die einzelnen Gegensätze noch einmal nachgestellt werden.

Beispiel: Bei hoch – tief legen sich ein paar Kinder unter das Tuch. Alle anderen Kinder können das Tuch auf und ab bewegen.

Der Abschluss kann mit den Kindern aus Platzgründen auch im Flur oder Garten durchgeführt werden.

Zeit zum Durchatmen!

Vor-überlegungen

Die folgenden Atemübungen können entweder als Thementag/-woche in mehreren Kleingruppen erarbeitet werden oder als Einzelübungen in den Kita-Alltag eingebaut werden. Einige Übungen sind auch dazu geeignet, sie im Kita-Außengelände durchzuführen. Sie können zum Einsatz kommen, um herunterzufahren und zur Ruhe zu kommen.

Atemübung 1: Wasserfarbklecks
Pro Kind 1 Blatt Papier oder ein großes Blatt pro Kleingruppe, Wasserfarben und Pinsel

Die Kinder tauchen den nassen Pinsel in die Wasserfarbe und lassen die Farbe anschließend auf das Blatt Papier tropfen, sodass ein Farbklecks entsteht. Dieser Farbklecks wird von den Kindern angepustet. Je länger die Kinder ausatmen, desto länger geht die Farbe auf Wanderschaft. Wichtig ist, dass die PF auf Atempausen der Kinder achtet, damit ihnen nicht schwindelig wird. Dies wird erreicht, indem die Kinder der Kleingruppe abwechselnd pusten dürfen.

Atemübung 2: Windrad
1-2 Windräder

Das Windrad geht reihum und die Kinder versuchen herauszufinden, was sie tun müssen, damit sich das Windrad sehr schnell, langsam, sehr lange dreht oder die Richtung wechselt. Anschließend darf ein Kind starten und versucht, mit einem Atemzug das Windrad so lange wie möglich in Bewegung zu halten. Die anderen Kinder zählen gemeinsam, wie viele Sekunden sich das Windrad dreht.

Atemübung 3: Seifenblasen
Seifenblasen, ggf. passende Musik

Die Kinder experimentieren mit Seifenblasen. **Wann gibt es ganz viele kleine Seifenblasen und wie muss ich pusten, damit die Seifenblase besonders groß wird? Wer macht die größte Seifenblase?**

Atemübung 4: Federleicht
Verschiedene Federn, ggf. passende Musik

Die Kinder holen tief Luft und pusten nacheinander verschiedene Federn in die Luft. **Welche Feder fliegt ganz lange durch die Luft? Warum fliegen manche Federn besser als andere?** Gemeinsam lassen die Kinder eine Feder in der Luft tanzen. Dies kann durch ein geeignetes Lied unterstützt werden.

Atemübung 5: Strohhalm
Strohhalme, Material zum Ansaugen und Wegpusten (z. B. Wattebausch, Tiere aus Seidenpapier, Tischtennisball, Blätter, Luftballon), kleiner Behälter zum Einsammeln (z. B. Joghurtbecher, Trinkbecher, Schale)

Übungen in der Gruppe: Ein Wattebausch geht um: Einige Kinder sitzen im geschlossenen Kreis. Jedes Kind hat einen Strohhalm, mit dem es verschiedene Bewegungsaufgaben der PF ausführt.

Beispiele: Wattebausch ansaugen und vor seinem rechten/linken Sitznachbarn ablegen oder zu seinem Sitznachbarn hinpusten / Wattebausch ansaugen und seinem Sitznachbarn von Strohhalm zu Strohhalm übergeben / Wattebausch wegpusten, wenn er in Reichweite kommt etc.

Nach einiger Zeit wird das Material gewechselt oder neues wird zusätzlich ins Spiel gebracht.

Wer hat den längsten Atem? Die Kinder liegen nebeneinander auf dem Bauch, haben ihren Strohhalm im Mund und je einen Wattebausch vor sich liegen. Wer kann mit einem Atemzug den Wattebausch am weitesten wegpusten / über eine Markierung (z. B. Seil) pusten?

Nach ein paar Versuchen wird das Material ausgetauscht.

Einzelübungen: Zielpusten: Jedes Kind erhält einen Strohhalm und einen Gegenstand zum Wegpusten und sucht sich ein Ziel, durch oder in das es treffen möchte.

Beispiele: unter einem Tisch oder Stuhl hindurch / durch einen Tunnel / in ein Tor (aufgestellter Karton oder Kiste) etc.

Staubsauger: Jedes Kind erhält einen Strohhalm und einen kleinen Behälter zum Einsammeln. Im Raum werden auf dem Boden oder auf Tischen verschiedene Materialien zum Ansaugen verteilt. Die Kinder laufen umher, saugen die Gegenstände mit ihrem Strohhalm an und befördern sie in ihren Behälter. Lassen sich die Gegenstände auch ohne Strohhalm nur mit der Nase ansaugen?

Atemübung 6: Wellen machen
Pro Kind ein Wasserbehälter (z. B. Joghurtbecher, Trinkbecher, Plastikschale) oder 1 größerer Wasserbehälter pro Kleingruppe (z. B. flache Schale, Eimer, Planschbecken)

Die Kinder stellen ihren Wasserbehälter auf den Tisch und gehen mit dem Mund ganz nahe zum Behälterrand. Zu Beginn pusten sie so sanft hinein, dass kleine Wellenbewegungen entstehen. Nach und nach dürfen die Wellen größer werden. Vielleicht spritzt es sogar ein wenig! Die PF achtet darauf, dass die Kinder Atempausen machen, damit ihnen nicht schwindelig wird.

Rechts und links ein Fuß

U3

Musik, Teppichfliesen, Materialien für den Barfußparcours (z. B. Säckchen, Seile, Tennisringe, Schwämme, Korken, kleine Murmeln/Muggelsteine, Folie, Verpackungsmaterial, Schüssel mit Wasser, Handtuch), Reifen, Bananenkisten, wenn vorhanden, 1 Weichbodenmatte

Wenn die Kita eine Fußbodenheizung hat, kann die Stunde das ganze Jahr hindurch stattfinden. Bei kälteren Bodenbelägen ist es sinnvoll, die Stunde im Sommer durchzuführen.

Unsere Füße begrüßen sich!
Die Kinder laufen zur Musik durch den Raum. Bei Musik-Stopp gibt es verschiedene Aufgaben, wie die Füße sich begrüßen dürfen.

Beispiele: im Sitzen gegenüber / die Fußflächen aneinander / nur die großen Zehen berühren einander / die Füße im Sitzen übereinanderlegen / nur die Fersen berühren einander / wir versuchen uns gegenseitig mit unseren Zehen an den Füßen zu kitzeln etc.

Was meine Füße alles können!
Die Teppichfliesen werden im Raum verteilt. Wir probieren auf den Teppichfliesen verschiedene Dinge aus, die unsere Füße können.

Beispiele: stampfen / springen / scharren / auf den Fußballen stehen / auf den Fersen gehen / die Zehen spreizen / Zehen einziehen / klatschen mit den Füßen etc.

Nun entdecken unsere Füße, wie unterschiedlich sich hier alles anfühlt. Reifen oder Kartons werden mit jeweils unterschiedlichen Materialien gefüllt. Wenn möglich kann auch eine Schüssel mit Wasser dabei sein.

Wenn wir durch die Kartons gehen, fühlt sich alles ganz unterschiedlich an. Manches ist hart und manches ganz weich. Oder auch warm und kalt. Hier ist es sogar nass.

Zusätzlich kann noch eine Weichbodenmatte dazugelegt werden. **Auf der Matte ist es ganz weich und wackelig. Wir können mit unseren Füßen drüberpatschen.**

Unsere Füße waren heute sehr fleißig. Wir wollen sie massieren.
Die Kinder massieren sich gegenseitig die Füße. Dazu legt sich ein Kind auf den Bauch und das andere Kind geht an die Füße des Kindes. Die PF leitet die Situation an:

Jeder Fuß hat fünf Zehen. Können wir jede Zehe mit unseren Fingern schnappen? Und dann kommt der Fußballen. Beide Daumen passen dort gut nebeneinander hin. Wir müssen etwas drücken, sonst kitzelt es zu sehr.

Jetzt wandern unsere Daumen hinunter zur Ferse. Und jetzt machen wir das noch beim anderen Fuß.

Unterwegs mit Luftautos

U3

Pro Kind mindestens 1 Luftballon (+ Ersatz), evtl. pro Kind 1 Fliegenklatsche (die Bewegungseinheit kann auch ohne gehalten werden), 1 großer Müllsack o. Ä., 1 Krabbeltunnel, 1 umgedrehter Tisch, 6 Stühle, 5-6 Chiffontücher, 1 Seil

Vorbereitungen

Die Luftballons werden aufgeblasen und in einen großen Müllsack o. Ä. gesteckt.

Einleitung

Heute habe ich einen ganz großen Beutel dabei. Was da wohl drin ist? Fühlt mal, der Beutel ist ganz leicht. Gemeinsam mit den Kindern wird der Müllsack nach oben gehalten und auch etwas nach oben geworfen. **Sollen wir mal nachschauen, was sich in unserem Beutel versteckt? Dazu müssen wir aber ganz leise sein, und wir legen uns alle mal auf den Rücken.** Die Kinder legen sich auf den Rücken. Alle Luftballons werden über den Kindern ausgeschüttet. Die Kinder sollen animiert werden, so lange liegen zu bleiben, bis die Luftballons alle am Boden liegen.

Die Kinder dürfen sich erst einmal frei mit den Luftballons bewegen.

Während die Kinder sich mit den Luftballons frei bewegen, baut die PF die „Straße" auf (siehe Fotos).

Hauptteil

Nun werden unsere Luftballons zu Luftautos. Wir fahren mit ihnen über die unterschiedlichen Straßen. Die Kinder können ihre Luftballons mit der Hand durch die verschiedenen Aufbauten schieben. Wenn vorhanden, können die Fliegenklatschen dazu genommen werden.

Wir fahren durch einen Tunnel.
Die Kinder stupsen ihren Luftballon durch den Krabbeltunnel.

Da kommt eine Brücke.
Die Kinder gehen mit dem Luftballon über den umgedrehten Tisch.

Oh, hier wird die Straße ganz eng.
Die Kinder schieben den Luftballon durch die aufgestellten Stühle.

Das Auto ist ganz dreckig geworden. Wir müssen in die Waschstraße.
Die Kinder kriechen mit dem Luftballon unter den Chiffontüchern hindurch.

Abschluss

Jetzt waren wir lange unterwegs. Wir bringen die Luftautos jetzt in die Garage. Die Kinder versuchen, ihren Luftballon in den Müllsack zurückzutreiben. Die PF hält den Müllsack so auf, dass die Kinder dies gut schaffen können.

Wir decken den Tisch

U3

Pro Kind 1 Plastikteller, 1 Plastikbesteck, 1 Trinkbecher, 1 Plastikglas, Spielzeuglebensmittel oder Bilder von Lebensmitteln (siehe Anhang S. 60-61), Bilder von Geschirr (siehe Anhang S. 59), 2-3 Tische, 1 Krabbeltunnel, 6 Stühle, Handtuchrollen, 2 Behälter zum Sammeln des Geschirrs und der Lebensmittel, Musik

Ein Tisch wird umgedreht auf die Handtuchrollen gelegt.

Helft ihr manchmal zu Hause, den Tisch zu decken? Was kann man alles auf einen Tisch stellen? Was brauchen wir, wenn wir hier den Tisch fürs Mittagessen decken? Die Kinder erzählen von ihren Erfahrungen beim Tischdecken.

Schaut mal, ich habe auch viele Dinge dabei, mit denen man einen Tisch decken kann. Gemeinsam schauen die Kinder die verschiedenen Gegenstände an und benennen diese.

Ein wilder Sturm hat alle unsere Teller, unser Besteck und unsere Trinkbecher durcheinandergewirbelt. Die PF verteilt mit den Kindern die Gegenstände im ganzen Raum.

Sicher können wir alles wiederfinden.
Zur Musik bewegen sich die Kinder im Raum. Bei Musik-Stopp benennt die PF einen Gegenstand, wie z. B. Teller / Gabel / Becher / Glas / Messer etc. Nun sollen die Kinder schnell den jeweils benannten Gegenstand suchen. Am Ende des Spiels werden alle Gegenstände in einem großen Behälter gesammelt.

Der Krabbeltunnel wird vor oder hinter den umgedrehten Tisch gelegt. Unter den Tisch werden die Handtuchrollen gelegt. Außerdem wird noch ein Hindernis mit sechs Stühlen aufgebaut (siehe Fotos).

Nun wollen wir den Tisch decken. Helft ihr mir? Ich zeige euch, was wir nacheinander zu unserem Tisch bringen. Die PF hält immer ein Bild mit einem der jeweiligen Gegenstände nach oben. Die Kinder suchen sich dann aus dem Behälter den gezeigten Gegenstand und bringen ihn zum Tisch.

So leicht kommen wir gar nicht zu unserem Tisch! Wir müssen über einen Wackeltisch, die Stühle und durch den Tunnel krabbeln. Die Kinder überwinden die Hindernisse auf dem Weg zum Tisch.

Abschluss

Wir wollen auch noch Essen auf unserem Tisch haben. Der Behälter mit den Lebensmitteln wird dazugeholt. Die Kinder dürfen frei wählen, welches Lebensmittel sie zum Tisch bringen wollen.

Schaut mal, wie schön unser Tisch gedeckt ist. Gemeinsam schauen die Kinder den gedeckten Tisch an. Natürlich kann an dem Tisch auch ein Rollenspiel entstehen. So geht die gezielte Bewegungseinheit in das Freispiel über.

Wir sind kleine Eichhörnchen

U3

Pro Kind 1 Teppichfliese, Bildkarte „Eichhörnchen" (siehe Anhang S. 62), mehrere Zapfen, Eicheln, Kastanien, mehrere Bildkarten mit diesen Waldfrüchten (siehe Anhang S. 63), Chiffontücher, 2 Stühle, 1 Krabbeltunnel, 1 Tisch, 1 Schwungtuch, Behälter für Waldfrüchte

Einleitung

Heute sind wir kleine Eichhörnchen. Schaut mal, hier auf dem Bild ist auch ein Eichhörnchen. Die PF zeigt das Bild mit dem Eichhörnchen. **Habt ihr schon einmal ein echtes Eichhörnchen gesehen? Wo leben die Eichhörnchen und was können sie besonders gut?** Die Kinder erzählen von ihren Erfahrungen. **Wir bewegen uns nun mal wie ein Eichhörnchen.** Gemeinsam springen die Kinder durch den Raum. Während dessen verteilt die PF die Teppichfliesen, den Krabbeltunnel und die Stühle an geeigneten Plätzen im Raum. Es werden jeweils die Kärtchen dazu- oder daruntergelegt und mit einem Chiffontuch abgedeckt.

Hauptteil

Was fressen die Eichhörnchen gerne? Die Kiste mit den Zapfen, Eicheln und Kastanien wird in die Mitte gestellt. **Wie fühlt sich eine Kastanie oder ein Zapfen an?** Gemeinsam fühlen die Kinder die Kastanien, Zapfen und Eicheln. **Manche sind ganz hart, die Eicheln piksen ein bisschen. Wie fühlen sich die Kastanien an?**

Bevor der Winter kommt, müssen die Eichhörnchen ganz viel Futter verstecken. Sie vergraben es an vielen Stellen im Wald. Die Kinder nehmen sich nun z. B. einen Zapfen aus der Kiste und legen ihn auf die entsprechende Teppichfliese, unter oder auf den Stuhl oder in den Krabbeltunnel unter das Chiffontuch.

Es wird Winter und es wird immer kälter. Die Eichhörnchen werden im Winter ganz müde und ruhen sich viel aus. Wir kuscheln uns alle in eine Höhle. Der Tisch wird mit einem Schwungtuch abgehängt. Alle Kinder und die PF kriechen in die Höhle und tun so, als ob sie schlafen würden.

Wenn die Eichhörnchen Hunger bekommen, stehen sie auf und suchen sich schnell etwas zu essen. In der Höhle sammeln sie ihr Futter. Die Kinder dürfen sich ein beliebiges Futter suchen und schnell in die Höhle bringen.

Schaut mal, unsere Finger können auch wie ein Eichhörnchen springen. Wir machen zum Abschluss ein gemeinsames Fingerspiel:

Das Eichhörnchen springt von Ast zu Ast	eine Hand spielt das Eichhörnchen und springt vom Unterarm auf die Schulter und von dort zum Oberarm etc.
Es klettert fröhlich ohne Rast	mit einem Arm den Baum darstellen, mit der anderen Hand am Arm hochklettern und von Finger zu Finger klettern
Es sammelt Nüsse immerzu	mit beiden Händen etwas aufsammeln
im Winter kommt es erst zur Ruh'	alle Kinder tun so, als ob sie schlafen würden

Draußen – Bewegungsideen für draußen

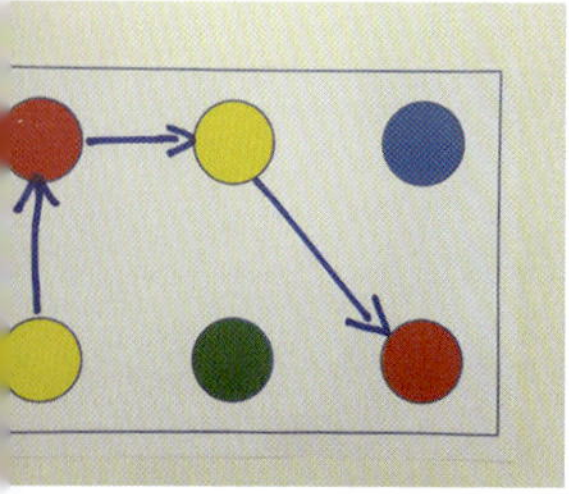

Die Schatzkarte des Zauberers Paladino

Mind. 12 Stapelsteine, 2-3 Waschzuber/Eimer mit Wasser gefüllt, einen großen Kochtopf o. Ä., Waschlappen oder Sandsäckchen in Rot, Gelb, Grün und Blau, Farbkarten (siehe Anhang S. 64), Schatzkarten, in die Wege eingezeichnet werden müssen (siehe Anhang S. 64), Material für einen Schatz (z. B. Murmeln / Perlen / Muggelsteine), evtl. 1 Zauberhut o. Ä.

In die Schatzkarten müssen vorher Wege eingezeichnet werden.

Heute gehen wir auf Schatzsuche. Der Zauberer Paladino bewahrt mehrere Schatzkarten für uns auf. Wir müssen den richtigen Weg finden und viele Aufgaben bewältigen. Die erste Aufgabe wird ganz einfach sein: Ich rufe ein Wort und ihr überlegt, welche Farbe zu diesem Wort passt. Dann stellt ihr euch schnell zu dieser Farbe. Die Stapelsteine liegen verteilt auf einer Wiese oder einem größeren Platz. Die PF ruft nacheinander verschiedene Worte und die Kinder suchen die passende Farbe und stellen sich zu dem jeweiligen Stapelstein.

Beispiele: Feuerwehrauto, Sonne, Gras, Gurke, Himmel, Wasser, Polizeiauto, Paprika, Briefkasten, Banane, Tomate, Ampel (hier können die Kinder bei Rot, Grün und Gelb stehen) etc.

Die nächste Aufgabe ist schon etwas schwieriger. Der Zauberer Paladino benötigt beim Brauen seines Zaubertrankes dringend unsere Hilfe. Er ist schon sehr alt und schafft es nicht, das Wasser für den Zaubertrank zu holen. Können wir ihm helfen? Die Waschzuber sind mit Wasser gefüllt. In einem Abstand von ca. 10 bis 15 Metern steht der große Kochtopf. Nun beginnen die Kinder, das Wasser mit den Stapelsteinen zu schöpfen, laufen damit zum Kochtopf und schütten es dort hinein.

Während der Zauberer den Zaubertrank rührt, hat er sich eine noch schwierigere Aufgabe für uns ausgedacht. Wir müssen die Zutaten für den Zaubertrank in die richtigen Schüsseln werfen. Alle Stapelsteine werden mit der Öffnung nach oben in die Mitte gelegt. Die Kinder stehen im Kreis um die Steine. Nun versuchen die Kinder, die nassen Waschlappen oder die trockenen Sandsäckchen in die passende Farbe zu werfen. Wenn die Waschlappen alle dieselbe Farbe haben, ruft die PF eine Farbe, in die geworfen werden soll.

Der Zauberer Paladino möchte mit uns üben, wie man Schatzkarten liest. Die Stapelsteine werden kreuz und quer auf der Wiese verteilt. Die Kinder gehen immer zu dritt oder zu viert zusammen. Jede Gruppe bekommt mehrere Farbkarten, die sie nacheinander „ablaufen" und die Stapelsteine berühren. Dabei geht es darum, die Farben in der richtigen Reihenfolge zu berühren. Je nach Alter der Kinder dürfen die Farbkarten mitgenommen werden. Bleiben die Farbkarten an einer bestimmten Stelle liegen, müssen sich die Kinder die Reihenfolge merken. Die Aufgabe wird immer schwieriger, da immer mehr Farben auf der Karte sind.

Endlich haben wir alle Aufgaben des Zauberers Paladino bewältigt und wir bekommen die richtigen Schatzkarten.

Sechs Stapelsteine werden genauso, wie es auf der Schatzkarte abgebildet ist, aufgebaut. In den Schatzkarten sind Wege eingezeichnet, die Kinder laufen in Kleingruppen die Stapelsteine nach den vorgegebenen Wegen ab (siehe Foto). Unter jedem Stapelstein befinden sich beliebige Schätze. Jede Gruppe bekommt zwei bis sechs Schatzkarten. Immer wenn sie am letzten Stapelstein einer Schatzkarte angekommen sind, dürfen sie sich einen Schatz rausnehmen. **Wer schafft es, so viele Schätze wie möglich zu finden?**

Der Zauberer Paladino ist sehr begeistert von uns. Wir haben so viele Schätze gefunden. Nun spielen wir noch ein lustiges Spiel mit ihm. Ein Kind ist der Zauberer Paladino und bekommt den Zauberhut. Alle anderen Kinder stehen um den Zauberer auf jeweils einem Stapelstein im Kreis.

Er sagt folgenden Satz:

Palo, Pali, Paladino – ich verzaubere alle Kinder, die auf (z. B.) Rot stehen, in ein (z. B.) Auto!

Dann laufen alle Kinder, die auf Rot stehen, los und suchen sich einen neuen roten Stapelstein. Dabei spielen sie die angesagte Sache. Gleichzeitig sucht sich der Zauberer auch einen freien Stapelstein und stellt sich darauf. Das Kind, welches keinen Stapelstein mehr bekommen hat, ist der nächste Zauberer.

Jetzt wird es nass!

Diese Bewegungsideen können an warmen Tagen im Sommer zur Abkühlung im Garten genutzt werden.

Dabei können die Stationen entweder einzeln oder als Rundlauf ausgewählt und durchgeführt werden.

Rettet die Fische!

Pro Kind 1 Becher, 1 Waschzuber/Eimer mit Wasser gefüllt, 1 leerer Waschzuber/Eimer, in dem sich Fische aus Moosgummi / bunte Flaschendeckel / Schwimmtiere befinden
Kinderanzahl: egal

Wir müssen die Fische retten. Sie liegen auf dem Trockenen. Füllt schnell eure Becher und bringt den Fischen Wasser! Die Streckenlänge, die mit den Bechern von den Kindern zurückgelegt werden soll, kann je nach Geländebeschaffenheit und Alter der Kinder ausgewählt werden. Die Kinder sollen den Becher mit Wasser füllen, schnell zu den Fischen transportieren und dort ausleeren. Das Spiel kann beliebig lange gespielt werden.

Wurfstation

Pro Kind 1 Wassertier / Softball / Waschlappen, 6-10 bis zur Hälfte gefüllte Plastikflaschen, 1 Eimer mit Wasser
Kinderanzahl: egal

Der Eimer mit Wasser steht mit mindestens 10 Metern Abstand zu den Plastikflaschen. Die Kinder machen ihr Wassertier im Eimer nass und laufen dann zu den Plastikflaschen und versuchen diese abzuwerfen.

Wassertransport

Pro Paar 1 Handtuch, mit Wasser gefüllte Luftballons, Material zum Markieren (z. B. Hütchen, Becher, Flaschen)
Kinderanzahl: egal

Auf einer Strecke bis zu 100 Metern werden in gleichmäßigem Abstand die Hütchen aufgestellt. Die Kinder verteilen sich paarweise an die Hütchen. Das erste Paar hat ein Handtuch zwischen sich aufgespannt, in dem ein Luftballon liegt. Sie transportieren den Luftballon zum zweiten Paar und übergeben den Luftballon in das aufgespannte Handtuch des zweiten Paares. Diese gehen dann zum dritten Paar etc. Ziel ist es, die ganze Strecke zu bewältigen, ohne dass der Luftballon runterfällt.

Wassertierstaffel in zwei Gruppen

Pro Mannschaft mindestens 6 Wassertiere/Waschlappen und 2 mit Wasser gefüllte Eimer
Kinderanzahl: egal

Die Kinder werden in Mannschaften zu je 6 bis 8 Kindern eingeteilt. Jede Mannschaft bildet eine Reihe. Am Anfang der Reihe steht ein Eimer mit den Wassertieren. Am Ende der Reihe der Eimer ohne Wassertiere. Das erste Kind in der Reihe nimmt ein Wassertier aus dem Eimer und wirft dieses zum nächsten Kind. Das letzte Kind in der Reihe wirft das Wassertier in den zweiten Eimer. Erst dann darf das nächste Wassertier genommen werden. Gewonnen hat, wer als Erstes alle Wassertiere im anderen Eimer hat.

Tischtennisbälle pusten

Pro Kind 1 Tischtennisball, 1 Strohhalm und 1 bis zum Rand mit Wasser gefüllter Becher
Kinderanzahl: egal

Die Tischtennisbälle werden mit dem Strohhalm aus dem Becher gepustet.

Wasserbecher transportieren

Pro Paar 1 Becher mit Wasser gefüllt und 1 Tablett/ Schwimmbrett, 1 Messbecher, Material zum Markieren (z. B. Hütchen, Flaschen)
Kinderanzahl: egal

Es wird eine Slalomstrecke markiert. Die Kinder transportieren das Tablett mit dem Wasserbecher durch den Slalom. Am Ende der Strecke wird das Wasser vom Becher in den Messbecher gefüllt. Wer hat das meiste Wasser am Ende übrig?

Spritzparade

Pro Kind 1 Wasserspritze, kleine Joghurtbecher, 1 Eimer mit Wasser. Für Variante zusätzlich Küchenpapier, Wäscheklammern, Wäscheleine
Kinderanzahl: egal

Die Joghurtbecher werden erhöht aufgestellt (z. B. auf einem Busch / einem Spielhäuschen). In mindestens 10 Metern Abstand steht der Eimer mit Wasser. Die Kinder holen sich aus dem Eimer Wasser für ihre Wasserspritze, laufen zu den Joghurtbechern und versuchen diese zu treffen. Wenn die Wasserspritze leer ist, müssen die Kinder wieder zum Eimer laufen und sie erneut füllen. Dies kann beliebig lange gespielt werden.

Variante: Das Küchenpapier wird an der Wäscheleine aufgehängt. Es wird dann so lange gespritzt, bis kein Küchenpapier mehr an der Wäscheleine hängt.

Was schwimmt oben, was geht unter?

Verschiedene Materialien, die im Wasser oben schwimmen oder untergehen, 1 mit Wasser gefüllter Eimer
Kinderanzahl: egal

In den Eimer wird Wasser gefüllt und die verschiedenen Materialien werden daneben bereitgelegt. Die Kinder sollen vorab raten, ob der Gegenstand oben schwimmt oder untergeht, dann wird dies getestet.

Spiele für die Osterzeit

Verrückte Ostereiersuche

Pro Kind mindestens 4 Eier (z. B. Plastik-Ostereier / Ostereier aus Pappe / farbige Bierdeckel), 1 Korb
Kinderanzahl: egal

Spielidee: Im Vorfeld werden die Ostereier von der PF im Garten auf einer Wiese versteckt. Alle Ostereier müssen entdeckt und in den Korb gebracht werden. Sobald die Kinder ein Osterei in der Hand haben, sind sie wie verzaubert und können nur noch springen wie ein Osterhase. Nach einer Weile kann die Sprungart durch Ansage der PF verändert werden.

Beispiele: große Sprünge / kleine Sprünge / auf einem Bein springen / rückwärts springen etc.

Ostereierstaffel

Pro Mannschaft 1 Ei und 1 Kochlöffel, Material zum Markieren (z. B. Stöcke, Steine, Hütchen)
Kinderanzahl: maximal 26 Kinder

Spielidee: Im Garten / auf dem Spielplatz / im Wald wird im Vorfeld ein Laufweg von der PF abgesteckt. An sechs Punkten innerhalb des Laufwegs wird eine Markierung (großer Stein/Stock) angebracht. Zunächst läuft die PF den Laufweg mit den Kindern ab. Danach dürfen die Kinder den Laufweg zur Probe durchlaufen. Anschließend gehen immer zwei Kinder, durch Handfassung verbunden, zusammen den Laufweg und transportieren dabei ein Ei. Wenn der Ablauf des Laufwegs klar geworden ist, werden die Eier eingesammelt, die Kinderpaare in zwei Gruppen aufgeteilt und immer zwei gegnerische Paare an einem der Markierungspunkte platziert.

Nur das Pärchen, das an der ersten Markierung steht, bekommt von der PF ein Ei auf einem Kochlöffel. Sobald es das Ei hat, läuft es den Laufweg bis zum nächsten Pärchen, das an der nächsten Markierung wartet. Dort übergibt es das Ei an das Pärchen und bleibt stehen. Das Pärchen, dem das Ei überreicht wurde, läuft nun zum nächsten Pärchen und übergibt wieder das Ei etc. Das letzte Pärchen nimmt das Ei und läuft zur Startmarkierung. Von dort aus geht es genau wie beschrieben weiter. Wenn das Pärchen, das an der Startmarkierung begonnen hat, wieder dort ankommt, endet das Spiel. Nach dem Probelauf können nun ein oder mehrere Wettläufe zwischen den beiden Gruppen starten.

Damit die Gruppen leichter auseinandergehalten werden können, steht eine Gruppe immer links von der Markierung, die andere steht rechts davon. Oder man kennzeichnet die Kinder mit Chiffontüchern, indem man diese an ein Handgelenk bindet.

Beispiele für Laufweghindernisse: Slalom um Bäume oder Pfosten / über Hindernisse hinwegsteigen / unter Hindernissen hindurch (Röhre, Schaukel, Stange)

Spiele für kalte Füße

Pferderennen

-

Kinderanzahl: mindestens 5

Alle Kinder stehen Schulter an Schulter in einem Kreis. Die PF erläutert zunächst den Ablauf des Pferderennens, an dem die Kinder teilnehmen:

Heute sind wir bei einem Hindernispferderennen und dürfen das Rennen von ganz nah miterleben. Wir hören beim Rennen zum Beispiel den Applaus von der Tribüne, auf der die Zuschauer sitzen. Alle klatschen und wenn die Pferde vorbeikommen, machen sie eine La-Ola-Welle mit den Armen.

Seht ihr die Fotografen, an denen die Pferde vorbeireiten? Die Hände vors Gesicht nehmen und so tun, als ob man fotografiert, dabei machen alle das Geräusch eines Fotoapparates nach: **klick-klick-klick-klick-klick.**

Wow, schaut mal die Pferde, wie die durch die Rechts- oder Linkskurven laufen! Alle gemeinsam bewegen sich im Kreis nach rechts und links. **Und jetzt geht es über die Hindernisse.** Alle machen mehrere Pferdchensprünge am Platz.

Da hinten kommt der Wassergraben, über den die Pferde springen müssen! Es wird ein Pferdchensprung am Platz gemacht und danach mit den Händen auf die Oberschenkel geklatscht und laut „**platsch**" gerufen.

Die Länge des Rennens und die Anzahl der Aktionen kann an die Ausdauer der Kinder angepasst werden.

Nachdem alle Bewegungen einmal geübt wurden, kann das Rennen in eine Geschichte verpackt werden. Die PF spielt dabei die Rolle des Rennkommentators und die Kinder sollen an den passenden Stellen die Bewegungen ausführen. Die PF macht die Bewegungen nicht mehr mit.

Beispiel für eine Geschichte: **Die Pferde werden von ihren Jockeys in die Startboxen gebracht. Die Pferde sind vor dem Start schon ganz aufgeregt, scharren mit den Hufen am Boden und wiehern. Nun sind die Pferde und ihre Jockeys bereit, und da ist auch schon das Startsignal und die Pferde stürmen aus den Startboxen. Und die Pferde erreichen die erste Linkskurve. Dort sitzen schon die ersten Zuschauer auf den Tribünen.**

Nun sind es nur noch wenige Meter bis zur Zielgeraden. Alle Pferde galoppieren, so schnell sie können, darauf zu. Und das Rennen ist aus – das war ein Kopf-an-Kopf-Rennen. Die Zuschauer klatschen auf den Tribüne, so laut sie können. Nun werden die Pferde immer langsamer. Die Fotografen stürmen zu den Pferden und wollen die Sieger noch ein letztes Mal fotografieren, und dann ist das Rennen vorbei.

Spring- und Stampfspiel

-

Kinderanzahl: egal

Spielidee: Im Wald und an der Straße begegnen uns verschiedene Dinge. Wenn wir etwas Markantes entdecken, springen oder stampfen wir das entsprechende Wort nach der Silbentrennung.

Beispiele: Baum-kro-ne / Hoch-sitz / Baum-stamm / Baum-stumpf / Am-pel / Geh-weg / Kin-der-gar-ten / La-ter-ne / Stra-ßen-bahn

Waldlauf

-

Kinderanzahl: egal

Spielidee: Alle Kinder starten an einem vereinbarten Punkt. Die PF nennt verschiedene Gegenstände oder Farben, die die Kinder berühren sollen.

Beispiele: etwas aus Holz berühren / etwas Grünes berühren / etwas Spitzes berühren / etwas Weiches berühren / etwas Nasses berühren / ein Tier vorsichtig berühren etc.

Spiele für längere Wegstrecken

Rennauto

1 Flagge, alternativ kleiner Stock mit angebundenem Tuch
Kinderanzahl: mindestens 6

Spielidee: Wenn längere Wegstrecken zurückzulegen sind, ist dieses Spiel eine willkommene Ablenkung für die Kinder. Immer zwei Kinder laufen gemeinsam durch Handfassung nebeneinander. Alle Kinderpaare bilden eine Reihe. Das erste Paar in der Reihe hält die Flagge in der Hand. Das letzte Paar darf nun als Rennauto alle Kinder vor ihnen überholen. Vorne angekommen, erhält das Paar zur Belohnung die Flagge. Dies ist das Zeichen, dass die beiden neuen Rennautos der Reihe zum Überholvorgang ansetzen dürfen.

Variante für ältere Kinder (5 bis 6 Jahre):
Wenn der Abstand der Kinderpaare etwas größer gewählt wird, können die Rennautos im Slalom überholen.

Alternativ bekommen die Rennautos von der PF verschiedene Bewegungsaufgaben.

Beispiele: Hopserlauf / Seitgalopp / auf Zehenspitzen laufen etc.

Weg-Detektive

-
Kinderanzahl: egal

Spielidee: Im Wald oder auf einem Weg können den Kindern verschiedene Aufgaben gestellt werden.

Beispiele im Wald: **Könnt ihr ein Tier hören? / Entdeckt ihr Dinge, die nicht in den Wald gehören?** (z. B. Müll) **/ Wir zählen alle Zapfen/Nadelbäume, die uns auf dem Weg begegnen!**

Beispiele in der Stadt: **Zählt die LKWs, die an uns vorbei fahren! / Hört ihr etwas anderes als die Autos? / Sucht einen Stromkasten! / Entdeckt ihr etwas Blaues / Rotes / Grünes?** (z. B. Auto / Ampel / Baum)

Und wie gehst du?

-

Kinderanzahl: egal

Spielidee: Immer ein Kind darf eine Fortbewegungsart vorzeigen. Alle Kinder machen diese Bewegung nach. Von der PF wird auf der Wegstrecke eine Markierung festgelegt (z. B. eine Bank am Wegrand). Bis zu dieser Markierung machen alle Kinder die gleiche Bewegung. Danach wird von einem anderen Kind wieder eine neue Fortbewegungsart ausgewählt.

Beispiele für Fortbewegungsarten: rückwärts laufen / springen / große Schritte / Hubschrauber (die Arme der Kinder kreisen nach vorn) / auf den Fußballen / auf den Fersen / im Hopserlauf / im Seitgalopp / die Knie weit nach oben nehmen / die Fersen an den Po etc.

Entdeckungstour

-

Kinderanzahl: egal

Spielidee: Auf der Wegstecke können verschiedene Dinge von der PF genannt werden, die dann von den Kindern entdeckt werden. Hat ein Kind etwas entdeckt, ruft es nicht, sondern macht durch einen vorher besprochenen Bewegungsablauf auf sich aufmerksam.

Beispiele für Bewegungsabläufe: im Kreis drehen und dabei mit den Füßen stampfen / die Arme nach oben nehmen und winken / klatschen und dabei hochspringen etc.

Beispiele für Entdeckungen: In der Stadt: **Wer entdeckt als Erster ein Stopp-Schild / einen Zebrastreifen / eine Baustelle / einen Bus / einen LKW / einen Gullydeckel / einen Stromkasten etc.?**

Im Wald: **Wer sieht als Erster einen Vogel / einen Baumstumpf / einen Zapfen / einen Jägerhochsitz / einen Käfer etc.?**
Auf der Wiese: Wer findet als Erster eine lila Blume / eine Sonnenblume / eine Biene / eine Ameise / einen Schmetterling / einen Grashüpfer etc.?

Im Schnee: **Wer entdeckt als Erstes Tierspuren / Fußabdrücke von Menschen / Reifenspuren / einen Schneemann etc.?**

Im Regen: **Wer sieht als Erster einen (bunten/schwarzen/ blauen) Regenschirm / eine große Pfütze / einen Menschen in Gummistiefeln / einen Mensch mit Kapuze auf dem Kopf etc.?**

Vom Fenster einer S-Bahn/Bus aus: **Wer entdeckt als Erstes einen Schaffner / einen Mensch mit Hund an der Leine / einen Mensch mit Rucksack/Koffer / einen Mensch mit Fahrrad etc.?**

Walderlebnisse

Waldrätsel

Wiesenbild-Puzzle (siehe Anhang S. 65), ggf. Bildkarten „Spiele im Wald" (siehe Anhang S. 66)
Kinderanzahl: mindestens 6

Vorbereitungen

Entlang der Wegstrecke werden den Kindern verschiedene Rätsel gestellt. Pro gelöster Aufgabe erhalten die Kinder ein oder zwei Puzzleteile. Die Puzzleteile des Wiesenbild-Puzzles müssen im Vorfeld ausgeschnitten werden.

Es ist für die Kinder am schönsten, quer durch den Wald zu laufen. Folgende Fragen könnten bei den Rätseln gestellt werden:

1. Wisst ihr, wie der oberste Teil des Baumes heißt? Antwort: Baumkrone

2. Könnt ihr drei Tiere nennen, die im Totholz leben? Antwort: Ameise, Holzwurm, Käfer

3. Welches Tier hämmert am Baum? Antwort: Specht

Tipp: Um den Kindern eine bessere Vorstellung über die Tiere zu geben, finden Sie passende Bilder im Anhang.

4. Woran können wir erkennen, wie alt ein Baum ist? Antwort: Jahresringe

5. Wenn ein Baum abgesägt wird, bleibt oft der unterste Teil mit Wurzeln stehen. Wie heißt dieser? Antwort: Baumstumpf

6. Wisst ihr, von welchem Baum die Zapfen stammen? Antwort: Kiefer, Tanne (je nach Zapfen)

7. Kennt ihr auch die Namen der Früchte von den Bäumen? (den Kinder verschiedene Früchte zeigen)

Beispiel: Buchecker / Eichel / Kastanie

8. Wie heißt eine Fläche mit Wiese im Wald? Antwort: Waldlichtung

Nachdem die Kinder alle Puzzleteile zusammengesetzt haben, erhalten sie das Wiesenbild.

Das Bild kann entweder ein Hinweis für den Rastplatz sein oder die Wegstrecke beenden.

Tipp: Auf dem Rückweg können die oben genannten Fragen nochmals abgefragt werden.

Räuberspiel

Pro Kind 1 Waldfrucht (z. B. Eichel, Buchecker)
Kinderanzahl: mindestens 10

Die Kinder werden in zwei Gruppen aufgeteilt. Die eine Gruppe sind die Eichhörnchen, die andere Gruppe die Räuber. Alle Eichhörnchen erhalten/suchen eine Waldfrucht.

Spielidee: Die Eichhörnchen haben 1 Minute Zeit, um ihre Waldfrucht im Wald zu verstecken. Sie werden von den Räubern beobachtet. Nach der Minute kehren die Eichhörnchen zurück und die Räuber gehen auf Raubzug. Wer findet eine versteckte Waldfrucht wieder?

Danach die Gruppenrollen wechseln.

Walddetektive

Naturmaterialien, die auf dem Waldboden gefunden werden.
Kinderanzahl: egal

Es werden zwei Gruppen eingeteilt, die Entdecker und die Walddetektive.

Spielidee: Die Entdeckergruppe hat 1 Minute Zeit, um drei Naturmaterialien auf dem Waldboden zu finden. Die Detektive dürfen dabei nicht zusehen. Anschließend werden die Naturmaterialien zur Detektivgruppe zurückgebracht, um sie den Detektiven zu zeigen. Die Detektive haben nun 2 Minuten Zeit, die gleichen drei Naturmaterialien zu finden. Danach die Gruppenrollen wechseln.

Zapfenweitwurf

Pro Kind 1 Zapfen
Kinderanzahl: egal

Spielidee: Alle Kinder befinden sich auf gleicher Höhe. Sie versuchen, ihren Zapfen so weit wie möglich zu werfen. Mehrere Durchgänge sind möglich. Achtung: Die Kinder dürfen erst losgehen, um ihren Zapfen zu holen, wenn alle Zapfen geworfen wurden.

Gesichter legen

Naturmaterialien, die im Wald gefunden werden
Kinderanzahl: egal

Spielidee: Zwei oder mehrere Kleingruppen (4-5 Kinder) legen ein Gesicht aus Naturmaterialien auf dem Waldboden.

Ameise - Käfer - Holzwurm - Specht

Bildkarten „Spiele im Wald“ (siehe Anhang S. 66)
Kinderanzahl: egal

Spielidee: Gemeinsam werden die Bildkarten mit den Tieren angeschaut und die Kinder überlegen sich Bewegungen dazu.

Beispiele: Holzwurm: Liegestützposition / Specht: zu drei Bäumen laufen und dagegenklopfen / Ameise: am Boden krabbeln, nur auf den Händen und Füßen, der Po bleibt dabei in der Luft / Käfer: auf den Rücken legen und die Beine und Arme in die Luft strecken

Die Kinder laufen im Wald umher. Die PF hält eine Bildkarte mit einem Tier nach oben. Schnell müssen die Kinder die abgesprochene Bewegung machen.

Variante: Die PF hält eine Bildkarte in die Luft, jedoch zählt nur der Begriff, der von der PF gerufen wird. Die Aufgabe kann auch andersherum gestaltet werden. Nur das Bild zählt und nicht das genannte Wort.

Eine weitere Steigerung wäre, den Tieren Zahlen von eins bis vier zuzuordnen. Nun zählt die gerufene Zahl.

Wald-Weitsprung

Material zum Markieren (z. B. Äste, Seile, Zapfen)
Kinderanzahl: egal, bei 25 Kindern empfiehlt es sich, die Weitsprungstation mehrmals aufzubauen

Spielidee: Die Kinder stellen sich in einer Reihe hintereinander an einer festgelegten Markierung auf. Das erste Kind nimmt Anlauf, springt an der Markierung ab und versucht so weit zu springen, wie es kann. Als Anreiz können die Kinder auch in eine Markierung (Kreis aus Seilen/Zapfen) springen.

Rinden-Staffel

Pro Mannschaft 1 Rindenstück, Eicheln / Bucheckern / Zapfen, Stöcke als Markierung
Kinderanzahl: egal

Spielidee: Die Kinder werden in zwei Mannschaften aufgeteilt. Und jede Mannschaft wird nochmals in zwei kleinere Gruppen aufgeteilt.

Die ersten beiden Kleingruppen stellen sich an jeweils einer Markierung auf, die beiden anderen Kleingruppen an jeweils einer Markierung gegenüber, die etwa 10 bis 15 Meter entfernt ist.

Alle Kinder stehen hintereinander in der Schlange. Der Erste der Gruppe eins bekommt jeweils ein Rindenstück mit einem Zapfen darauf und läuft los zur anderen Gruppe, ohne dabei den Zapfen zu verlieren. Dann wird die Rinde dem anderen Ersten der Gruppe übergeben. Nach der Übergabe, stellt sich das Kind hinten an und das Kind mit dem Rindenstück läuft zur anderen Kleingruppe. So geht es immer hin und her.

Es gewinnt die Mannschaft, in der als Erstes alle Kinder zweimal die Strecke gelaufen sind. Die Kinder stehen dann wieder ganz genau wie am Anfang.

Tier-Waldlauf

5 verschiedene Bildkarten „Spiele im Wald" (siehe Anhang S. 66) und Waldfrüchte (siehe Anhang S. 63), Klebeband, pro Kind 1 Rindenstück und 1 Eichel / Buchecker / Zapfen
Kinderanzahl: egal

Spielidee: Mit Hilfe des Klebebandes werden verschiedene Bildkarten von Waldtieren und Waldfrüchten an Bäume im Wald geklebt. Alle Kinder beginnen an derselben Markierung. Die PF nennt nun die Reihenfolge, in der die Bildkarten von den Kindern abgelaufen werden sollen.

Beispiel: Ameise / Kastanie / Eichel / Specht / Käfer

Pro Reihenfolge sollten mehrere Durchgänge gemacht werden.

Varianten für ältere Kinder (5 bis 6 Jahre):
Die Kinder können die genannte Reihenfolge auch rückwärts ablaufen / zuerst dürfen nur alle Waldfrüchte und danach alle Waldtiere abgelaufen werden / den Kindern kann von der PF anstelle der Reihenfolge eine Geschichte erzählt werden.

Beispiel für eine Geschichte:
„Wenn der Specht Hunger hat, klopft er am Baum und findet einen Käfer. Der Käfer bekommt Angst und flüchtet sich in ein Loch in der Kastanie. Die Kastanie fällt dann vom Baum, wo sie auf dem Boden von der Ameise gefunden wird."

Plitsch, platsch, Wasserspaß

Die folgenden Bewegungsideen können als einzelne Spiele oder als zusammenhängende Bewegungseinheit durchgeführt werden. Dabei werden die Bewegungsideen als Stationen aufgebaut.

Obendrüber oder untendurch

Pro Kind 1 Waschlappen, 1 Wanne mit Wasser,
1 Zauberschnur
Kinderanzahl: 15

Die Zauberschnur wird zwischen zwei Bäumen oder Stangen gespannt. Die Kinder bekommen einen Waschlappen, den sie in der Wanne nass machen und auswringen. Nun versuchen die Kinder, den Waschlappen über die Zauberschnur oder unter ihr hindurchzuwerfen. Nach einiger Zeit gibt die PF die Kommandos: „**über die Schnur**" oder „**unter der Schnur**". Dementsprechend sollen die Waschlappen geworfen werden.

Volltreffer

Pro Kind 1 Waschlappen, 1 Wanne mit Wasser, ca. 10 Pappteller, verschiedene beliebige Bildkarten (siehe Anhang S. 67-68), Material zum Markieren (Seile, Hütchen, Reifen)
Kinderanzahl: 15

Die Teller werden auf der Wiese verteilt. Rundherum werden Markierungen gelegt, von wo aus die Kinder werfen dürfen. Auf jedem Teller ist eine Bildkarte. Da die Bildkarten nass werden, können sie vorher laminiert werden. Die Auswahl der Bildkarten hängt davon ab, welche Begriffe mit den Kindern erlernt und gefestigt werden sollen.

<u>Beispiele</u>: Lebensmittel / Farben / Alltagsbegriffe / Bauernhoftiere etc.

Jedes Kind bekommt einen nassen Waschlappen. Zuerst dürfen die Kinder die Teller beliebig treffen. Immer wenn sie einen Teller getroffen haben, sagen sie laut den Begriff, der sich auf dem Teller befindet. Nach einiger Zeit gibt die PF vor, welcher Teller getroffen werden soll. Dazu ruft sie laut den Begriff einer Bildkarte auf den Tellern.

Angelspiel

Planschbecken oder große Wanne mit Wasser gefüllt, Stühle rund um das Planschbecken herum, viele verschiedene Gegenstände, die nass werden können (z. B. Gummitiere, Spielzeugautos, Lego®, Plastikgeschirr etc.)
Kinderanzahl: 5-8 (je nach Größe des Planschbeckens)

In das mit Wasser gefüllte Planschbecken werden alle Gegenstände gelegt.

Die Kinder setzen sich auf die Stühle und versuchen, mit nackten Füßen einzelne Gegenstände herauszuangeln. Immer wenn sie einen Gegenstand herausgeangelt haben, sollen sie diesen mit folgendem Vers benennen:

Ich habe gefischt, ich habe gefischt,
ich habe die ganze Nacht gefischt
und habe eine/n … (Begriff einfügen) erwischt.

Wasserstaffel

Pro Kind 1 Becher, 2-6 Eimer
Kinderanzahl: pro Mannschaft 5

Immer fünf Kinder stellen sich hintereinander auf. Jedes Kind hat einen Becher in der Hand. Vor dem ersten Kind steht ein Eimer mit Wasser gefüllt und hinter dem letzten Kind ein leerer Eimer. Das erste Kind füllt seinen Becher mit Wasser. Nun gibt die PF Bewegungsaufgaben, wie das Wasser weitergegeben werden soll.

Beispiele: neben dem Körper / zwischen den Beinen durch / über dem Kopf / unter einem Bein etc.

Das Wasser wird immer von Becher zu Becher geschüttet. Dabei soll die Bewegungsaufgabe erfüllt werden. Das letzte Kind schüttet das Wasser in den leeren Eimer. Am Ende wird geschaut, wie viel Wasser im Eimer angekommen ist.

Tanzende Mäuse

Pro Kind 1 Strohhalm, Wanne mit Wasser gefüllt, viele Tischtennisbälle
Kinderanzahl: 5-10, je nach Größe der Wanne

Die Tischtennisbälle liegen im Wasser. Die Kinder setzen sich um die Wanne und pusten mit den Strohhalmen in das Wasser. Die Tischtennisbälle fangen dann an zu „tanzen“.

Wasserball

Pro Kind 1 Strohhalm, Wanne mit Wasser gefüllt,
1 Tischtennisball, Klebeband zur Markierung der Tore
Kinderanzahl: pro Mannschaft 2 Kinder

Immer zwei Mannschaften spielen gegeneinander. Der Tischtennisball wird in die Mitte zwischen die beiden markierten Tore gelegt. Auf ein Kommando dürfen beide Mannschaften versuchen, den Tischtennisball durch Pusten in das gegenüberliegende Tor zu befördern. Ist ein Tor gefallen, wird der Ball wieder in die Mitte gelegt und das Spiel geht von vorne los. Das Spiel kann beliebig lange gespielt werden. Allerdings muss darauf geachtet werden, dass es den Kindern vom vielen Pusten nicht schwindelig wird.

Wir sind als Briefträger unterwegs U3

Pro Kind Bildkarten von verschiedenen Tieren (siehe Anhang S. 69-70), Bildkarten derselben Tiere für die „Briefkästen",12 Joghurtbecher à 500 ml, pro Kind 1 Butterbrotbeutel

Für jedes Kind werden zwölf ausgewählte Tiere kopiert, ausgeschnitten und in den Butterbrotbeutel gesteckt. Die Bildkarten stellen die Briefe mit Adresse dar. Auf den Beutel wird der Name des jeweiligen Kindes geschrieben. Die Joghurtbecher werden jeweils mit einer Bildkarte markiert. Der Joghurtbecher stellt den Briefkasten dieses Tieres dar. Nun werden die Joghurtbecher in einem großen Kreis auf eine Wiese gestellt. Die Butterbrotbeutel der Kinder werden zentral in der Mitte gesammelt.

Heute sind wir Briefträger. Wisst ihr, was ein Briefträger macht? Gemeinsam wird mit den Kindern überlegt, was ein Briefträger tut. **Jetzt ziehen wir uns wie ein Briefträger an. Wir holen die Hose weit oben aus dem Schrank, der Pullover ist hinter die T-Shirts gerutscht. Und wo sind unsere Socken? Ah, unter der Unterwäsche. Am Schluss brauchen wir noch eine warme Jacke. Die hängt zwischen der Weste und der Sommerjacke.** Sprachlich werden diese Schritte begleitet und die Bewegungen dazu ausgeführt.

So, wir sind fertig und können nun als Briefträger den Tieren ihre Briefe bringen. Auf jedem Brief seht ihr, wo er hinmuss. Die Kinder bekommen ihre Butterbrotbeutel, in denen die „Briefe" der Tiere stecken. **Wir schauen uns die Briefkästen der Tiere noch gemeinsam an.** Alle zusammen laufen die einzelnen Briefkästen ab und schauen sich die Tiere an. **Jetzt geht es los! Wir nehmen uns den ersten Brief heraus und schauen, wohin er muss.** Die Kinder verteilen nun die „Briefe" in die Joghurtbecher. Dabei holen sie sich immer nur einen Brief aus der Butterbrottüte und bringen ihn zu dem passenden Joghurtbecher. Dort, wo die Butterbrottüten liegen, sollte eine PF sein, damit sie den Kindern die eigene Tüte geben kann.

Nun haben wir es geschafft! Alle Tiere haben ihre Briefe bekommen. Wisst ihr noch, wo wir überall waren? Können wir uns wie diese Tiere bewegen? Die Tiere, die von den Kindern genannt werden, werden gemeinsam nachgemacht.

<u>Beispiele</u>: Das Känguru springt / die Giraffe macht sich ganz groß / das große Maul des Krokodils mit beiden Armen darstellen / der Pinguin watschelt / der Frosch springt etc.

Feste *– Bewegungserlebnisse im Jahreslauf*

Für besondere Aktionen im Jahreslauf finden Sie in diesem Modul Anregungen und Ideen.

Bewegtes Herbstfest im Wald

Vorüberlegungen

Diese Bewegungsideen sind für ein Familienfest im Wald gedacht. Es kann als Herbstfest gestaltet werden oder bei Varianten auch in einer anderen Jahreszeit stattfinden.

Die Ideen können auch an einem der Waldtage nur mit den Kindern umgesetzt werden.

Einleitung

Es bietet sich an, ein Waldfingerspiel oder ein Waldlied zu singen, welches die Kinder kennen.

Vorschlag Fingerspiel:
Fünf Männlein gehen in den Wald.
Sie laufen schnell und sind schon bald
dort, wo die höchsten Bäume stehen.
Der Erste sagt, ich kann den Hirsch dort sehen.
Der Zweite ruft ganz laut hinaus,
aus dem Loch hier schaut ein Fuchs heraus.
Der Dritte sieht einen Pilz am Baumstamm wachsen,
der Vierte macht mit einer kleinen Waldmaus Faxen.
Der Kleinste springt mit dem Eichhörnchen hoch hinaus
und versteckt die Nüsse hinterm Försterhaus.

Bewegungen dazu können einfach selbst ausgedacht werden.

Vorschlag Waldlied:
(zur Melodie „Ein Männlein steht im Walde …")
Im Wald da sind wir gerne und freuen uns sehr.
Wir spielen, balancieren und noch viel mehr.
Fühlen, laufen, werfen weit,
zählen, suchen, springen gleich.
Mit viel Spaß sind wir immer mit dabei!
Im Wald da sind wir gerne und freuen uns sehr.
Fuchs, Maus, Eichhörnchen, vielleicht ein Bär.
Suchen wir zusammen hier,
jeder findet wohl ein Tier.
Wer lebt wohl hier, das lernen wir!

Jeweils zum Text können mit den Kindern schon vorher Bewegungen überlegt werden.

Haupteil

Nun verteilen sich die Familien auf die verschiedenen Stationen im Wald. Es sollten immer 8 bis 10 Personen in einer Gruppe sein.

Zapfenwurf

Zapfen, Seile (alternativ Äste)
Mit Seilen/Ästen wird ein Kreis markiert. Ein großer Ast oder Baumstamm markiert die Abwurfstelle.

Die Kinder und Erwachsenen versuchen nun, von der Abwurfstelle aus in den Kreis zu werfen.

Labyrinth

Kletterseil oder stabile lange Schnur
Das Seil wird zwischen mehreren Bäumen, Ästen oder Büschen gespannt, bis ein Spinnennetz entsteht.

Die Kinder und Erwachsenen sollen versuchen, durch das Labyrinth zu steigen – möglichst ohne die Seile zu berühren.

Blätter sammeln

Laub, Seile, Handykamera
Aus den Seilen darf sich jede Gruppe einen Kreis legen.

Nun darf jede Gruppe in einer vorbestimmten Zeit so viele Blätter wie möglich in den eigenen Kreis schaffen. Das Ergebnis wird fotografiert und am Ende wird verglichen, wer den größten Haufen geschaffen hat.

Rechenmeister

Kastanien, Eicheln, Hagebutten, laminierte Zählkärtchen mit diesen Waldfrüchten (siehe Anhang S. 71), Korb
Die Naturmaterialien liegen durcheinander in einem Korb mit einem Abstand von ca. 5 Metern zu einem abgesägten Baumstumpf oder etwas Ähnlichem (sollte wie ein kleiner Tisch sein). Die Karten in zwei Stapeln auf den Baumstamm legen.

Das erste Kind deckt zwei Karten auf und läuft zum Korb mit den Waldfrüchten. Es soll nun so viele Waldfrüchte mitbringen, wie auf den Zählkärtchen zu sehen sind.

Beispiel: Ein Kärtchen mit fünf Kastanien und ein Kärtchen mit drei Eicheln – nachher sollen fünf Kastanien und drei Eicheln auf dem Baumstumpf liegen. Dann ist das nächste Kind dran.

Was fühle ich?

Schuhkarton, verschiedene Waldfrüchte: Bucheckern, Zapfen, Eicheln, Kastanien, Holunderbeeren, Hagebutten, Bildkärtchen Waldfrüchte (siehe Anhang S. 63)
Die Waldfrüchte liegen in einem Schuhkarton. Der Karton hat oben einen Eingriff (evtl. mit Stoff von innen abgeklebt), damit man nicht reinschauen kann. Die Bildkärtchen liegen in einem gewissen Abstand (10 Meter) umgedreht auf einem Baumstamm.

Im Wechsel dreht einer aus der Gruppe ein Bildkärtchen um, läuft zum

Schuhkarton und versucht, die Waldfrucht des Bildkärtchens zu ertasten. Erst wenn er es ertastet hat, darf der Nächste der Gruppe ein Kärtchen umdrehen und zum Karton laufen.

Wer findet das Tier?

DIN-A5-Waldtierkarten (siehe Anhang S. 76-79), Rätselkarten (siehe Anhang S. 75)

Die Bildkarten werden an verschiedenen Bäumen, Büschen, Baumstämmen etc. sichtbar aufgehängt. Die Rätselkarten liegen auf einem Baumstamm bereit.

Die Gruppe nimmt eine Rätselkarte vom Stapel und löst ein Rätsel nach dem anderem. Nach jedem gelösten Rätsel überlegt sich die Gruppe, wie sie dieses Tier darstellen kann, und bewegt sich auf diese Weise zur entsprechenden Waldtierkarte.

Beispiel: Eichhörnchen springt / Maus macht sich ganz klein / Hirsch erhebt stolz sein Geweih.

Wie hoch fliegt mein Stock?

Verschiedene Äste, Stöcke, kleine Stämme, Schnur

Die Schnur wird zwischen 2 Bäumen gespannt.

Jeder aus der Gruppe sucht sich einen Stock und versucht, ihn über die Schnur zu werfen.

Immer nur in eine Richtung über die Schnur werfen!

Schatztransport

Geeigneter Baumstamm zum Balancieren, Murmeln oder Glitzersteine in einem Stoffsäckchen, Schatzkiste

Das Säckchen wird an einen Ast gehängt. Die Schatzkiste steht am Ende des Baumstammes.

Jeder nimmt sich eine Murmel oder einen Glitzerstein aus dem Säckchen und trägt diese über den Baumstamm. Dort soll der kleine Schatz in der Schatzkiste landen.

Wald-Memory

Memory-Karten Wald (siehe Anhang S. 72-74)

Die Memory-Paare werden getrennt. Ein Stapel wird an den Ausgangspunkt gelegt. Die anderen Paarkärtchen liegen auf verschiedenen, geeigneten Unterlagen (Baumstämmen, in einem Reifen am Boden, großen Steinen etc.) immer mit einem gewissen Abstand voneinander getrennt. Gerne können auch Hindernisse mit eingebaut werden.

Die ganze Gruppe spielt gleichzeitig Memory. Jeder nimmt sich eine Karte vom Stapel und sucht so schnell wie möglich das passende Kärtchen dazu. Wenn ein Paar gefunden wurde, darf die nächste Karte vom Stapel genommen werden. Die Gruppe spielt so lange, bis alle Karten gefunden wurden.

Waldbild

Tücher ca. in DIN A2 (Größe)

Jede Gruppe bekommt ein Tuch und sammelt alles, was der Wald bietet. Daraus wird dann auf dem Tuch ein Bild gelegt.

Wenn die Familien alle Stationen im Wald durchlaufen haben, könnten sie noch ein Baumhaus für sich bauen.

Als kürzerer Abschluss bietet sich die Wiederholung des anfänglichen Fingerspiels oder Liedes an.

Abschluss

Ein Fitness-Tag für die ganze Familie

Vorüber-legungen

Für diese Ideen sollte eine Halle für einen Nachmittag gebucht werden. Wir empfehlen die Durchführung in einer kälteren Jahreszeit, da diese bei vielen Familien oft unbewegter sind.

Einleitung

Willkommen bei unserem gemeinsamen Fitness-Tag! Heute wollen wir gemeinsam viel Spaß an der Bewegung haben. Dazu gibt es verschiedene Stationen, die alle Familien zusammen durchführen können. Bevor es aber richtig losgeht, wollen wir uns gemeinsam warm machen.

Hier bietet sich immer ein Bewegungslied an. Wenn es die Kinder schon kennen, ist es natürlich besonders einfach.

Vorschläge: „Sportinator“, „Turntiger“, „Der Frosch will heute hüpfen“ (alle von Volker Rosin).

Hauptteil

Nun werden die Familien in Gruppen von ca. zehn Personen eingeteilt. Es sollten immer genügend Erwachsene mit in einer Gruppe sein. Mit einer Fitnesslaufkarte (siehe Anhang S. 80) gehen die Gruppen gemeinsam die Stationen durch. Jede Gruppe sollte eine Stoppuhr (meistens im Handy vorhanden) dabei haben.

Stationen Ausdauer

Dauerlauf

Material zum Markieren (z. B. Hütchen), viele Haushaltsgummis
Eine längere Strecke in der Halle wird markiert. Es gibt einen Startbereich und einen Bereich, in dem es die Haushaltsgummis gibt.

Mehrere Personen können gemeinsam starten. In einer vorher bestimmten Zeit (z. B. 3 Minuten) sollen die Kinder und Erwachsenen so oft wie möglich zwischen dem Start und den Haushaltsgummis hin und her laufen. Nach jedem Hinweg bekommt man ein Haushaltsgummi an das Handgelenk. Am Ende werden die Haushaltsgummis gezählt und auf der Fitnesslaufkarte (siehe Anhang) aufgeschrieben.

Bingo

Material zum Markieren (z. B. Hütchen), Bingo-Karten (siehe Anhang S. 13), Würfel, Stifte

Auch hier wird wieder eine längere Strecke markiert. Am Start liegen die Bingo-Zettel, Würfel, Stifte und Stoppuhr.

Es können mehrere Gruppen gemeinsam spielen. Jede Gruppe bekommt einen Bingo-Zettel, einen Würfel und einen Stift.

Die Gruppen beginnen gleichzeitig mit dem Würfeln. Die Würfelzahl bestimmt, wie viele Personen der Gruppe laufen sollen.

Beispiel: Es wird eine „3" gewürfelt, dann laufen drei Personen. Auf dem Bingo-Zettel wird die gewürfelte Zahl durchgestrichen. Erst wenn die Läufer zurück sind, darf wieder gewürfelt werden. Dies wird so lange gespielt, bis die Gruppe entweder waagerecht, senkrecht oder diagonal eine Reihe durchgestrichener Zahlen und somit Bingo hat. Die Bingo-Zeit wird auf dem Fitnesslaufzettel eingetragen.

Farbenlauf

Viele kleine Farbkärtchen, Schuhkarton mit Schlitzen in verschiedenen Farben

Jede Gruppe bekommt die gleiche Anzahl bunter Kärtchen. Es sollten mindestens fünfmal so viel Kärtchen sein wie Personen in der Gruppe. Die Farbkarten sollen so schnell wie möglich zum Schuhkarton gebracht werden. Dieser steht mindestens 10 Meter entfernt vom Kärtchenstapel. Dort sollen die Kärtchen nach Farbe richtig einsortiert werden. Pro Gruppe wird die Zeit gestoppt und auf der Fitnesslaufkarte notiert.

Stationen Bälle

Wir versenken den Ball!

Bank, Waschkorb, Ball

Die Bank wird umgedreht aufgebaut. Am Ende der Bank steht mit etwas Abstand 1 Waschkorb.

Die Kinder sollen mit einem Ball über die umgedrehte Langbank gehen und am Ende der Bank den Ball in einen Waschkorb werfen. Die Erwachsenen gehen auch mit einem Ball über die Langbank, sollen diesen aber rechts oder links prellen und dann ebenfalls in den Waschkorb werfen. Dies wird so lange gespielt, bis jeder aus der Gruppe einmal dran war.

Zielschießen

Breite Bänder zum Zusammenbinden der Beine, Tennisbälle, kleine Hindernisse (Stuhl, kleiner Kasten, kleiner Tisch, Bank etc.), Dosen oder Becher zum Abwerfen
Die Dosen oder Becher werden auf einen Tisch oder einen Kasten mit etwas Abstand nebeneinandergestellt.

Immer zwei Personen, wenn möglich ein Kind und ein Erwachsener, werden an jeweils einem Bein aneinandergebunden. Nun starten sie mit jeweils einem Ball in der Hand über den Hindernisparcours. Am Ende steht ein Tisch mit Dosen oder Bechern. Hier müssen sie versuchen, möglichst alle Dosen zu treffen. Jede getroffene Dose gibt einen Punkt.

Ab in den Eimer

Diese Station ist nur mit einer Hängematte oder Matte zwischen den Ringen aufgehängt möglich.
Verschiedene Bälle, verschieden große Eimer

Bis zu zwei Kinder sitzen in der Hängematte. Die Schaukel wird leicht zum Schwingen gebracht. Die Kinder in der Schaukel bekommen von einem Gruppenmitglied einen der Bälle zugeworfen. Die anderen Teilnehmer haben einen Eimer in der Hand. Nun versuchen die Kinder in der Hängematte bzw. in der Schaukel, den Ball in einen der Eimer zu treffen. Für jeden getroffenen Eimer gibt es einen Punkt.

Achtung: Es sollte ein gewisser Abstand zur Schaukel eingehalten werden, damit keiner von der Schaukel getroffen wird.

Stationen Kraft

Luftballonstupsen

Viele Luftballons (besonders toll ist es, wenn diese mit kleinen Glöckchen gefüllt sind) werden an Schnüren in verschiedenen Höhen aufgehängt – darunter sollten Matten sein.

Die Kinder und Erwachsenen versuchen auf dem Rücken liegend, möglichst viele Luftballons mit beiden Füßen anzutippen. Je höher der Luftballon hängt, umso schwieriger wird es. Jeder Ballon soll mindestens einmal berührt worden sein.

Häng dich an den Stab!

Stäbe

Ein Erwachsener hält den Stab auf Schulterhöhe und das Kind hängt sich dran. Nun wird die Zeit gestoppt, wie lange das Kind hängt bzw. der Erwachsene den Stab halten kann.

Achtung: Wenn das Kind loslässt, schnappt der Stab nach oben.

Tunnelbau

Kein Material nötig

Alle Erwachsenen bauen einen Tunnel, indem sie sich in die Liegestützposition begeben. Wer dies nicht halten kann, geht in den Vierfüßlerstand. Alle Kinder der Gruppe krabbeln nun einmal durch diesen Tunnel.

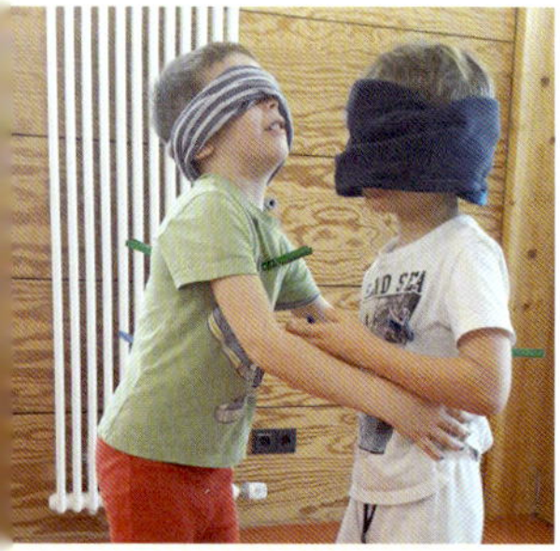

Stationen Wahrnehmung

Wäscheklammern stehlen

Wäscheklammern, Augenbinden

Es werden Paare gebildet. Die Paare schließen die Augen oder verbinden sich die Augen. Nun klemmen die anderen Kinder und Erwachsenen dem Paar jeweils fünf Wäscheklammern an die Kleidung, Schuhe (nicht an die Haare). Gegenseitig soll das Paar sich nun die Wäscheklammern wieder „stehlen". Wer schafft dies am schnellsten?

Wellness-Pause

Matten oder Matratzen, verschiedene Materialien, mit denen man sich gegenseitig massieren, streicheln, kitzeln etc. kann (z. B. Pinsel, Igelbälle, Schwämme, Gummi-Enten, Chiffontücher, Tennisbälle, Tischtennisbälle, Papprollen, kleine Malerrolle etc.)

In Paaren wird sich gegenseitig mit den unterschiedlichen Materialien massiert. Es können mehrere Dinge ausprobiert werden, um festzustellen, was einem angenehm ist.

Mutprobe

Weichbodenmatte

Ein Kind legt sich auf den Rücken in die Mitte der Weichbodenmatte. Alle anderen verteilen sich um die Matte und heben diese gleichzeitig mit geradem Rücken nach oben. Anzählen kann hier hilfreich sein: „**1, 2, 3 und hoch**". Auf Kommando lassen alle die Matte fallen.

Unbedingt vorher anmerken, dass man zurücktreten muss, wenn man loslässt.

Stationen Koordination

Fließband

Verschiedene Bälle, Handtücher, Stoppuhr

Es werden Paare gebildet. Je ein Paar hält ein Handtuch zwischen sich. Die Paare bilden eine Gasse. Nun werden mehrere Bälle weitergegeben. Dabei kann der Ball geworfen werden oder auch nur weitergerollt/weitergegeben werden. In einer vorher bestimmten Zeit, z. B. 1 Minute, wird gezählt, wie viele Bälle ohne Fehler durchgereicht wurden.

Schwertransport

Frisbee, Tennisbälle, Material zum Markieren des Slaloms (z. B. Hütchen, Becher), Stoppuhr

Es wird ein Slalom markiert. Nun versucht jeder Teilnehmer der Gruppe, einmal einen Tennisball auf der Frisbee durch diesen Slalom zu tragen. Wer schafft es am schnellsten? Diese Zeit wird auf der Fitnesslaufkarte notiert.

Luftballontennis

Fliegenklatschen, Luftballons

Immer ein Erwachsener und ein Kind spielen zusammen Luftballontennis. Oder die ganze Gruppe versucht, den Luftballon hin und her im Kreis zu spielen. Dabei sollte darauf geachtet werden, dass auch alle Kinder den Luftballon bekommen.

Station Kreativität

Wir malen eine Fahne

Stoffteile und Holzstäbe, Stoffmalfarben

An dieser Station haben die Kinder und Eltern die Möglichkeit, für jede Familie eine Fahne zu malen, die mit nach Hause genommen werden kann.

Zum Abschluss eines solchen Nachmittags bietet sich ein gemeinsames Spiel wie das **Atomspiel** an. Hierzu ist kein Material nötig und es können beliebig viele Personen mitspielen. Alle Mitspieler laufen zur Musik durcheinander. Bei Musik-Stopp ruft die PF eine Zahl, z. B. „**5**". Nun sollen sich immer fünf Personen zusammenfinden, die dann eine Aufgabe bekommen. Aufgaben können sein:

Alle stehen auf einem Bein / gemeinsam ein Lied singen / an den Händen festhalten und nach hinten lehnen etc.

Sommer, Sonne, Spaß und Sport

Diese Bewegungsideen können für das Sommerfest eingesetzt werden. Die Stationen sind so konzipiert, dass alle Kinder mit ihren Eltern die Stationen durchlaufen können. Im Hinblick auf Aufbau und Materialien gibt es weniger aufwendige und natürlich auch einige aufwendiger gestaltete Stationen. An manchen Stationen braucht es einen Betreuer, einige Stationen können auch ohne Betreuer durchgeführt werden. An allen Stationen sollten Aufgabenkarten hängen, die vorher mit den Kindern gestaltet werden können. Wenn der Garten der Kita zu klein ist, kann man auch überlegen, in einen nahe gelegenen Park auszuweichen.

Ein gemeinsames Bewegungslied bietet sich für den Beginn dieses Sommerfestes an. Dieses kann schon vorher mit den Kindern gelernt werden, dann können die Eltern einfach die Bewegungen der Kinder nachmachen.

Ein weiterer gemeinsamer Anfang kann an einem großen Schwungtuch stattfinden.

Nun können die Familien beliebig die folgenden Stationen durchlaufen. Jedes Kind und jeder Erwachsene erhält eine Stempelkarte (siehe Anhang S. 81), auf der alle Stationen aufgeführt sind. Es können sich auch kleinere Familien zu einer größeren Gruppe zusammenschließen.

Mit der Stempelkarte kann man sich beim Fitnessbuffet etwas zur Stärkung abholen. Dabei kann es so sein, dass die Stempelkarte als „Bezahlkarte" gilt. Erst mit errungenen Stempeln kann hier etwas „gekauft" werden.

Beispiel: Für einen Stempel bekommt man ein Mineralwasser und einen Obstspieß oder einen Kaffee und einen Fitnesskuchen. Mit Geld kann man hier nichts kaufen. Nur mit gesammelten Stempeln.

Für jede absolvierte Station gibt es einen Stempel, egal, wie man abgeschnitten hat.

Stationen Fußball

Wer schießt ein Tor?

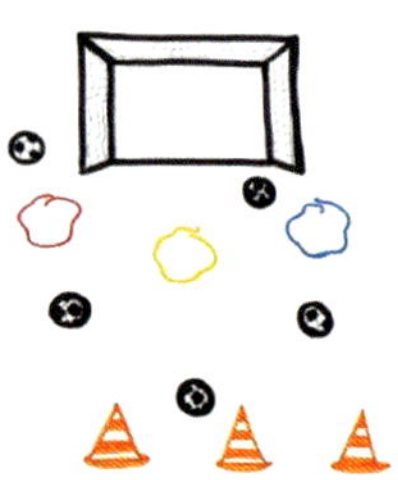

Betreuer, 10-12 leichte Fußbälle oder Bälle, Seile in 3 verschiedenen Farben, ein Tor oder Markierungen für ein Tor, Markierung für den Startpunkt

Mit den Seilen wird je ein Kreis in der jeweiligen Farbe gelegt. So entstehen 3 Kreise vor dem Tor.

Hier spielen immer zwei Familien gegeneinander oder die Familie intern gegeneinander. Dies kann individuell gestaltet werden.

Jeder Mitspieler bekommt einen Ball und steht an den Markierungshütchen. Der Stationsbetreuer ruft nun eine Farbe und alle müssen versuchen, so schnell wie möglich zu dem Kreis mit der gerufenen Farbe zu dribbeln und von dort ins Tor zu schießen.

Welche Familie dies zuerst komplett geschafft hat, hat diesen Durchgang gewonnen. Dann geht es wieder von vorne los. Dies kann beliebig lang gespielt werden.

Verrückte Fußbälle bändigen!

Stabile Luftballons, Murmeln, 1 Kiste, Material zum Markieren (z. B. Hütchen, Flaschen, Becher)

Je eine Murmel wird in einen Luftballon gesteckt und dieser dann erst aufgeblasen. Die Kiste und Hütchen werden im Abstand von ca. 10 Metern voneinander aufgestellt.

Jeder aus der Gruppe versucht, den Weg vom Hütchen bis zur Kiste mit dem Luftballon zu dribbeln, oder jüngere Kinder versuchen, den Luftballon mit der Hand zu treiben. Dort angekommen, soll der Luftballon nur mit den Füßen in die Kiste gebracht werden. Da der Luftballon durch das innenliegende Gewicht völlig unkalkulierbar fliegt, ist es eine sehr lustige Angelegenheit.

Stationen Wasser

Wassertransport

Betreuer, Waschlappen, 2 Eimer oder Waschzuber, Wasser, Messbecher

In einen Eimer wird Wasser gefüllt, der andere sollte leer sein.

Die Gruppe stellt sich zwischen den Eimern/Waschzubern auf. Es kann immer etwas Abstand zwischen den einzelnen Personen sein. Nun wird der Waschlappen mit Wasser getränkt und immer von Person zu Person weitergeworfen, bis er bei der Person direkt vor dem leeren Eimer angekommen ist. Diese Person wringt ihn aus, anschließend wird der Waschlappen so schnell wie möglich wieder zurück zum vollen Eimer transportiert. Das Spiel endet nach einer vorher angegebenen Zeit. Der Betreuer signalisiert, wann die Zeit abgelaufen ist. Es kann nun mit dem Messbecher geprüft werden, welche Mannschaft mehr Wasser transportiert hat.

Spritzig

10-12 Spritzpistolen, Küchenkrepp, Wäscheleine, Wäscheklammern, Eimer mit Wasser

Der Küchenkrepp wird in einzelne Teile getrennt und an der Wäscheleine aufgehängt.

Alle versuchen, mit den Spritzpistolen so lange auf ein Küchenkrepp zu zielen, bis dieses von der Leine fliegt, weil es durchweicht ist.

Wer trifft den Ring?

Planschbecken, Tischtennisbälle, schwimmende Plastik- oder Styroporringe

Das Planschbecken ist mit Wasser gefüllt, die Ringe schwimmen darin.

Jede Gruppe bekommt 10 bis 15 Tischtennisbälle.

Nun versuchen alle, die Tischtennisbälle in die Ringe zu werfen. Dies wird beliebig lange gespielt.

Stationen Sand

Bergbau

Schaufeln, Sandkasten

Der Sandkasten sollte immer zu Beginn wieder eben gemacht werden.

Hier sollten immer zwei Gruppen gegeneinander spielen. Innerhalb einer bestimmten Zeit buddeln die Teams und bauen einen so großen Berg wie möglich. Die Gruppen bestimmen vorher die Zeit und einer muss diese stoppen. So benötigt man keinen Betreuer an dieser Station.

Weitsprung

Betreuer, Sandkasten, Rechen, Maßband, Markierung für den Absprung, Strecke zum Anlaufen

Alle sollen versuchen, so weit wie möglich in die Sandgrube zu springen. Wichtig ist, danach den Sand wieder eben zu rechen, um Verletzungen zu vermeiden.

Stationen Wahrnehmung

Barfußparcours

Bananenkisten, verschiedene Materialien

Pro Bananenkiste soll ein Material eingefüllt werden. Die Bananenkisten werden nacheinander aufgestellt.

Alle dürfen barfuß durch die Bananenkisten steigen.

Hör-Memory

Kaugummidöschen, verschiedene Materialien

Immer 2 Kaugummidöschen werden mit dem gleichen Material gefüllt. Unten am Dosenboden sollte vermerkt sein, was in der Dose ist. Diese Station sollte entfernt vom allgemeinen Trubel liegen.

Alle versuchen gemeinsam herauszufinden, welche Dosen zusammengehören. Dazu werden die Dosen geschüttelt und gehört, wie das Material klingt. Die Dosen werden jeweils zusammengestellt und am Ende wird kontrolliert, ob es richtig ist.

„Bäumchen“ wechsel dich

Bank oder Balancierbalken, Aufgabenkarten (siehe Anhang S. 82)
Die ganze Gruppe steht gemeinsam auf der Bank.

Die Gruppe zieht eine Aufgabenkarte und versucht diese zu lösen. Aufgabe ist beispielsweise: Stellt euch nach dem Geburtsmonat auf. Von Januar bis Dezember, von rechts nach links. Nun müssen sicher einige Plätze gewechselt werden. Dazu darf man natürlich die Bank nicht verlassen und muss versuchen, an den anderen aus der Gruppe vorbeizukommen, ohne herunterzufallen.

Stationen Tanz

Luftballon-Tanz

Luftballons, Musik, CD-Player
Die Gruppe bildet Paare.

Jedes Paar bekommt einen Luftballon. Nun klemmen sie den Luftballon zwischen sich (Köpfe, Bauch, Rücken ...) und tanzen zur Musik.

Hut-Tanz

Betreuer, Hut, Musik, CD-Player

Die ganze Gruppe tanzt zur Musik. Einer hat den Hut auf und dieser wird während des Tanzens weitergegeben. Der Betreuer stoppt die Musik und derjenige, der genau dann den Hut aufhat, muss eine Aufgabe erfüllen. Die Aufgabe stellt die Gruppe.

<u>Beispiele</u>: auf einem Bein springen / sich drehen / einmal um die Gruppe laufen

Stationen Sprache

Pendelstaffel: Stille Post

Markierung für die Standpunkte der Staffel
Die Gruppe stellt sich wie zu einer Pendelstaffel auf, d. h. die Gruppe teilt sich und stellt sich einander gegenüber auf (siehe Foto).

Nun überlegt sich der Erste einer Gruppe ein Wort, läuft hinüber zu den anderen der Gruppe und sagt dort dem Ersten in der Reihe das Wort ins Ohr und stellt sich hinten in dieser Gruppe an. Der Erste läuft wieder zu den Gegenüberstehenden und sagt es dort dem Ersten ins Ohr und stellt sich wieder hinten an. Dies spielt man so lange, bis jeder einmal dran war. Der Letzte sagt das Wort laut.

Zungenbrecher

Kärtchen mit Zungenbrecher (siehe Anhang S. 83), Hindernisse (Bauelemente, kleiner Kasten, Bank …)

Am Start gehen immer ein Erwachsener und ein Kind zusammen. Sie laufen gemeinsam über die Hindernisse, bis sie zur Markierung kommen. Dort liegen die Zungenbrecher. Der Erwachsene liest nun den Zungenbrecher vor und gemeinsam versuchen sie sich diesen zu merken. Dann laufen sie zurück und tragen den Zungenbrecher der Gruppe vor. Erst dann darf das nächste Paar starten.

Tischtennisbälle pusten

Tischtennisbälle, Bauklötze zur Markierung der Strecke

Mit den Bauklötzen werden 2 Bahnen gelegt, durch die die Tischtennisbälle gepustet werden sollen.

Entweder spielen immer zwei Teilnehmer aus der Gruppe gegeneinander oder zwei Teams spielen gegeneinander. Die Tischtennisbälle sollen durch die Bahn gepustet werden.

Stationen Fahrzeuge

Rutschauto-Rennen

2 Rutschautos, Material zum Markieren der Strecke (z. B. Hütchen, Seile, Becher), asphaltierte Strecke

Es fahren immer zwei aus der Gruppe oder je zwei aus einer jeweils anderen Gruppe gegeneinander. Kinder sind oft wendiger als Erwachsene auf den Rutschautos. Dies bringt an dieser Station viel Spaß für die Kinder.

Roller-Parcours

2 Roller, Holzwippe aus Holzklotz und Brett, Material zum Markieren eines Slaloms (z. B. Hütchen, Becher, Flaschen), asphaltierte Strecke

Wippe auf dieser Strecke aufbauen, Markierungen zum Slalom stellen.

Jeder fährt einmal durch diesen Parcours.

Abschluss

Als Abschluss eignet sich, wie am Anfang, ein gemeinsames Bewegungslied oder Spiel.

Literatur- und Quellenverzeichnis

Biermann I. (2012): Das Kindergartenfingerspielebuch. Herder

Biermann I. (2010): Mit Klara und den Mäusen die Welt entdecken. Herder

Biermann I. 2006: Kleinkinder entdecken ihre Umgebung. Herder

Bläsius J. (2008): Papperlapapp, Don Bosco

Demme-Zech M. (2008): Entdeckungskiste „Zirkus&Jahrmarkt", Herder

Friedmann, K. (2018): Traininslehre: Sporttheorie für die Schule. Promos

Hottenrott, K. und Seidel, I. (2017): Handbuch Trainingswissenschaft – Trainingslehre. Hofmann-Verlag GmbH & Co. KG

Hunger I., Zimmer R. (2016): Bewegungschancen bilden, Hofmann-Verlag GmbH & Co. KG

Köckenberger H. (2004): Bewegungsspiele mit Alltagsmaterial, Borgmann

Kubesch S. und Hansen (2013): S. Förderung exekutiver Funktionen und der Selbstregulation im Sport, Verlag plus Bildung

Kubesch, S. (2016): Exekutive Funktionen und Selbstregulation: Neurowissenschaftliche Grundlagen und Transfer in die pädagogische Praxis, hogrefe

Kultusministerium Baden-Württ. (2014): Orientierungsplan: für Bildung und Erziehung in baden-württembergischen Kindergärten und weiteren Kindertageseinrichtungen, Herder

Monschein M. (2007): Die 50 besten Spiele zur Sprachförderung, Don Bosco

Suhr A. (2014): Sätze rollen – Wörter fliegen, Don Bosco

Suhr A. (2015): Zahlen hüpfen – Buchstaben springen, Don Bosco

Suhr, A. (2015): Die 50 besten Spiele fürs Kinderturnen, Don Bosco

Walk, L. und Evers, W. (2013): Förderung exekutiver Funktionen. Wehrfritz GmbH

Wilmes-Mielenhausen B. (2011): Die Katze tanzt im Kreis herum, Herder

Zimmer, R. (2004): Handbuch der Bewegungserziehung. Didaktisch-methodische Grundlagen und Ideen für die Praxis, Herder

Zimmer, R. (2016): Handbuch Sprache und Bewegung, Herder

Zimmer, R. (2011): Psychomotorik für Kinder unter 3 Jahren, Herder

Breithecker, Dieter (2002): Bewegung braucht das Kind … damit es sich gesund entwickeln und wohl fühlen kann. https://www.kindergartenpaedagogik.de/fachartikel/bildungsbereiche-erziehungsfelder/bewegungserziehung-psychomotorik/696

Hartnack, Florian (2014): Toben, Raufen, Rennen - Bewegungsanlässe für Kinder schaffen! https://www.kindergartenpaedagogik.de/fachartikel/bildungsbereiche-erziehungsfelder/bewegungserziehung-psychomotorik/430

Högger, Dominque (2008): Kinder wollen sich bewegen. https://www.kindergartenpaedagogik.de/fachartikel/bildungsbereiche-erziehungsfelder/bewegungserziehung-psychomotorik/1941

Künne, T. ,Sauerhering, M. und Strehlau, A. (2011): Selbstkompetenzförderung als Basis frühkindlichen Lernens. Ein (weiterer) Anspruch an die elementarpädagogische Praxis!?
https://kindergartenpaedagogik.de/fachartikel/bildungsbereiche-erziehungsfelder/soziale-und-emotionale-erziehung-persoenlichkeitsbildung/2208

Müller, Y. (2016): Bewegung ist Lernen, Lernen ist Bewegung. https://www.kindergartenpaedagogik.de/fachartikel/bildungsbereiche-erziehungsfelder/bewegungserziehung-psychomotorik/2344

Deffner, C., Braunert, S. und Hille, K. (2016): Die Bedeutung der exekutiven Funktionen und ihre alltagsintegrierte Förderung im Kindergarten.
https://www.kindergartenpaedagogik.de/fachartikel/bildungsbereiche-erziehungsfelder/kognitive-bildung/525

NEUER SPORTVERLAG

Selbst ist die Maus!

Selbst ist die Maus!

Freddy Siegenthaler

21 x 14,8 cm, farbig,
56 Seiten, Hardcover
ISBN 978-3-96416-007-2

EUR 14,90

Ein Bilderbuch für sportbegeisterte Kinder und deren Eltern bzw. Leiterinnen & Leiter.

Das Mäusemädchen Mausi verbringt ihre Freizeit am liebsten im Kindertennisclub mit ihren Freundinnen – ganz ohne Erwachsene. Dies bedingt, dass die Kinder Alltägliches gemeinsam selber organisieren müssen: Putzen, Einkaufen, Kochen, Essen und Getränke servieren ... Das Bilderbuch erzählt aber vor allem von ihren Unternehmungen und Abenteuer!

Autor Freddy Siegenthaler hat schon vor vielen Jahren seinen beiden Töchtern Geschichten von der kleinen Maus erzählt. Auch in seinem Kindertennis-Unterricht sind die Geschichten ein wichtiger Bestandteil. Mit dem Kinderbuch setzt er nun seine Philosophie um: scheinbar nutzlose Beschäftigungen wie gemeinsames Bewegen, Spielen, Tanzen, Geschichten erzählen und Musizieren sind das „Zaubermittel" (Hüther, 2014), damit Kinder lernen, ihre vielfältigen Begabungen zu entwickeln. Im ziellosen, selbstvergessenen und freien Spiel können die Kinder, die ihnen von Geburt angelegten Potentiale entfalten lernen. Dazu müssen Eltern, Unterrichtende etc. den Kindern genügend Freiräume lassen, wo sie sich unbeobachtet bewegen können.

Das Kinderbuch Selbst ist die Maus regt mit Bilder-Geschichten, kurzen Texten, Fragen und offenen Szenen die kindliche Fantasie an.

Neuer Sportverlag | Beim Hochwachtturm 2 | 71332 Waiblingen | info@neuersportverlag.de | www.neuersportverlag.de

NEUER SPORTVERLAG

Hallo Mary! & Hallo Tiger! Tierische Geschichten aus dem Zoo

Hallo Mary!
Tierische Geschichten aus dem Zoo

ISBN 978-3-938023-48-8
EUR 9,90

Hallo Tiger!
Tierische Geschichten aus dem Zoo

ISBN 978-3-938023-55-6
EUR 9,90

Hallo Mary! erzählt die bewegende Geschichte des Gorillamädchens, die auf der Intensivstation einer Kinderklinik beginnt und im Jungtierhaus eines Zoos ihr glückliches Ende findet. Hallo Mary! ist aber mehr als „nur" ein Buch über einen Affenkindergarten. Bei Marys Ausflügen durch den Zoo können Kinder viele Abenteuer mit dem neugierigen Gorillamädchen erleben und dabei eine Menge über die Tiere erfahren. Warum hat ein Kamel Höcker? Wie groß werden Elefanten? Warum lieben Bären Honig? Was fressen Tiger? Wieso jagen Eulen nur nachts? Hallo Mary! ist ein Familienbuch, aus dem Eltern Geschichten Vorlesen können und das durch viele Tierbilder und Illustrationen auch den Kleinsten Spaß macht.

Die faszinierenden Raubkatzen gehören bei den großen und kleinen Zoobesuchern zu den beliebtesten Tieren, vor allem natürlich die neugierigen Tigerbabys. **Hallo Tiger!** erzählt die Geschichte der drei kleinen Raubkatzen Toni, Theo und Tara, die gemeinsam aufwachsen und dabei alles lernen, was ein richtiger Tiger können muss. Natürlich begegnen die drei auf ihren Streifzügen durch den Zoo auch anderen Tieren. Den Eisbären zum Beispiel, die eigentlich in der Arktis leben, den Elefanten aus der afrikanischen Savanne oder den Orang-Utans, aus dem Dschungel. Bei diesen Ausflügen durch den Zoo können Kinder viele Abenteuer mit den drei Tigerkindern erleben und dabei gleichzeitig eine Menge über die Tiere und deren Lebensraum erfahren.

Weitere Trainings- und Übungsbücher sowie aktuelle Informationen finden Sie unter **www.neuersportverlag.de**

NEUER SPORTVERLAG

MuKi-Tennis

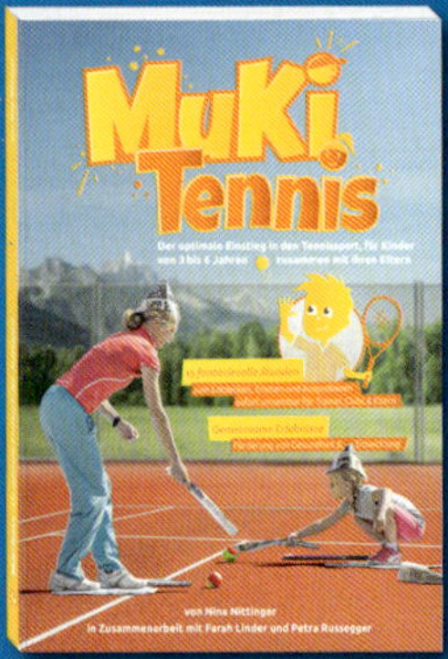

MuKi-Tennis
Der optimale Einstieg in den Tennissport, für Kinder von 3–6 Jahren zusammen mit ihren Eltern

Nina Nittinger

17 x 24 cm, farbig,
128 Seiten, Softcover
ISBN 978-3-96416-029-4

EUR 19,50
E-Book EUR 9,99

MuKi-Tennis ist ein neu entwickeltes Programm für Trainer, Clubs und Eltern, das den Kindern zwischen 3 und 6 Jahren zusammen mit der Mutter oder dem Vater einen optimalen Einstieg in den Tennissport ermöglichen soll. In 15 vorgefertigten Lektionen und mit über 100 Übungen wird beim MuKi-Tennis der Einstieg ins Tennis von Anfang an spielerisch und fantasievoll vermittelt. Gemeinsame Erlebnisse vertiefen die Bindung zwischen dem Elternteil und dem Kind. Dem Kind bietet sich eine Möglichkeit, sich in einem sicheren Umfeld und mit einer engen Bezugsperson weiterzuentwickeln, neue Erfahrungen zu sammeln und sich auszuleben. Schritt für Schritt gehen die Eltern und das Kind gemeinsam den Weg, bis es mit 5, 6 oder 7 Jahren bereit ist, alleine an einem Gruppen- oder Vereinstraining teilzunehmen.

Den Clubs, Eltern und Trainern bietet das Programm viele Vorteile. Die Clubs erhalten eine Möglichkeit, mit einem attraktiven Programm eine neue Zielgruppe anzusprechen und neue Mitglieder zu gewinnen. Eltern lernen viele spielerische und kreative Übungen kennen, die sie mit ihren Kindern gemeinsam durchführen können. Trainern, Leitern oder Sportlehrern steht ein tolles neues Programm zur Verfügung, mit dem sie ihr Angebot erweitern können und das ihnen ihre Arbeit erleichtert.

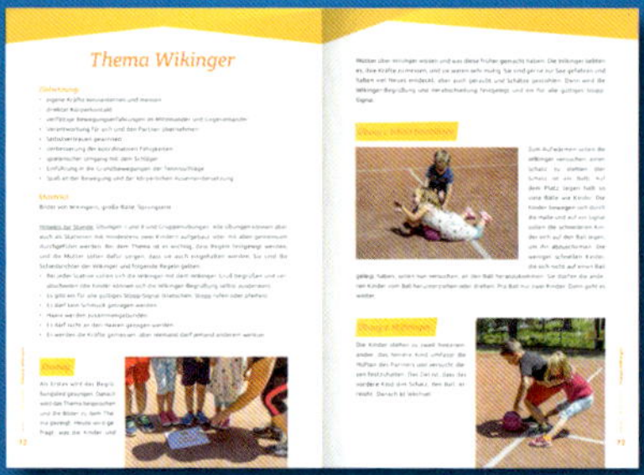

amazonkindle | Laden bei iBooks

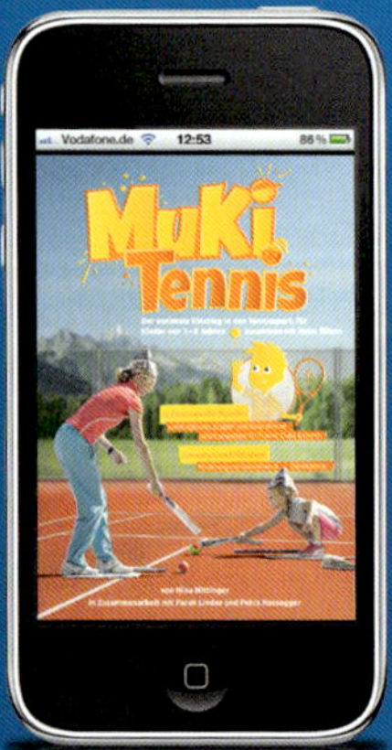

Neuer Sportverlag | Beim Hochwachtturm 2 | 71332 Waiblingen | info@neuersportverlag.de | www.neuersportverlag.de

NEUER SPORTVERLAG

Mentale Tipps & Tricks im Tennis

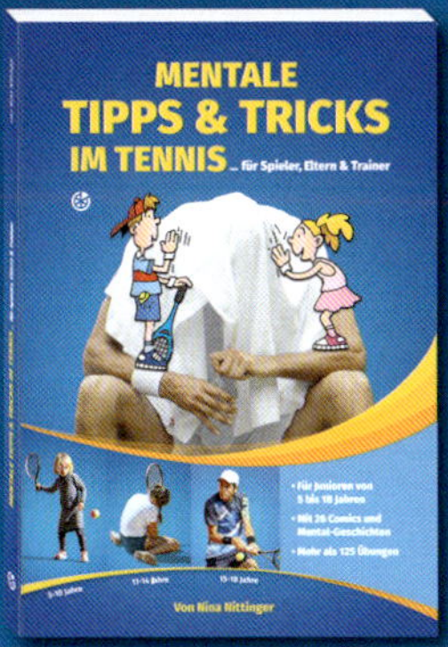

Mentale Tipps & Tricks im Tennis
... für Spieler, Eltern und Trainer

Nina Nittinger

17 x 24 cm, farbig,
220 Seiten, Softcover
ISBN 978-3-96416-017-1

EUR 19,50
E-Book EUR 9,99

Laden bei iBooks

amazonkindle

Das Buch **Mentale Tipps und Tricks im Tennis** ist ein praktischer Ratgeber und soll Tennisspielern zwischen 5 und 18 Jahren, Eltern und Trainern mit wertvollen Tipps, Tricks und Übungen helfen, die verschiedensten anspruchsvollen Situationen vor, beim und nach dem Match optimal zu bewältigen. Gerade in den schwierigen und wichtigen Momenten kommt es darauf an, die Nerven zu behalten, die Gedanken und Emotionen im Griff zu haben, alle schwierigen Situationen selbst zu meistern und für jedes Problem eine Lösung zu finden. Viele Spieler sind jedoch gerade dann besonders unsicher, wenn es um ein Match geht. Sie haben viel trainiert und sich perfekt vorbereitet, aber sobald es auf den Platz geht und ein ernsthaftes Match gespielt wird, dann wissen sie nicht mehr, was sie tun sollen. Durch das richtige und kontinuierliche Anleiten und Anwenden der Tipps, Tricks und Übungen können die Spieler aller Altersklassen ein Repertoire an mentalen Fertigkeiten aufbauen und sie selbstständig in ihren Matches einsetzen. Eltern und Trainer können ihren Schützlingen in allen Situationen unterstützend und beratend mit den richtigen Worten zur richtigen Zeit zur Seite stehen.

Auch die Geschichten von Ballina und ihren zwei Spielern Mona Mutig und Carlos Cool dienen dazu, den Kindern auf eine besondere Weise Bewältigungsstrategien für schwierige Situationen beizubringen. Die Geschichten können von Eltern und Trainern vorgelesen und von älteren Spielern selbst gelesen werden. Über den kostenfreien Download können die Comic-Geschichten zusätzlich ausgedruckt werden und sind somit jederzeit griffbereit.

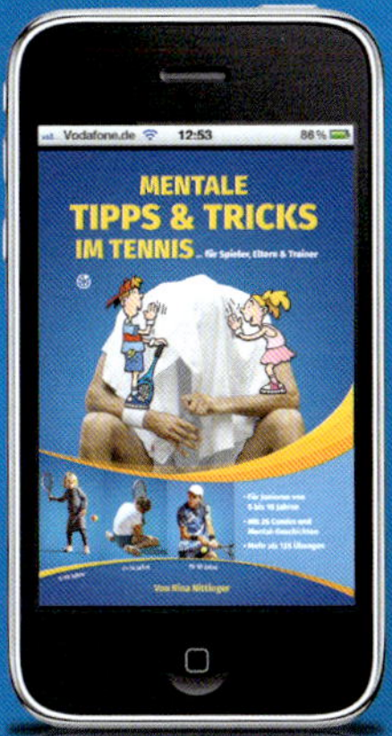

Nina Nittinger
A-Trainerin Tennis und Kondition

Viele Jahre als Profispielerin unterwegs, hat sie im Anschluss an ihre Tenniskarriere ein Studium in Sportmanagement und ein Fernstudium in Sportpsychologie abgeschlossen.

Weitere Trainings- und Übungsbücher sowie aktuelle Informationen finden Sie unter **www.neuersportverlag.de**